バスケットボール

恩塚メソッド

知性にもとづいて勝つための「原則」

ONZUKA METHOD

恩塚亨
ONZUKA TORU

大修館書店

はじめに

私はこれまで、大学バスケットボールのヘッドコーチやバスケットボール女子日本代表チームのアナリスト、アシスタントコーチ、そしてヘッドコーチとして、さまざまなカテゴリー（世代）のバスケットボールを見てきました。そのなかでずっと疑問に思っていることがあります。それは、例えばオフェンス時にボールを手にして、戸惑っている選手を見たときのことです。

なぜ、この選手は戸惑ってしまうのだろうか？

オフェンスの目的は、言うまでもなく、得点することです。選手自身がパスよりもシュートを選択したほうが得点につながると思ったら、選手自身がそれを選択すればいい。ですがこの選手は「今、私が攻めていいの？」と戸惑って、行動を選択することができずにいるのです。スピード感の求められるバスケットボールの試合では、こうしたプレーの停滞が致命傷になることもあります。こうした言葉にすれば当たり前のような、簡単だと思われる選択さえできずに戸惑っているのは、その選手が「シュートを打つという『選択』をすることに慣れていない」、また「何を基準に『選択』したらよいのかわからない」からではないでしょうか。

●最適な選択のための「ものさし」

何かを選択するときには、その選択が妥当かを測る「ものさし」が必要です。本書は、自分の（もしくは自分たちの）「ものさし」を持ち、それをもとに指導できるコーチ、あるいはプレーできる選手をひとりでも多く生み出すために書いた本とも言えます。

ここでいう「ものさし」とは「プレーの判断基準」のことです。その判断基準を「原則」として体系化することによって、バスケットボールの知性が得られます。ここでいう「知性」とは「物事を考え、理解し、判断する能力」です。私は、知性をもとにバスケットボールのレベルアップをめざしたいすべての人にこの本を届けたいと考えています。

●日本のバスケットボール界がクリアすべき課題

「私はナンバープレーを教えているのではない。バスケットボールを教えているのだ」

アメリカの大学バスケットボール界のレジェンドであり、ヴィラノバ大学の元ヘッドコーチであるジェイ・ライト氏からこの言葉を聞いたとき、私は衝撃を受けました。その意味を深化させていくと、サッカー男子日本代表チームの元監督・岡田武史氏がその著書『岡田メソッド——自立する選手、自律する組織をつくる16歳までのサッカー指導体系』（英治出版）で掲げている「自立する選手、自律する組織をつくる」ことにもつながります。

私は数年前まで「こういうスキルがある」「こういう戦術がある」といった、いわゆるHow to（ハウトゥ）ばかりを教えているコーチでした。しかし、この二人との出会いで、日本のバスケットボール界にはクリアするべき課題があると気づいたのです。その課題とは、日本には「合理的にプレーするためのものさしが明確でない」ことです。

●「ものさしがないこと」によるジレンマ

冒頭に書いたように「今、私が攻めていいの？」と迷ってプレーが行き詰まったり、「そもそも、私が攻めていいのかもわからない」と困ったりする選手が多いように思います。それを解決しようと、多くのコーチが「自分でよく『考えて』プレーを（選択）しなさい」と言います。しかし、選手がプレーを選択するための方法や判断基準を理解していない、つまり「ものさし」

を持っていなければ「でも、どうやって考えれば（選択すれば）いいの？」と困惑してしまうでしょう。そうした戸惑いからプレーに迷いが生まれます。

さらに、戸惑い、迷いながらも選手がプレーを選択したとき、その選択がコーチの意図と異なると、「待て、そうじゃない！」「こちらの言うことを聞きなさい！」と言われてしまう。こうしたジレンマから混乱する選手がとても多いことに、膨大な量のゲームを見ていて気がつきました。

また、いっぽうでコーチも、一から十まで教えすぎると選手が自ら考えることをしないロボット状態になり、選手の考える力を育てるためと思って自由にさせると統率がとれないカオス状態になる、というジレンマを抱えています。これも、コーチが確固とした「ものさし」を持っていない、あるいは「ものさし」を選手ときちんと共有できていないことから起こる問題だと分析しています。

このような問題を抱えるコーチ・選手が多いのは、日本には「合理的にプレーするためのものさしが足りていない」からだと考えます。それはつまり、日本では戦術の基本という「ものさし」が押さえられていないのではないか。そう危惧しているのです。そうした基本を補うために、目に見えない「気持ち」や「がんばり」が選手に求められているようにも見受けられます。またコーチも、「ものさし」がないために「きっと」「～なはず」といった不確実な指導方法を採用せざるを得ず、その方法に手応えや自信を持ちきれずにいることも多いのではないでしょうか。

●不確実なコーチングから、より確実にうまくいくコーチングへ

ジェイ・ライト氏と岡田武史氏と出会い、改めてこの課題と向き合ったとき、今までのHow to コーチングではこの課題を解くことはできないと理解しました。「合理的にプレーするためのものさしがない」状態では、コーチが何を教えても、選手は自分の頭で考えるどころか、良し悪しの判断すらできません。私は解くべき問いの設定を間違えていたのです。

うまくいくかどうかはやってみないとわからない、そんな不確実な方法で

バスケットボールを教えることは、ギャンブルにすぎないのではないか。今の日本で主流の方法は、多くのコーチが、人生の大切な時間を使ってコーチングをするに値しない方法ではないか。

そんな不確実なコーチングを一掃したい。バスケットボールの指導がより確実にうまくいくための方法を見つけ、多くのコーチや選手がより有意義な活動するための助けになりたい。そう考えたのです。そこで目をつけたのが、ゲームの中から成果や問題を特定する「ゲーム分析」です。

●ゲーム分析にもとづいた確からしさ

私自身はアナリストを経験したこともあり、ゲーム分析を得意としています。日本国内でおこなわれたゲームはもとより、あらゆる国際大会からも、10,000以上のゲーム動画を分析してきました。それらのゲームを通して、コートの上にはどんな原理があり、どんな法則が機能するのかを探し続けてきました。女子日本代表ヘッドコーチとして活動する今も、その探求心は変わっていません。

そうして蓄積されたデータや経験といったエビデンスをもとに、成果を出すための原則を体系化し、メソッドとしてまとめることで、読者のみなさんの「知性というものさしづくり」に貢献したい。とりわけ、先ほど説明した次のようなコーチ、選手にそれを届けたいと考えています。

◆コーチ：選手の自立・チームの自律を欲しているものの、その指導方法に手応えを持てていない
◆選手：自分が攻めてよいのか、など、自分の判断に自信が持てない

●恩塚メソッドはどうやって生まれたか

「恩塚メソッド」は【独自の理論】と【独自のメンタリティ】から成り立つトレーニング方法論です。本書では、その理論部分である【知性にもとづいて勝つための「原則」】を中心に、ゲーム分析やトレーニング計画などについても解説しています。

この理論部分は、前述の岡田武史氏の著作、『岡田メソッド』を大いに参考にしています。「プレーモデルを中心として、自立した選手と自律したチームをつくる、サッカーの育成体系」である岡田メソッドに感銘を受け、バスケットボールでもこうした体系をつくれないかと考えた私が、自分の強みである「ゲーム分析で得た知見」と「多くの指導職での経験と実績」を踏まえて、独自の理論としてまとめたものです。

恩塚メソッドで、日本のバスケットボール界に「合理的にプレーするためのものさし」を提供し、より確実にうまくいくコーチングを広めたい。

私は、本書を通して、コーチと選手が自分の「ものさし」を持つことで自分の判断に自信を持てるようになること、また、そうした知性をもとにして相手を上回ろうとするバスケットボールをすること、それらを共通のテーマとして、読者のみなさんとさらなるレベルアップをめざしたいと考えています。

●恩塚メソッドは進化中

「恩塚メソッド」は、進化し続けています。まずは本書でその最新の情報をお伝えしますが、この先も、多くの人の目に触れ、多くのゲームの情報を吸収することで、より勝利への確実性が増していくことを期待しています。

そして、本書で解説するメソッドを理解して実践することによって、不確実でエキセントリックな手法に頼ることなく、知性にもとづいた手法で選手たちを導いていけます。それにより、選手自身が自分で判断し、プレーする余白を残しながらも、規律と柔軟性のあるチームが生まれることでしょう。そうしたことが最終的には、より多く試合で勝つこと、ひいては、バスケットボールを通じて人生をより豊かにすることにつながると信じています。

恩塚 亨

CONTENTS | 目次

はじめに …… iii

第1部 恩塚メソッド 1

第1章 恩塚メソッドはなぜ必要か 2

1 | 恩塚メソッドで解決したい課題 …… 4
コーチが抱える悩み …… 4 選手が抱える悩み …… 6
プレーの判断基準である「ものさし」 …… 7

2 | 現在地と目的地 …… 8
現在地は目的地までの距離を測るための始点 …… 8
目的地としてのめざすべき成果 …… 9
課題を解決するための「恩塚メソッド」 …… 13

第2章 恩塚メソッドの全体像と基本概念 14

1 | 恩塚メソッドの全体像 …… 15
2 | 恩塚メソッドにおける原則 …… 17
原則とは …… 17 原則のインストールと習慣化 …… 20

3 | 合理的なプレーを支える力 …… 22
勝つために選んだ手段を遂行する力 …… 22 プレー・戦術・戦略 …… 23
合理的なプレーをするために必要な力 …… 25

4 | ゲームモデルにもとづくチームづくり …… 31
ゲームモデルとは …… 31 ゲームモデルの必要性 …… 33
戦いのコンセプトとは …… 34

5 | バスケットボールを構造化する意義 …… 38
構造を知ることで生産性を高める …… 38
6 | 機能的なシステムの構築 …… 42
システムでアドバンテージをつくり続ける …… 42
ゲームの勝敗を左右する要因 …… 45

第2部 ゲームモデル 47

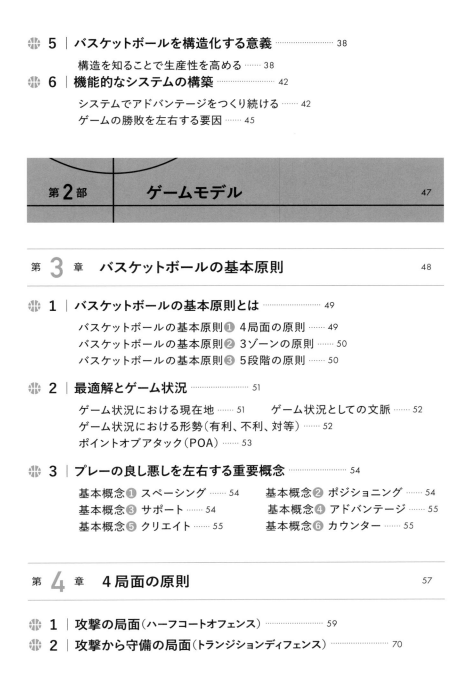

第3章 バスケットボールの基本原則 48

1 | バスケットボールの基本原則とは …… 49
バスケットボールの基本原則❶ 4局面の原則 …… 49
バスケットボールの基本原則❷ 3ゾーンの原則 …… 50
バスケットボールの基本原則❸ 5段階の原則 …… 50
2 | 最適解とゲーム状況 …… 51
ゲーム状況における現在地 …… 51
ゲーム状況としての文脈 …… 52
ゲーム状況における形勢(有利、不利、対等) …… 52
ポイントオブアタック(POA) …… 53
3 | プレーの良し悪しを左右する重要概念 …… 54
基本概念❶ スペーシング …… 54
基本概念❷ ポジショニング …… 54
基本概念❸ サポート …… 54
基本概念❹ アドバンテージ …… 55
基本概念❺ クリエイト …… 55
基本概念❻ カウンター …… 55

第4章 4局面の原則 57

1 | 攻撃の局面(ハーフコートオフェンス) …… 59
2 | 攻撃から守備の局面(トランジションディフェンス) …… 70

3 | 守備の局面（ハーフコートディフェンス） 74
4 | 守備から攻撃の局面（トランジションオフェンス） 80

第5章 3ゾーンの原則 88

1 | オフェンスのアウトレットゾーン 89
2 | オフェンスのディシジョンメイキングゾーン 91
3 | オフェンスのアクションゾーン 94
4 | ディフェンスのアウトレットゾーン 95
5 | ディフェンスのディシジョンメイキングゾーン 96
6 | ディフェンスのアクションゾーン 98

第6章 5段階の原則：オフェンス編 99

1 | キャスティングの段階 102
2 | クリエイトの段階 106
3 | チャンスの段階 115
4 | ブレイクの段階 126
5 | フィニッシュの段階 152

第7章 5段階の原則：ディフェンス編 156

1 | キャスティングの段階 158
2 | クリエイトの段階 163
3 | チャンスの段階 168
4 | ブレイクの段階 170
5 | フィニッシュの段階 175

第8章 チームプレーの原則：オフェンス編 177

1 | アタックエリアの優先順位 …… 178
2 | ポジショニング …… 182
3 | ボールとプレーヤーのムーブメント …… 184
4 | サポート …… 189
5 | 個の優位性 …… 191

第9章 チームプレーの原則：ディフェンス編 193

1 | ディフェンスの優先順位 …… 194
2 | ポジショニング …… 196
3 | バランス …… 200
4 | プレッシャーディフェンスとトラップ …… 204
5 | 個の優位性 …… 207

第10章 個人とグループの原則：オフェンス編 210

1 | 認知 …… 212
2 | パスと動きの優先順位 …… 214
3 | ポジショニング …… 217
4 | サポート …… 220
5 | ボールの保持 …… 223
6 | マークを外す動き …… 226
7 | ドリブル …… 228
8 | シュート …… 230
9 | インテリジェンス（駆け引き） …… 232

第11章　個人とグループの原則：ディフェンス編　235

1 | 認知 236
2 | パスコースを消す優先順位 238
3 | マーク 240
4 | クローズアウト 242
5 | ヘルプ&クローズアウト 244
6 | 1対1の対応 246
7 | インテリジェンス（駆け引き） 248

第12章　専門原則　249

1 | ピック&ロールのショウディフェンスに対するクリエイト 250
2 | ゾーンディフェンスに対するクリエイ 251
3 | システムとセットプレーの関係 252
4 | プレーのPOAとの因果関係 259

第3部　コーチングとマネジメント　261

第13章　ゲーム分析とトレーニング計画　262

1｜ゲーム分析の方法 …… 263
分析方法❶ ゲームモデル分析 …… 263
分析方法❷ テンデンシー分析 …… 263
分析方法❸ キーファクター分析 …… 264

2｜ゲーム分析のステップ …… 265
ステップ❶ キーファクターによる分析 …… 266
ステップ❷ 5段階の原則の分析 …… 271
ステップ❸ チームオフェンス・ディフェンスの原則の分析 …… 271
ステップ❹ 個人とグループの原則の分析 …… 274

3｜分析のコツ …… 275
対処方法❶ ハーフコートオフェンスがうまくいかないとき …… 275
対処方法❷ トランジションディフェンスの課題 …… 276
対処方法❸ ポストフィードでのパスミス …… 276
対処方法❹ ディフェンスリバウンド課題 …… 277

4｜トレーニング計画と条件設定 …… 278

5｜シュート練習における条件設定の例 …… 282

6｜原則をインストールするトレーニング …… 285
インストールトレーニング❶ フィニッシュ …… 285
インストールトレーニング❷ ブレイク …… 285
インストールトレーニング❸ チャンスからブレイク …… 287
インストールトレーニング❹ 勝ち筋となるクリエイト …… 288
インストールトレーニング❺ フィニッシュのあとのリバウンド …… 290
インストールトレーニング❻ スキル …… 290

第14章　コーチング　292

第15章　チームマネジメント　305

おわりに …… 314

〈コラム〉

column | 01　ダブルバインドは最悪の指導法 …… 5
column | 02　最適解 …… 18
column | 03　逆算 …… 26
column | 04　規律と即興 …… 30
column | 05　構造化 …… 39
column | 06　ダイナミクス …… 43
column | 07　データ上のボックスアウトとリバウンドの密接な関係 …… 79
column | 08　ポイントガードが安全にボールをつなぐ …… 85
column | 09　パニッシュメント(代償) …… 130
column | 10　バッドショット …… 195

〈恩塚WORD〉

恩塚WORD　セイムページ …… 19
恩塚WORD　シンクロ …… 20
恩塚WORD　インストール …… 21
恩塚WORD　アジリティ …… 27
恩塚WORD　シームレス …… 38
恩塚WORD　スクリプト …… 44
恩塚WORD　カオス …… 46
恩塚WORD　プロアクティブ …… 124

〈ドリル〉

●ドリル：構えからシュートを選択 …… 118
●ドリル：スコアスプレー …… 127
●ドリル：シングルギャップとダブルギャップを判断 …… 132
●ドリル：シュート練習としての3対2，4対3 …… 282
●ドリル：3対3の戦術を使ったシューティング …… 282
●ドリル：クローズアウト4対4 …… 286

第 1 部

恩塚メソッド

ONZUKA METHOD

第
1
章

ONZUKA METHOD | CHAPTER 1

恩塚メソッドはなぜ必要か

「はじめに」でも示したように、指導現場においてコーチは「選手に合理的にどう教えたらいいのかわからない」、選手は「合理的にどう動いたらいいのか自信がない」という悩みを抱えています。合理的にプレーするための「ものさし」がない状態で、How to コーチングによるトレーニングをおこなっている多くの選手・チームは、ロボット状態・カオス状態に陥っています。この状態ではプレーを迷わず判断・選択できず、パフォーマンスが発揮できません。さらに選手はコーチから「攻め気を持て」「足を動かせ」「ボールを動かせ」と言われながらも、そのための方法や判断基準がわからず、そのうえ「やり方は自分で考えろ」と言われ大きく困惑するようです。

このような問題を解消して成果を出すためのトレーニング方法論をどうやって伝えることができるかが恩塚メソッドのコンセプトです。恩塚メソッドによるトレーニングをおこなうことで、求める成果をより確実に達成でき、試合のパフォーマンスが向上することが重要だと考えています。合理的にプレーするための「ものさし」である「原則」を用いることでプレーを迷わず判断・選択でき、さらには自立した選手・自律したチームになることができるのです（**概念図❶**）。

概念図❶　恩塚メソッドはなぜ必要か

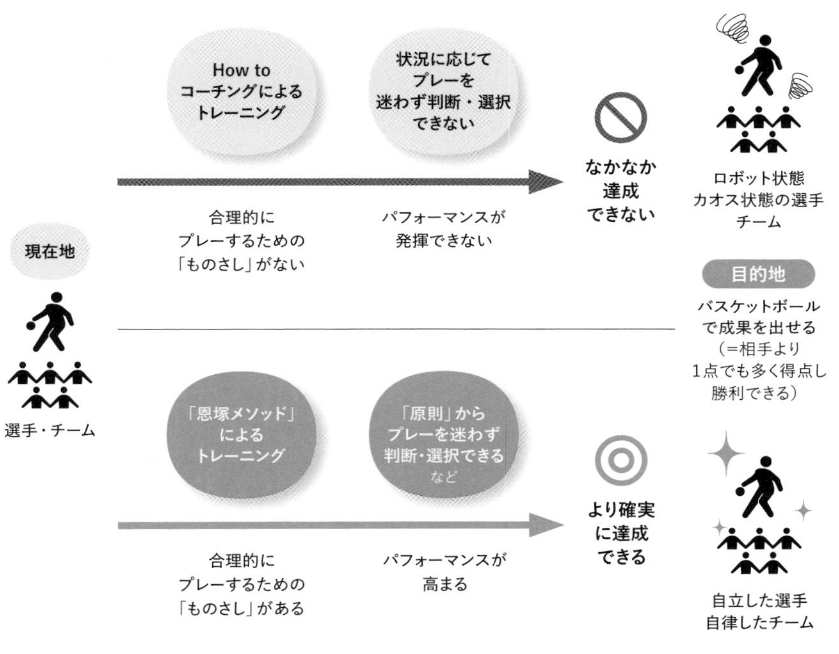

1　恩塚メソッドで解決したい課題

コーチが抱える悩み

コーチの悩みは多種多様で幅広いと思われますが、大きな悩みは、選手が言われたことしかできない、あるいは選手が自分で考えることができない（自立できていない）ということではないでしょうか。特に「選手が言われたことしかできない」という問題は、コーチにとっての本質な悩みだと思います。その結果、コーチも選手もジレンマやストレスをかかえることになり、選手の力を最大限に引き出すコーチングにはほど遠い状態になっているのです。

●コーチのダブルバインドによって選手はパニックになる

選手が言われたことしかできないという悩みを掘り下げていったときに横たわる大きな問題は何でしょうか。それを示す言葉が「ダブルバインド」です（column｜01）。ダブルバインドは、指導の現場でよく見かけます。例えば、コーチが選手に「言うとおりにやれ！」と言いながらもすぐに「自分で考えろ！」と言ったとします。こう言われた選手は、言うことを聞いたらよいのか、自由な発想でプレーしてよいのか、パニックになってしまいます。

コーチが選手に指示を与えるときに「言われたことをやりなさい」と「自分で考えなさい」という２方向の言い方で選手に迫ることで、選手からすれば「どっちですか？」ということになります。その結果、選手は言われたことの本質について考えることを放棄し、表層的な「言われたこと」にしかアンテナを立てなくなります。当然、プレーの質が低下するだけでなく、その選手は自分で考えなくなってしまうのです。

●選手に考えさせるためにはどうすればよいか

「考える」とはいったい、どういうことなのでしょうか。結局、具体と抽象を行き来することが「考える」ことではないかと思います。これはコーチ

column 01

ダブルバインドは最悪の指導法

二つの矛盾した要求や情報を受け取ることで、どちらの選択肢を選んでも不安感をおぼえるような心理的ストレスのある状態のことです。コーチは、選手にどういうときにコーチの指示どおりに動いてほしいのか、どういうときには自分で考える必要があるのかを明確に伝えてあげる必要があると考えています。うまくいっていない状況に対して、コーチが選手にダブルバインドの言葉をぶつけて、何とかさせようとするのは暴言であると考えています。

うまくいかないときのよくあるパターンとして、気をつけるべき事例を紹介します。あるオフェンスのセットプレーをウォークスルーで導入したとします。これを５対５ですぐに実践してもうまくいきません。なぜなら、ゲームスピードでプレーすることにまず慣れていないからです。そして、ゲームスピードでプレーすることに慣れていないことで、選手は動きを一生懸命追いかけるようになります。その結果、目の前のディフェンスの状態を見る余裕もなくなるのです。不慣れなことを、ディフェンスを見ずにプレーしていて、うまくいくはずがありません。まずは、動きの目的をしっかり理解させ、自然に動けるようになるまでは繰り返し練習していくようにします。

ングの手法でもあるのですが、選手に何かを考えさせるときの入り口としては、抽象的課題であるコンセプトの提示から入ったほうがよいと思っています。例えば、「ディフェンスするときには出どころを苦しめる」（コンセプト）というチーム全体として戦うためのベースとなる意思を選手に伝えます。コンセプトの理解が不十分のまま「ディナイしなさい」「プレッシャーをかけなさい」というような具体的な動きを強調しすぎると、簡単に相手に裏をとられる動きをされてしまいます。「出どころを苦しめる」という目的よりも「言われたことをやらなければ」と考えてしまい、オーバーハッスルになってしまうからです。つまり、先に目的（コンセプト）を確認して考えることが大切なのであり、その目的があってはじめて具体としての行動があるということです。目的やコンセプトの表現は抽象的になりますが、そのコンセプトを目的としたうえで具体としての行動を実現させるという流れがコーチングにはそもそも必要と考えています。

選手が抱える悩み

いろいろなコーチからよく「何から教えたらいいのですか」と聞かれます。何を教えたらいいかはみんな知っているのですが、何から教えたらいいのかがわからない。おそらく、その問いに対する一律な答えはありません。

何から教えるか、についてあえて言及するとしたら選手にとっての大きな悩みである以下の２点です。

(1)「ボールを持っているときにいつ攻めたらいいのか」

(2)「ボールを持っていないときに何をしたらいいのか」

まず、このことを選手にわかるように、しかも場当たり的ではなく、体系立てて論理的に教えるべきではないかと思います。いつ攻めるかを教えたうえで、攻めるのに必要な技術や戦術に紐づけます。コーチは「攻めること」について体系立てて整理して選手に提示する必要があるのです。

例えば、カウンターの戦術的概念をどう教えるかという場合でも、カウンターの前に、まず「いつ攻めたらいいのか」という最低限の課題をクリアしなければ、先に進めないということです。「いつ攻めたらいいのか」問題をクリアすることが出発点であり、それが「何から教えるべきか」という問いの答えになります。選手からしても、それを知らずに単なる勘に頼って攻めることはギャンブルです。「いつ攻めたらいいのか」は、コーチが選手に最低限わからせなければならないことであり、バスケットボールをプレーするうえでの言わばインフラ的な知識ではないかと考えています。

プレーの判断基準である「ものさし」

繰り返しになりますが、日本には「合理的にプレーするための『ものさし』を持っている選手が少ない」ことが大きな課題です。そのことによって選手もコーチも前述した悩みを抱え、ジレンマに陥ってしまいます。それを解決するためにも、また、日本がより強くなるためにも、この課題をクリアする取り組みが必要であると考えています。

●迷わずにプレーするために「ものさし」を持つ

何かを選択するときには、その選択が妥当かを測る「ものさし」が必要です。「このプレーが良いのか悪いのか」という、判断をするためのものさしがなければ、良し悪しや妥当性を判断できないでしょう。その判断ができなければ、プレーを選択することなどできないのです。

前述のような迷いや不安を抱えている選手は、この「プレーの判断基準」というものさしを持っていません。ものさしがないので、どういったプレーが良いのか悪いのか、判断も選択もできないから、迷った結果体が止まり、プレーが行き詰まってしまうのです。また、コーチのほうも、ものさしを持っていないか、持っていても選手にわかるように伝えられていません。少なくとも、「よく考えて」というときの「考えるべきこと＝良いプレーを判断・選択すること」の中身である「どういったプレーが良いのか、悪いのか、その判断基準」を選手に具体的に説明できなければ、伝えられているとは言えないでしょう。あるいは、そのものさしに合理性や確からしさがないこともあります。これでは、自律したチームをつくることは到底難しいということがわかると思います。

この「ものさし＝プレーの判断基準」がない・共有できていないことによって、先ほど触れたような選手とコーチのジレンマは起こっています。つまり、「合理的にプレーするためのものさし（確かなプレーの判断基準）」があり、それが共有できれば、こうしたジレンマは解決し、自立した選手・自律したチームを生み出すことができるはずです。

2　現在地と目的地

現在のバスケットボール界にあるもうひとつの課題として、「『何をするか』に重きを置いている」ことが挙げられます。ある意味で大事な視点ですが、いっぽうで「こういう場面だからこうしよう」といった「現在地と目的地」がはっきりしないままで、「これをやるべきだ」と言われていることだけをやると、選手が（どういう場面で何を目的にするのか不明なため、考えることができず）ロボットになってしまうことがあります。やろうとしたことが妨害されたり、停滞したときに目的地が不明確だと、やり直しが効きません。結果としてプレーが行き詰ってしまうのも、それが原因のひとつかもしれません。「プレーを合理的に判断・選択できる」ためには、やはり現在地と目的地を常に認識しておくことが大切です。

現在地は目的地までの距離を測るための始点

「目的意識を持ちましょう」とはよく言われることですが、その目的意識も現在地がどこかによって大きく異なります。

今どこにいるかがわからなければ、たとえ目的地がわかっていても、何をどのようにしたらいいのかわからないでしょう。ですから、現在地を定めることは非常に重要であり、目的地までにどれくらい距離があって、辿り着くためには何が必要なのかを考えるうえでの始点なのです。

バスケットボールという競技においては、自分が今、コート上のどこにいて、時間がどれだけ残されているかによって、選択するプレーが変わります。そのように状況が刻一刻と変化していくなかで、目的地に最短最速で辿り着くための答えを出していくのが、バスケットボールというゲームなのです。

●自分たちを知るうえでの現在地

「自分たちは何をすればよいのか」という設問を立てた場合、自分たちの今の状況すなわち現在地と、何をめざすかといういわゆる目的地、この目的地と現在地の差が「課題」だと考えています。この差をトレーニングによっていかに効率よく、効果的に埋めていくかに注力すべきです。その差に当たる課題を常に振り返って、意識して確認しておく必要があるのです。

この、課題に向けてやるべきことが現在地にマッチしていない指導者や選手が多いと思います。自分たちのやるべきことを見つけだすには、まず、自分たちの力を正しく見積もらなければなりません。その力というのは、例えば試合を念頭に置いた場合（試合前も試合中も含めて）、対戦相手との関係において見積もった自らの力です。客観的に、しかも冷静にこの見積もりができたうえで、その現実をしっかりと受け入れる必要があります。

現在地という言葉の重みをしっかりと認識してほしいと思います。指導者としてあるいは選手として、現在地に当たる自分の力量をしっかりと見積もり、突きつめていくべきです。

目的地としてのめざすべき成果

そもそも、バスケットボールにおける、目的地とはどこでしょうか？　私たちは、何をめざしてバスケットボールをしているのでしょうか？　バスケットボールで「成果を出す」とはどういうことでしょうか？　当たり前のようにも思えるこの目的地のことを、暗黙知ではなくきちんと整理し、コーチ・選手・チームで、共通理解をしておく必要があります。

●バスケットボールの成果は試合に勝つこと

答えを言ってしまえば、バスケットボールというゲームで最も大きな成果は勝利です。すなわち相手よりも１点でも多く得点し、相手の得点を自分たちより１点でも少なくすることです。当たり前のように思えるこの成果を、改めてここで示しておく必要があると考えます。

なぜなら「バスケットボールを教える」とは、この成果を出すために選手やチームが何を考え、どう行動するかを教えることだからです。目的地（ゴール）が明確でなければ、そこをめざすことはできないでしょう。

●最小限の努力で最大限の成果を生み出すことをめざす

では、成果を出すために必要な力は何なのでしょうか。成果をどうやったら出せるか、といったことを考えたとき、努力の量は欠かせない要素かもしれません。例えば、根性を必要とする練習をたくさんやらせて、その中に得たい成果があればと思って練習を設定することも多いと思います。これは、いわゆるエキセントリックな指導法です。エキセントリック（eccentric）とは、過激さのことです。とりあえずきつい練習をして選手に苦しい思いをさせ、それを乗り越えさせて耐性をつけていくやり方です。厳しくしてストレスの中でも耐えうる人間性を育てるというようなやり方です。

ハードワークや根性論の過激さを否定するわけではありませんが、何に対していわゆる根性というものを費やしているのかが問題です。より確実で効率的なやり方でおこなうことに根性を費やしたほうが、最小限の努力で最大限の成果を出せるのではないかということです。

●努力の焦点をどこに当てるか

コーチには、やればやるほどうまくなる、勝つ可能性を高められるトレーニングを採用し、おこなわせる責任が伴います。中には、ポイントが不明確で、成果につながる要素が含まれているかどうかわからないトレーニングを長時間、ハードにおこない、その中に成果が含まれていることを願うコーチもいます。コーチとして選手の成長を願うとき、果たしてこのようなやり方でよいのだろうかと思ってしまいます。生産性という視点で考えて直してみる必要があると考えます。

例えば１対１を強くしたい練習をするときに、場面設定なく１対１をするだけの練習は、チームでおこなう必要はないと思っています。コーチが指導するのなら、どういう考え方で、どういう技術を使えば相手に勝てるといった目標やポイントを明確に示したうえで、ハードワークを施すべきです。成長にはハードワークがつきものですが、ハードであることは目的ではありません。努力の焦点をどこに当てるかということです。生産性という観点からすると、最小限の努力で最大限の成果を生むトレーニングをピンポイントで設定することが重要です。

●どの問いを解きにいけば成果を出せるのか

私がヘッドコーチを務めていた東京医療保健大学の女子バスケットボール部が、2009年に関東２部から１部に昇格した際の話です。昇格早々のNT大学との試合のスコアは52-86の大差の負けでした。この点差（34点）をどうとらえ、どう振り返れば最適な課題設定ができるかということです。

まず、何を強化すべきか、について考えました。得点の52点、失点の86点、この差を縮めなければなりません。オフェンスに限ると、この52点という得点をどう評価するか、ということです。オフェンス・エフィシィエンシー（Off Eff：オフェンス効率）は100回の攻撃で何点取れるかという得点効率の指標ですが、その観点からしても、よくない数字です。

そのときに、いきなりビデオを観て何とかしようと考えるよりも「そもそもオフェンスは何で終わるのか」に着目することにしました。

オフェンスが終わるのは、シュートかターンオーバーです。シュートに関して言えば、(1) シュートの確率を上げる、(2) シュートの得点効率を上げる、(3) シュートの回数を増やす、この３つが具体的な方策として挙げられます。そのときに考えたのは、(1) と (2) はそう簡単に上がるものではない、そうすると残りは (3) のシュートの回数を増やす、ということです。つまり、１回のオフェンスで必ずシュートまで持っていくことを大事にしようということになったのです。

シュートの回数を増やすには、ターンオーバー（ミス）を減らすことと、オフェンスリバウンドを取ることしか方法はありません。そうすると、ターンオーバーが起こる原因を分析して解決することと、オフェンスリバウンドに行く強い意志とオフェンスリバウンドに行きやすいシュートを選択させる、という２つの課題を導くことができました。

ゲーム分析からそのような具体的な課題が設定できたおかげで、２年後には優勝できるまでになりました。しかし、失点を減らす、すなわちディフェンスに着目していたらどうなっていたでしょうか。どんなにディフェンスの練習をしても、オフェンスの終わりが悪いとファストブレイクを出されてしまいます。

●目的地に導く「問い」の設定

最適な課題を設定することは、最終的にはいろいろなことをどう天秤にかけるかということです。ディフェンスで相手を追い込んでトランジションで攻めるだけの能力を自分たちが持っているのか、あるいは少なくとも自分たちが自滅しないようにちゃんと戦い抜けるのか。現在地と目的地を明確にしたうえで、このようなスタイルのどちらかを選ぶ必要が出てきます。

岡田武史さんの著書にもあるのですが、大切なのは答えを導く「問い」です。優れた指導者であれば、課題解決のための答えは持っているはずなのですが、何が課題なのか、どちらが課題なのか、その見極めをするための「問い」を設定できていないのが問題なのです。結果を出す人と出せない人との違いは、「どの問題を解こうとするか」をうまく設定できるかどうかです。この、いわゆる問いの設定がこじれてしまうと、チームはとんでもない方向に導かれてしまいます。

昔の経験で思い出すのは、試合前にナーバスになって「挨拶ができているかどうか」「日常生活ができているかどうか」のような、今思えば何の問題を解いているのですか、と考えこむような問いの設定になっていることもありました。これは心理学でいうセルフハンディキャッピングです。たとえ失敗をしても（試合に負けても）「他のせいである（試合以前の問題）」と言い訳ができるようにして、自尊心や自己評価を守る方法を自然とおこなっていたのではないかと振り返っています。

結局、このような課題設定をいかに適切にできるかが、指導者の能力であり、その支えになるのがゲーム分析であると考えています。したがって、ゲーム分析するときに、問いを見極めるために分析をおこなうのか、あるいは何がよくないのかを見極めるために分析をおこなうのかとでは、行き着くところが違ってくるのではないかと思います。自分がどの問いを解きにいけば成果を出せるのか、どのように課題設定すれば目的地に辿り着けるのか、ということをしっかりと考えてほしいと思います。

課題を解決するための「恩塚メソッド」

課題のひとつ目として挙げた「合理的にプレーするための『ものさし』がない」ことについては、選手やコーチのジレンマを生み出しています。しかし、そのものさしを手に入れることができれば、こうしたジレンマは解決し、自ずとコーチと選手の悩みも解消され、自立した選手・自律したチームを生み出すことができるはずです。

２つ目の課題である「現在地と目的地がはっきりしない」ことに関しては、今の状況すなわち現在地と、何をめざすかという目的地の差が「課題」であり、この差をいかに効率よく、効果的に埋めていくかが重要です。

恩塚メソッドを理解し実践することで、現在地から目的地までの長い階段をより確実に早く駆け上がっていくことができます（**概念図❷**）。不確実でエキセントリックなコーチングによって現在地や目的地、あるいは課題の設定が誤っていると、違う階段を上り違った方向に行きつくことになってしまいます。貴重な人生の時間を無駄にせず、より価値のあるコーチングをものにできればと考えています。

概念図❷　恩塚メソッドがめざすもの

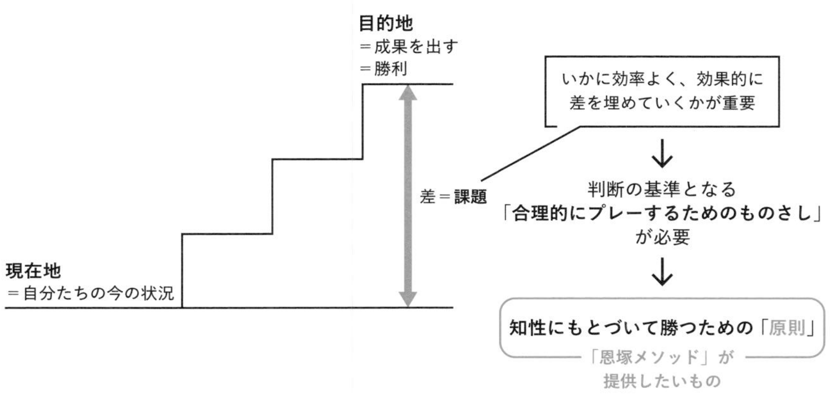

第2章

ONZUKA METHOD | CHAPTER 2

恩塚メソッドの全体像と基本概念

「恩塚メソッド」は、バスケットボールという競技を体系化したうえで、卓越するための合理的な方法をしっかりと詰めこんだ「ゲームモデルを実現するため」の新しいスタイルのコーチングおよびトレーニングの方法論です。

しっかりとしたプレーの道筋を立ててコーチングできるようになるためには、バスケットボールの原理原則を理解する必要があります。「恩塚メソッド」では、私の経験にもとづいて、いつ、何のために、何をすればいいかを網羅していきます。「恩塚メソッド」をベースにすれば、コーチの皆さんが携わっておられるそれぞれチームに見合った勝ち筋をご自身の手でつくりあげることもできるようになります。論理のつながりを大切にすることで、勝つべくして勝つ、そのような確信を持てることをめざして、私のこれまでの経験と学びを詰めこんだ「恩塚メソッド」をお届けします。

1 恩塚メソッドの全体像

恩塚メソッドでは、成果を出すという目的地に到達するために、それぞれのチームの目標にあたる「ゲームモデル」を設定します。その「ゲームモデル」という目標の実現のために、合理的にプレーするためのものさしである「原則」と、「ワクワク」と呼ばれる成長志向のメンタリティを掛け合わせます。それにより、自信を持って瞬時に意思決定できる、自立した選手と自律したチームを育てることをめざします。恩塚メソッドの全体像は**概念図❸**（次頁）のようになります。

本書は「第1部 恩塚メソッド」「第2部 ゲームモデル」「第3部 コーチングとマネジメント」の3部構成になっています。

「第1部 恩塚メソッド」では、すでにご覧いただいているように「第1章 恩塚メソッドはなぜ必要か」で、バスケットボール界に横たわっている問題点を背景とした、恩塚メソッドで解決したい課題を整理し、また、「現在地と目的地」を確認することの必要性について触れました。次にこの第2章「恩塚メソッドの全体像と基本概念」では、「原則」「合理的なプレー」といった恩塚メソッドを実践するうえで基本的に理解してほしい概念を解説し、ゲームの設計図でもある「ゲームモデル」の概要と「構造化」や「システム」の必要性について解説していきます。

「第2部 ゲームモデル」では、その構成要素の中心となる体系化された原則を基本的なものから順に解説していきます。第3章から第7章にかけては「バスケットボールの基本原則」、第8章と第9章では「チームプレーの原則」、第10章と第11章で「個人とグループの原則」、第12章で「専門原則」を解説していきます。

「第3部 コーチングとマネジメント」では、第13章から第15章にかけて、実践としての恩塚メソッドを支える要素を「ゲーム分析とトレーニング計画」「コーチング」「チームマネジメント」の順で解説していきます。

概念図❸　恩塚メソッドの全体像

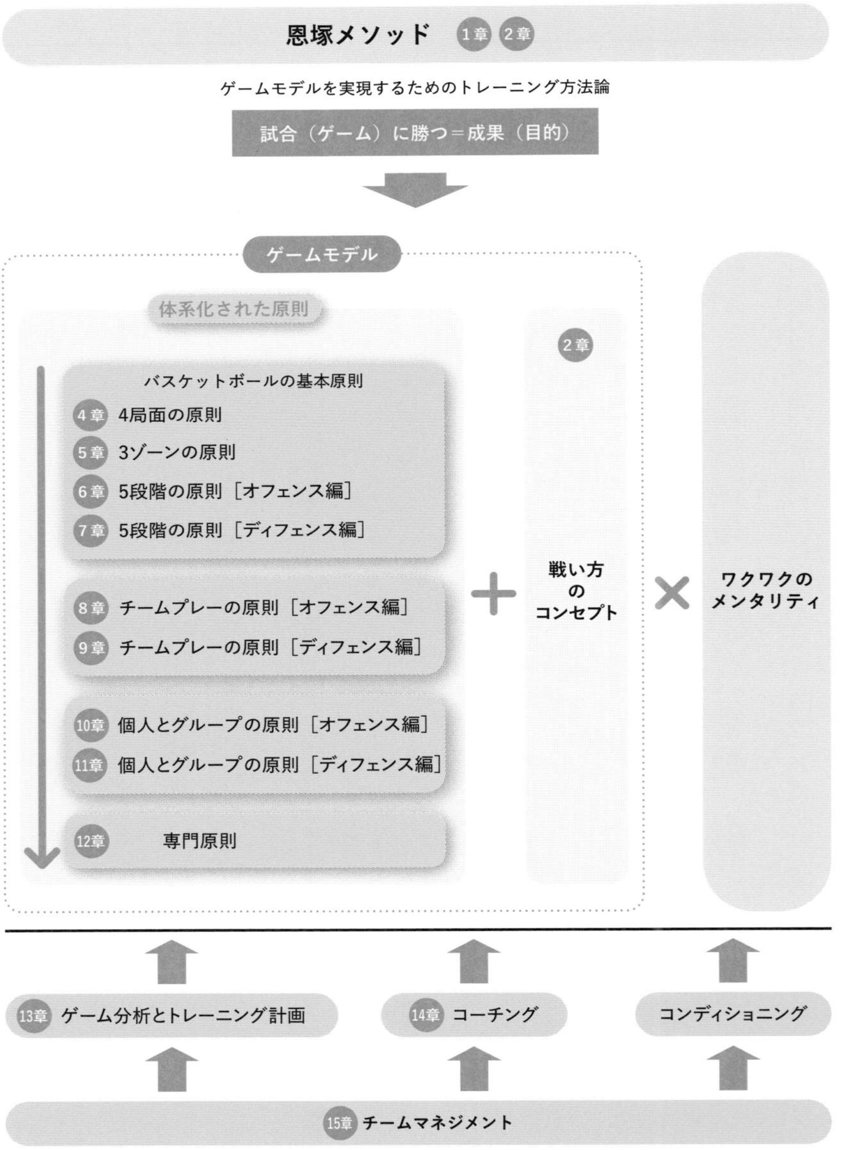

恩塚メソッド 1章 2章
ゲームモデルを実現するためのトレーニング方法論
試合（ゲーム）に勝つ＝成果（目的）
ゲームモデル
体系化された原則
バスケットボールの基本原則
4章 4局面の原則
5章 3ゾーンの原則
6章 5段階の原則［オフェンス編］
7章 5段階の原則［ディフェンス編］
8章 チームプレーの原則［オフェンス編］
9章 チームプレーの原則［ディフェンス編］
10章 個人とグループの原則［オフェンス編］
11章 個人とグループの原則［ディフェンス編］
12章 専門原則
2章
戦い方の コンセプト
ワクワクの メンタリティ
13章 ゲーム分析とトレーニング計画
14章 コーチング
コンディショニング
15章 チームマネジメント

2 恩塚メソッドにおける原則

原則とは

●原則＝「目的×考え方（方法）」

恩塚メソッドにおける「原則」とは、これまでも触れてきたように合理的なプレーの判断基準としての「ものさし」のことです。「とりあえずこれやりましょう（特別なことがなければ）！」という指針のことです。スムーズな意思決定と、その意思決定を他の選手が予測できるようにするために「こういうときは、こうするために、チームでこうしましょう！」という形で整理しています。もう少し踏みこんで言うと、目的を達成するための最適解を導き出すための判断の拠り所であるとも言えます（column | 02、次頁）。この判断基準である原則を使うことで、５人の選手それぞれがどんなプレーを選択すればよいかといった判断が、瞬時におこなえるようになります。

「原則」の言葉づかいとして、迷う余地のない原則的なおこないを示すのに「原則として～する」「～が原則」のように表現することがあります。この場合の原則は、最適解と言い換えることも可能です。原則＝最適解となる場合、「従わなければならないルール」という意味合いが強くなります。

ただし、状況が変わった場合には、原則にとらわれすぎずに柔軟に判断することも、特にバスケットボールのような状況が目まぐるしく変化する競技においては重要になってきます。原則は、あくまで迷わず成果を出すための判断基準であり、「どんな状況でも通用する絶対解」や「必ず守らなければならないルール」ではないことに注意が必要です。

column 02

最適解

言葉どおり「最も適した答え」という意味で、そのときの状況から最適と考えられる解答のことで、最善のやり方、手段、手法、方法、などを指します。恩塚メソッドでは、目的に対して最も合理的な行動やプレー、考え方を示すときにこの言葉を用います。ちなみに「解」は、数式などの答えのことです。最適解は決まった答え（絶対解）ではなく状況に応じて変動します。したがって「この方法が今のところ考えうる限りの最適解だ」のように、それが必要とされる時点を示す言葉（今のところ）が付くことが特徴です。ゲーム状況が変わるなかで判断してプレーを決定しなければならないので、時点を示す「今（のところ）」の中にその時点でのゲーム状況、文脈、形勢（有利・不利）、あるいは文脈にもとづく予測（先読み）も含まれていることが重要です。ちなみによく似た言葉に「正解」がありますが、時機に関係なく「正しい答え」を指すため、最適解とはニュアンスが異なります。

●原則には「目的」がある

原則には目的が含まれている、ということを忘れてはなりません。重要なことは、目的から行動（プレー）を判断・選択することです。勝利という成果を得るためにどうしたらいいか。まずはその大命題があり、そのためには「相手よりも１点でも多く得点する」ことと、「相手による失点を１点でも少なくする」ことを念頭に置く必要があります。そのうえでチームとして何をすべきか。２～３人のグループとして、あるいは個人として何をすべきかを考えていきます。

コーチもそうですが、とりわけ選手たちはこの「目的意識」が欠けているように思うときがあります。よく「目的と手段が逆になる」というように、具体的な手段（プレー）そのものが目的になってしまっているのです。そうではなく、すべての行動に目的意識を持ち、その目的を達成するために原則を使うことで、より効果的・効率的になることをめざしたいと考えています。

●原則があれば迷わない

原則を用いる大きな理由のひとつは、選手が逐一考えなくて済むことです。例えば、ボールマンが原則に沿ってあるプレーを選択したとき、オフボールプレーヤーは「ボールマンのこの動きに対して、私はこの動きをとることが原則だ」と理解していれば、あれこれと迷わずにプレーを実行できます。迷うくらいなら、原則を遂行すればよいからです。また、選手それぞれが原則を用いることで、「セイムページ（同じページ）に立つ」ことができるのです（恩塚WORD **セイムページ**）。「セイムページに立つ」とは、コート上の５人の選手が、１つのボールを介して、チームとしての目的を達成するために、同じ視座に立ってそれぞれの動きを共有し、シンクロさせることで個々だけでは達しえない大きな力を生み出すことです。

繰り返しますが、原則は、状況の変化によって必ずしも最適解にならないことも覚えておく必要があります。それが「原則はルールではない」という理由です。変化していく状況に対して、それまでとは異なる行動を取り直す柔軟性も必要なのです。

恩塚WORD ……セイムページ

チームの個々のプレーヤーが同じ目的意識を持ってプレーできている状況のことです。チームの５人が自分たちの今の状況である現在地を理解したうえで協力するための枠組みを象徴した言葉です。結局のところ、同じページにチームの５人が乗っていないと力を合わせることはできません。また、５人がセイムページにいるためには、自分たちのことを振り返り、「このとき私はこう考えていた」など、選手どうしで考えの違いを埋め合わせる努力も必要になってきます。ビデオを見ながらフィードバックをするときもセイムページをめざしながら意見交換をするようにします。

●無限の選択肢から最適なプレーを選ぶ難しさ

選手個々が自信を持って瞬時に意思決定できるためには、行動を、その目的に対して最も適切な手段として選べるようにトレーニングする必要があります。瞬時に選べることと、選んだ手段を適切に遂行できること、それらがチームとしてシンクロできるかは、成果を出すうえで非常に重要な要素です（恩塚WORD **シンクロ**）。その差が卓越性を発揮するとも言えます。

いつ攻めていいかわからないし、私が攻めていいかもわからない。選手がそのような状態に陥ったときこそ、コーチが「バスケットボールではこういう状況も起こりうるのだ」と、交通整理をしてあげたいところです。行動や選択の自由があるとしても、チームとして理にかなった行動や選択ができないと、チーム自体がバラバラになってしまいます。

恩塚WORD ……**シンクロ**

プレーヤーどうしが目的に向かって阿吽の呼吸で連動してプレーができるということです。しかも、状況が変わるたびに、チームとしてシンクロし続けられることをめざしています。これまでは、このシンクロをめざすにあたって、長時間とにかく練習や試合をやりこむことが強調されてきたように思います。私は、原則をもとにしてつくられた台本（スクリプト）があれば、もっと効率的にシンクロできるチームをつくることができると考えています。舞台を演じるような感覚です。そこに台本をもとにしたアドリブ（選手の判断）が加えられ、そのアドリブにもチームがシンクロできるチームをめざしています。

原則のインストールと習慣化

恩塚メソッドでは、ゲーム状況における「プレーの効能」、「コツ」、「強み」を体系化し、それを原則としてチームで共有しておきます。それぞれの原則をチーム全員が丸暗記し、無意識的にできるようになるまでトレーニングすることが大事です。

そこで重要になってくるのが原則のインストールと習慣化です（恩塚WORD **インストール**）。原則を記憶し、理解しても、それをコート上で考えながらプレーするとパフォーマンスは上がりません。バスケットボールは「習慣のスポーツ」と言われます。原則を用いる恩塚メソッドにおいても、習慣化は重要であり、原則の選択・実行を無意識的にできるまでに高めていく必要があります。むしろ習慣化できないのであれば、インストールすべき原則の数を少なくしてもいいでしょう。

まずは原則をインストールし、それが無意識的に遂行できるまでチームとして習慣化しようとすることで、パフォーマンスは上がっていきます。そのためにはバスケットボールの構造化と体系化が鍵となり、それを私なりにまとめたものが「恩塚メソッド」なのです。

恩塚 WORD ……インストール

選手が無意識的に、自動的にプレーできるようになることを目的として、原則やプレー技術を習得させることです。そのためには、本番のような状況を設定してリハーサルする必要があります。つまり、ゆるいディフェンス（ディフェンスなし）でいくら練習しても使い物にならないということをコーチは認識しておいたほうがよいということです。知識として取りこんだ原則をどうインストールするかが問題です。インストールは、ゲームスピードでおこなうことと、ダミーのディフェンスをつけておこなうことがポイントになります。NBAでも実践されています。

3　合理的なプレーを支える力

勝つために選んだ手段を遂行する力

●目的と手段の組み合わせを整理して選手に提示する

勝つ（得点する、失点を防ぐ）ために必要な力は何なのでしょうか。それはバスケットボールに必要な力であり、卓越性を発揮するための力です。抽象化した上位概念として言うなら「目的に対して最も合理的に手段を選べる力」と「選んだ手段を遂行できる力」ということです。簡単に言うと（1）目的の設定、（2）手段の選択、（3）手段の遂行、の３つの過程を辿る力ということになります。

（1）目的の設定

「目的の設定」では、ゲーム状況（場面や場所）において何を目的にするかを決めます。何を目的にしたら得点できるのか、何を目的にしたら失点を防げるのか、がちゃんと決められているかどうかです。

（2）良い手段の選択

「手段の選択」では、設定した目的を達成するために、一番良い考え方を選ぶことが重要になってきます。得点するためにはどんな考え方や方法があり、ゲーム状況における限られた環境でどのように選択していけばよいのか、ということです。この選択のためのものさしが原則です。

（3）選ばれた手段の遂行

「手段の遂行」では、良い考え方にもとづいて選んだプレーを実際におこないます。このような過程を選手とコーチが共有する必要があります。

単なる手段の遂行は簡単なのですが、その手段と目的の関係が不明確だと、選手は戸惑うことになります。「メッシにドリブルを教えることはできないが、チームとして戦うことは教えることができる。チームとして戦うことを教えるのがコーチの仕事である」。これはサッカーの監督、ジョゼ・モウリーニョさんの言葉です。技術を身につけることも必要なのですが、状況に応じて

（このとき、この場面で）何をしたら得点できるのか、あるいは失点を防げるのか、といった目的と手段の組み合わせを整理して選手に提示することが必要なのです。戦術のインストールや習慣化も重要です。

プレー・戦術・戦略

●プレーとは目的を達成するための行動

「プレーとは何か」と選手に問いかけてみてください。この理解がぶれていると、指導がおぼつかなくなります。「プレー」を簡単に定義すると「目的を達成するための行動」です。プレーには、目的がなければなりません。目的を問われたときに選手がすぐに答えられるかどうかです。

「パスして動く」という指示も、選手が何のために動くのかを理解していなければ、それはプレーの指示ではなく、「物理的運動」の指示になってしまいます。コーチは言葉に出していないかもしれませんが、その目的は、例えば、「選手とボールが動く状況をつくる」であったり、「パス＆ランで得点をする」ことかもしれません。もっと細かく言うと「カットしていったときに、ヘルプサイドのディフェンスがボールに反応することで、カウンターの１対１を誘発する」ことかもしれません。このように、プレーにはいろいろな目的があります。動きだけを教えるのはプレーを教えたことにはなりません。つまり、目的を理解させることが重要です。選手にもプレーとは目的を達成するための行動であると理解させることが大切なのです。

●戦術とは戦う力を高めるための術

戦術というと、ナンバープレーみたいなものを想定しがちですが（ナンバープレーも戦術のひとつですが）、戦術とは「戦う力を高めるための術（選手を効果的に配置して動かすこと）」です。また、相手に妨害されても「こういう手立てを打ったら次はこうなる」という連続性が強くて、ぶれないことが良い戦術です。戦術をおこなううえでは、戦う力が高まっているかどうかが重要になります。それが個人なのか、グループなのかの違いはありますが、チームとして共通のビジョン（視点）を持つことは非常に大切になってきます。動きだけを追って終わりではなく、戦う力が高まっているかどうかが戦術を評価するポイントです。
例えばスクリーンプレーを取り上げてみても、スクリナーがスクリーンをきちんとセットできたかどうかも大事なのですが、その結果、ディフェンスにズレができていなかったら戦う力が高まったことにはなりません。すなわちそれは、戦術とは言えないのです。コーチの指示どおりに動くことが戦術ではない、ということを理解させる必要があります。

●戦略とは投資の考え方

戦略とは「何かを達成したい目標を叶えるために、自分の持っているさまざまな資源を何に集中させるのかを選ぶこと」です。簡単に言えば、目的を達成するときに、自分の強みで勝負しようとする考え方のことです。
どんなチームであってもすべてがそろっているわけではありません。何か足りないところがあるはずです。例えば、選手の才能が足りない、お金が足りない、環境が整ってないなど、さまざまです。自分たちが弱いあるいは足りていないところで勝負しても、勝つことが難しいのは見えています。自分たちの「勝ち筋」を理解し、それに必要なものをどうそろえるかということが戦略です。自分たちが持ち合わせている力を何に集中させるのかであり、「全部がんばろうではなく、ここをがんばろう」ということです。勝ち筋に集中し、集中するポイントでがんばるという考え方です。勝てる「時と場所」を見つけ、そこで勝負するという考え方が戦略です。例えば、相手プレーヤーが大きいとします。大きいことは単なる特徴のひとつでしかなく、その大きい相手をどこでやっつけるのかを考えるのが戦略です。

●無用な戦いをしないことも戦略

いっぽうで、戦略という言葉には、読んで字のごとく「戦いを省略する」という意味合いが含まれています。すなわち、いかに無用な戦いを避けるかを考えることも戦略なのです。例えば、いくらスクリーンをセットしても、ディフェンスが剥がされずについてきてしまったら、エネルギーと時間の浪費になります。結局、試合を通してエネルギーを失ったとすると、そのスクリーンをしてよかったのかどうかということになります。そのような意味において、エネルギーを失わず、手間を省いてチャンスをものにするという考え方は、とくに日本のような体の小さいプレーヤーが外国の大きいプレーヤーに勝とうとする場合にはなおさら、必要ではないかと考えています。セットプレーも同様で、スクリーンを多用して走りまわることは、時間と体力を失い、無用な戦いのリスクは高まります。最後にチャンスができずにスイッチされてしまえば、結局はスイッチに対応したプレーを誘発することになります。そうであるのなら、手間をなるべく少なくしてシンプルにディフェンスを剥がし、その剥がしたところから攻めていくほうがよいのではないかということです。そのような戦い方を増やしていくほうが、無用な戦いを少なくできるし、自分たちの強みである速さを多く発揮できるのではないかと考えています。

合理的なプレーをするために必要な力

●合理的なプレーとは

これまでの話から、改めて合理的なプレーとは何かを以下に示しておきたいと思います。

- ◆目的から逆算して設定された原則にもとづいたプレー（column | 03、次頁）
- ◆最適解としてのプレー
- ◆生産性や効率性の高いプレー
- ◆ゲームに勝つことを達成できるプレー

●状況判断がパフォーマンスを高める

実行されたプレーの結果をパフォーマンスといいます。パフォーマンスにはプレーの実行能力としてのスキルや、心理状態であるメンタル的な要素が大きく関わってきます。いつも目的に合った合理的なプレーができるという結果が出ることをパフォーマンスが高いといいます。いっぽうでパフォーマンスが低いというのは、やろうと思ってもできない、ということです。

バスケットボールのパフォーマンスに大きく関係するのは、状況判断力で

column
03

逆算

目的を達成するために効果的、効率的な行動を導き出す計算、あるいは終わりを起点に前にさかのぼって計算することです。これができない選手が多いように感じています。状況や選手個々の目的が異なると、取り上げるものは同じであっても、いわゆる文脈が違うことによる齟齬が出てくるし、この視点がない単なる模倣は当然ながら違ったゴールに導かれることになります。つまり、自分の現在地と目的地が定まっていないということです。現在地と目的地を定めずにむやみにがんばるだけ、ということが多いのではないかと思います。この目的から逆算するという発想が、すべての戦略、コンセプト、戦術や技術に紐づいています。自分の現在地と達成したい目的地を定めることにもっと時間をかけるべきで、それをもとに練習を設定する必要があります。

はないかと考えています。判断するときの基準となる「こういうときはこうする」といった判断基準、すなわち原則の体系が整っているチームは迷う時間が減るので早い判断ができ、パフォーマンスが高くなると考えています。つまり、パフォーマンスを高めるとは、この状況判断に関わる合理的決断回数を多く、迷わず、しかも早くするということです。

●メンタルスピード

合理的なプレーをおこなうには判断のスピードが重要です。判断をすばやくおこなうその速さのことをメンタルスピードと呼んでいます。メンタルスピードとは、未来に向かって自分の行動方針を決める「決断」のスピードです。「決めていく速さ」と「切り替えていく速さ」であり、「判断スピード」とも言い換えられます。しかもそれが次から次へとおこなわれていきます。そのメンタルスピードが、上位の概念であるアジリティにもつながっていきます（恩塚WORD アジリティ）。スピードを追求する際には、動作スピードだけではなく、メンタルスピードにも注目するようにします。

状況を見て一つひとつ考えて判断するのでは遅いと考えます。感覚的に受けとってプレーの実行に移すことをめざします。「考える」ということと矛盾するようですか、そうではありません。プレーを意識しなくてもできる自動化の段階まで持っていきます。これがすなわちプレーのインストールです。プレーがインストールできると「考える」リソースをゲーム状況や戦況、相手との駆け引きに投入でき、それが判断の速さにつながると考えています。

●0.5秒のメンタリティ

状況を有利に運ぶためには先手を取ることが必要不可欠です。そのためのポイントが「0.5秒のメンタリティ」です。文字どおり、状況判断を常に0.5秒以内におこなうことです。そうすることでプレーヤーはすばやく動き出せることになり、ディフェンスに捕まりにくい状況ができます。0.5秒のメンタリティはあらゆるプレーの土台となる判断のスキルです。

●見たらすぐに実行できるメンタルスピードを

よく言われることに「認知・判断・実行」がありますが、私としては「見て、判断する」のでは遅いと考えます。判断しようすることに時間がかかりますし、見たらすぐに実行するくらいのメンタルスピードがほしいと考えます。その意味では「判断しよう」といより、「流れを読もう（視座を高くして見よう）」と言ったほうがよいかもしれません。予測を持っていて、そのとおりになったときに「よし！」と動ける機会を増やそうとすることが重要

恩塚WORD …… アジリティ

場面に即応してすばやく効果的なプレーを発揮し続ける能力、あるいは相手にとって嫌なことをすばやく選択し続ける能力のことです。今後ますますアジリティの能力の優劣がゲームの勝利に影響するようになると思われます。今後ゲームはよりフィジカルによりタフになるので、そもそも練習してきたことをそのままお互いにやり合える状況になりません。場面に即応した、よりすばやい判断が求められるようになります。

です。見たら自然と動くといったメンタルスピードにしていきたいと考えます。フロー状態の選手が、ある意味ではオートマティックに「認知・選択」をしていくことも、この「メンタルスピード」には入っています。

●文脈は状況判断をするうえでの必要不可欠な要素

文脈とはゲームの流れのことで、判断をする時点におけるそれまでのゲーム状況とそこから起こると予想されるゲーム状況の論理的あるいは因果関係的つながりのことです。脈絡とも言います。バスケットボールにおけるさまざまな判断をするうえでの必要不可欠な要素です。文脈を読んで目の前にある状況をより高い精度で理解できるようになると、パフォーマンスも比例して上がっていきます。その結果としてスキルもレベルアップしてきます。

●合理的なプレーを知っていることの重要性

合理的なプレーができるには、２つの段階があります。それは、状況に応じた合理的なプレーを知っているかどうか。当然、知らなければできません。そしてそれを実行できるかどうかです。

まず、「状況がわかっていますか？　対応できる合理的なプレーを知っていますか？」ということです。同じ「できない」という場面でも、「状況がわかり対処法も知っているけど、できない」と「状況もわからず対処法も知らなくて、できない」の２つは大きく意味が違ってくるということです。

そもそも「わからない、知らない」のであれば「できる／できない」もありません。「できる／できない」には場面や状況もさることながら、相手の能力を推しはかる（わかろうとする）ことも重要になってきます。例えば１対１の方法を知っていたとしても、レブロン・ジェームスを相手にしてはできない、となる。「できる／できない」は相手の能力も関係してきます。相手の能力が上だという状況がわかれば、もっと速く強く正確な実行、あるいは駆け引き、といった対処法が必要であることが浮かんできます。しかし、これをわからない選手が多いようです。すぐにダメだと思ってしまうようです。知らないでできないのか、相手の能力が上でできないのか、自分のコンディショニングの問題なのか、それらを分けて認識できることが大切です。

知らないで闇雲にがんばる、勝ち筋を持ち合わせていないでただがんばる、それはギャンブルです。そんな勝負はしてほしくないと思っています。この一線を超えてほしいと思っています。

●知っているけどできない

では、その次に何があるのでしょうか。それは「知っているけどできない」です。ただしそれは、恥ずかしいことではありません。技術不足は誰にでもあります。相手が格上だという場合もあります。しかし、知ることに関して才能は関係ありません。エリート枠で見た場合、「言われたとおりにはできる」という選手は多いのですが、これでは迫力に欠けてしまいます。すなわち、二流にとどまってしまいます。二流を脱して一流になるには、「知っていて、しかも無意識でできる」ことが求められます。

例えば1対1の攻めを考えながらやっているうちは、一流相手には勝てません。目の前の相手に「絶対に勝ってやる」という気持ちが優先したうえで、無意識的にできるかどうかです。それができたうえで「絶対に負けない」という魂が入っているかどうかが、エリートプレーヤーには必要です。

選手に原則をインストールするには、ひたすらおこなうことが必要です。数時間で何とかなるようなものではありません。何日、あるいは何ヶ月単位かもしれません。しかし、いったん原則が選手の中に溶け込むと、自転車を乗りながら会話も楽しめるようなものです。「何でそんな（不合理な）判断をするの？」といったレベルの指摘をしなくて済むようになります。

もうひとつ、相手が格上ということが受け止められるようになることも重要です。方法は知っているけど、相手が格上だからできない、やるべきことはやった、ということをちゃんと理解できていれば、結果を受け止めることができますし、相手をリスペクトもできるようになります。

●規律と即興に欠かせないアジリティ

合理的なプレーを知ったうえで、状況に応じた原則をすばやく、適切に選び、発揮する、すなわちパフォーマンスを高めていくための究極のポイントとして「規律と即興」があります（column | 04、次頁）。「規律と即興」にも

「アジリティ」が欠かせません。つまり、アジリティはパフォーマンスの根幹でもあるのです。言うなれば、得点するということに関しての最も必要な能力であり、いわゆる戦術もアジリティから紐づけられることになります。実際のところ、現代のバスケットボールは、成果を出すためにアジリティレベルで競い合っています。それにもかかわらず、多くのコーチや選手が注意を向けるのは、もはや枝葉であるはずの戦術やテクニックばかりになっているように思います。むろん刻一刻と変化するゲームのなかで、すばやく、的確に最適解を見つけだすことは難しいものです。しかしそれを導くことこそがコーチの楽しさでもあります。このように原則の強みを発揮する「規律と即興」を、個人としてもチームとしても、高いアジリティで遂行することによって、目的は達成されるのです。

column
04

規律と即興

「規律」を単独で取り上げた場合、チームとして勝利を収めるためにやるべき内容のことを示しています。選手がスタンダードに達してないときには、そのスタンダードに向かう指導が必要であり、その内容とその質について責任を持たなければなりません。

「規律と即興」という組み合わせの文脈における規律は「原則の遂行力」を示し、即興は「原則破り」、すなわちより良い選択肢が見つかったときにそのプレーができる力を示しています。より良い選択肢が見つかったという意味での即興には「原則が遂行できない（行き止まり的な）状況」と「原則を遂行する必要がない（相手が崩れた）状況」の２つの方向性があります。その２つの方向性を理解しながらプレーすることが大切です。あるプレーヤーが即興のプレー選択をした場合、チームの５人が即興であるという理解ができたうえで、次のプレー展開やサポートにつながる必要があります。

4　ゲームモデルにもとづくチームづくり

恩塚メソッドとは、「ゲームモデルを実現するためのトレーニング方法論」です。恩塚メソッドは「ゲームモデル」にもとづいたチームづくりをベースに考えていますので、この考え方を理解することがとても重要です。

ゲームモデルとは

●ゲームモデル＝コンセプト＋原則

ゲームモデルとは「チームとしてこういう試合をしたい」ということを反映させた、ゲームの設計図のことです。どんな試合をしたいのかをまとめた目標です。スローガンとして表わすこともできます。どんな試合をしたいのかをまとめるときに必要になってくるのは、（1）戦い方のコンセプトと（2）ある状況における目的を達成するための「ものさし」である原則です。すなわち「ゲームモデル＝戦い方のコンセプト＋原則」ということになります。

何度も述べているように、原則は目的があって初めて成り立つもので、目的を達成するために原則はあります。チームが戦い抜くためのコンセプトと原則がまとめられ、それがどんな試合をしたいというアイデアになったものがゲームモデルです（**概念図❹**、次頁）。

ゲームモデルは、プレーのガイドラインであるとも言えます。もう少し掘り下げると「こういうときはこういうことをしよう」であり、それはプレーの方向性を示すことになり、このような方向性を指し示した原則が集まってきたもの（原則の体系）がゲームモデルです。「こういうときはこういうことをしよう」ということがまとめてあるので、意思決定の根拠にできます。選手はゲームモデルがあることで落ち着いてプレーできます。「原則がこうだから私はこうする」あるいは「原則はこうだけど、こっちのほうがいいのでこうしました」といった判断の指標になるからです。このような原則が多く、しかもまとめて整理されているほど、自分たちのやろうとしていることが明確に表現できていると言えます。原則を整理して構築することで「何をやろうとしているのかわからない」「何でそうなるのかわからない」ということがなくなるのです。具体例で言うと、チャンスなのに攻めない、あるいは味方が困っているのに助けない、といったことがなくなってきます。しかし、そのような原則が整理されていないと、選手も何をしていいかわからず、コーチのほうも「何をやろうとしているのかわからない」フラストレーションとなり、選手も余計に萎縮してパニックになるという悪循環に陥ってしまいます。

●ゲームモデルは戦略でもある

ゲームモデルは、より深化させると「戦略」のようなものとも言えます。前述のとおり、「戦略」とは有限の資源をいかに選択し、配分して、最高の成果を得るかを考えることです。ゲームモデルは「戦略的理想型」と言い換えることができます。「資金がない」、「選手がいない」といった不満はゲームモデルを構成するうえでの単なる条件でしかありません。それらをフラストレーションの材料と捉えるのではなく、単なる制約条件と考えることもより賢くパフォーマンスを発揮するための鍵です。

概念図❹ ゲームモデルの全体像

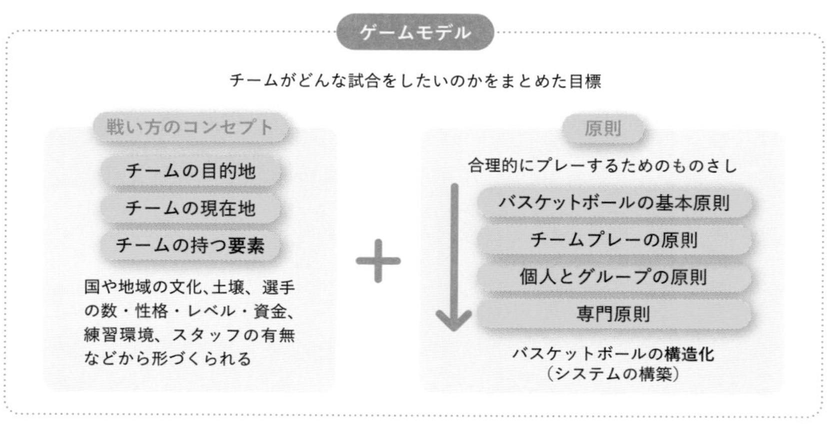

ゲームモデルの必要性

●なぜゲームモデルが必要か

なぜゲームモデルが必要なのかといえば、ゲームモデルを持つことで、ゲームや個々のプレーの解像度がより上がるからです。ここでいう「解像度」とは「鮮明さ」あるいは「わかりやすさ」とも言い換えられます。解像度が上がれば、ゲームや個々のプレーがより現実的になり、実現可能な理想を見出せるわけです。

また個人が理想とするバスケットボールと、ゲームモデルの違いは、理想（プレーイングアイディア）と現実に明らかな違いがあると踏まえているかどうかです。理想はゲームモデルの骨格ではありますが、ゲームモデルそのものではありません。骨格だけのゲームモデルは根拠にはなり得ますが、同時に肉付けも必要になってきます。それが文化や土壌、資金、練習環境、選手のレベルなどです。つまり理想を持ちつつ、チームが勝つために最適なゲームモデルは何かを考える必要があるのです。ゲームの目的は勝つことであり、理想の追求ではありません。

●東京医療保健大学のゲームモデル

私が2006年からチームづくりに携わってきた東京医療保健大学ではそれを以下のように、スローガン的にひとつのまとまりにしていました。

「瞬間瞬間の勝負で先手を取り、個々の強みをいかした意図あるプレーをチームで発揮するバスケットボール」

このようにスローガンにしてゲームモデルを示すとよいでしょう。また以下の例のように抽象的な文を箇条書きにするのもよいでしょう。

例：アグレッシブかつアクティブにプレー
　最後の最後まで力を振り絞って戦う競争心
　相手が守備隊形を整える前にゴールに迫る
　できるだけ高い位置でボールを奪い、すぐに前方へプレーを展開する

このように可視化したゲームモデルに、年間を通して固執する必要はあり

ません。チームの成長とともにアップデートしていくのがよいと思います。

●育成年代のゲームモデル

どんなチームであれ、コーチは目の前にあるチームの理想型を「ゲームモデル」として示します。しかし育成年代のチームはほとんどの場合、1年ごとにメンバーが変わります。例えば前年は背の大きい選手が多く、サイズをいかしたゲームモデルをつくっていたけれども、その選手たちが卒業すると、背の小さい選手しかいなくなることもあるでしょう。

サイズが小さくてもペイントエリア内にボールを集めることがそのチームにとって適していると思えば、それを選択すればいいですし、そうでなければゲームモデルを改めるのもよいでしょう。大切なのは、どちらが成果を出せるか、です。理想よりも成果を見て、その成果から逆算して戦略を立てるのが「ゲームモデル」です。

それは理念とも言えます。判断に迷ったとき、自分たちのアイデンティティは何なのかを確かめる座標軸のような位置づけが「ゲームモデル」というわけです。

戦いのコンセプトとは

戦い方のコンセプトとは、具体的にはどういったものでしょうか。

例えば、「家を探しています」と言われたときに、まず「どんな家を探しているんですか？」と聞き返したくなるように、バスケットボールにおいてもまずは「自分のチームはどんな試合がしたいか」という理想型・目標を持つことが大事です。

ただし、ここで重要なのは、その理想型を「自分（コーチ・選手自身）の理想」ではなく、「このチームの理想」として考えることです。自分たちが理想とし、できうる最高のバスケットボールです。目の前にあるチームがなりうる最高の形こそが、そのチームの理想型であり、ここで掲げる「ゲームモデル」です。現実を見ずに、理想を追いかける、つまり現実と理想にギャップがありすぎるとゲームモデルにはなり得ません。

コーチや選手が住んでいる国や地域の文化、土壌があります。選手の数や性格、チームとしてめざそうとする目的や目標、それを達成するまでの期間、さらには予算の規模や練習環境、スタッフの有無など、多種多様な要素があってゲームモデルは決まっていきます。

コーチには、チームにとって最適な、つまり今いる選手で最適解になりうるゲームモデルの構築が求められます。よく「ウチにはいい選手がいないんです」とこぼすコーチがいますが、今いる選手たちのなかで最高のパフォーマンスを発揮するのがコーチングの醍醐味です。「自分たちが持っているものの中で、最強の戦い方をする」。これがコーチのど真ん中の仕事の成果であると考えています。このことを忘れないでほしいと思います。

こういったチームの持つ多様な要素に加え、そのチームの現在地（戦績などの現状）や、目的地（どのくらい勝利を得たいか）から、戦いのコンセプトが形づくられ、さらに、プレーの方向性を示した原則として集めたものを加えて、言葉で表したものがゲームモデルなのです。

●私が考えるゲームモデルのコンセプト

私が考えるゲームモデルのコンセプトは「瞬間瞬間の勝負で先手を取り、個々の強みをいかした意図あるプレーをチームで発揮するバスケットボール」です。このコンセプトは、いつでもどこでも終始一貫して心の真ん中にある、あるいはゲーム中のどのプレーもこの線上にあるようにしたいというイメージです。

オフェンスでもディフェンスでも、どんな場面でも、常に先手を取ろうとしている、自分の強みをいかそうとしている、意図を持ったプレーをしている、それをチームで発揮しようとしている、ということです。このような終始一貫したコンセプトをもとにして、場面、局面、段階ごとに目的や原則を設定することで、どんなバスケットボールがしたいかということが形づくられることになります。

►整理された原則をゲームモデルに加える

ゲームモデルは戦い方のコンセプトに整理された原則を足したものです。ゲームモデルを設定するメリットは、（1）コーチしたい項目をより細かく分類し言語化できる、(2) コーチしたいことを項目ごとに整理できて伝えられる、ということが挙げられます。これらは、コーチが選手に「ちゃんとやってください！」と指導するときの「ちゃんと」が言葉にできるということです。「それぐらいわかってほしい」というような経験知的なことが「原則はこうだよね」という言い方で伝えられるようになります。さらにもうひとつ、(3) コーチしたことが実践できているかどうか項目ごとに確認できる、ということです。例えば負けていたとしても、やれることをやって負けているのか、やれることができなくて負けているのか、の違いがわかるようになります。試合中にゲームプランを立てても、「ここはできているけどここはできていない、だからこうしよう」、「これができてない原因はここにある、だからここをこうがんばろう」という指示が出しやすくなります。

ゲームモデルを設定することは「こういうときにはこうしてプレーしよう」ということがチームで共有できているので、周りの選手も迷わず判断できるはずです。「この人はこうするだろう」という予測もつけやすくなります。コーチも、ゲームモデルが遂行できているかどうかをチェックできます。そのことで、すばやく、シンクロした判断を個人としてもチームとしてもできるようになり、試合中にアジャストできるようになります。このようなことをめざしたいと思っています。

●カウンターバスケットボール

私が標榜するバスケットボール、そのコンセプトを一言で言うなら、カウンターバスケットボールです。カウンターという言葉は、瞬間瞬間の対応ができるという意味で、それがしっくりくると思ったからです。

この場面では、こうやったほうがうまくいくという原則（最適解）を持っていることで、いわゆる“瞬間的あと出しジャンケン”のような展開が可能になります。チョキという状況に対して瞬時にグーを出しますが、グーを出すということは、「相手はパーに切り替えてくるかもしれない」という予測を持ち、グーを出しながら半分チョキを出そうとしていられるかがアジリティの高さだと考えています。

このことに加えて、チームプレーとして「この人がこうするとあの人はこうするだろう」というような、状況から原則を設定する思考を共有していれば、噛み合ったプレーができ、チームとしてうまくいくようになります。試合中に噛み合わなくなるときがありますが、その一番の原因は共有していること（こうするとあの人はこうするだろう）が崩れたり、チグハグになってしまうことです。例えば、クローズアウトからカウンター１対１の状況で、せっかくとなりの味方がツーギャップを空けて攻めやすくしているのに、１対１をせずにパスをしてしまったら、そこで流れがおかしくなってしまいます。「あの人はこうするだろう」が崩れると、プレーがチグハグになります。したがって、「迷うことによるダメージが一番大きい、思い切ってやろう！」という声がけが必要です。たとえ原則を変えたとしても、原則破りとして周りが対応できるようにトレーニングしておけばよいからです。その時々の最適解を選手どうしで共有できるような指導をコーチとしてはめざすべきです。そのことは、悪い流れを立て直すときにも役立つはずです。

●体系化された原則をつくるメリット

原則を体系化することが大切です。ベースに、こういうバスケットボールがしたいというコンセプトがあり、その下にあるのがバスケットボールの基本原則です。さらにその下にチームプレーの原則、専門原則、個人とグループの原則がコンセプトを支えています。チーム原則は言葉のとおりで、専門原則とは、スペシャルディフェンスやスペシャルプレーのこと、個人とグループの原則には、スキルとテクニックが入ってきます。原則を体系化して積み上げていき、その総称がゲームモデルです。

単に勝った、負けたという話の先に、一つひとつのプレーを適切におこなえていたかどうかに着目することです。「自分たちのバスケができなかったから負けた」は、試合後によく聞く言葉です。そのできなかったのはどこを指すのか、またその原因は何かを知るためにも、この「適切」とは何かを明確にし、コーチの「適切」と選手の「適切」がうまく噛み合うように整理していくことが大切になってきます。そのことをゲームモデル（原則）にもとづいて検証できるということが、コーチングの場面だけでなく、ゲーム分析の場面でも重要になってきます。

5　バスケットボールを構造化する意義

構造を知ることで生産性を高める

恩塚メソッドでは基本原則を構築する際に、ゲームの状況を「局面」「ゾーン」「段階」という視点でとらえ、構造化することを試みています（column | 05）。構造化により、状況を大枠から徐々に細かな単位にしていくことで、それぞれの状況での目的がよりはっきりとし、その目的の達成のために必要な原則の解像度を上げることができます。また、この構造化が土台となって、いくつかの原則によって成り立つ機能的なシステムを構築することができます。このシステムの構築は、ゲームモデルをつくるうえで、またダイナミックなパフォーマンスを発揮し勝負を決めるためにも、とても重要です。

●シームレスなプレーを可能にする構造化

このようにバスケットボールという競技を局面、ゾーン、段階といった視点で構造化し、それぞれに体系立てたうえで原則を示すことによって、シームレスに、戦術的にバスケットボールをプレーすることができるのです（恩塚WORD **シームレス**）。そのためには構造化能力が欠かせません。構造化能力とは、バスケットボールの全体像を局面、ゾーン、段階のような視点でとらえる力のことです。コーチだけでなく選手も構造化能力を身につけることで、ゲームを俯瞰できるようになります。

恩塚WORD …… **シームレス**

停滞することなく、継続的、発展的にプレーを続けることです。バスケットボールのゲームにおけるオフェンスのボトルネックはプレーの停滞です。すなわち、ゲーム中オフェンスはプレーを停滞させないこと、ディフェンスで相手のプレーを停滞させることが優位性を獲得する鍵になります。このことを追求することが非常に重要です。

---

column 05

構造化

全体像を把握し、目的に対する今の位置づけや状況を見えるようにすることです。状況を大枠から徐々に細かな単位に分けることで、その状況での情報量をコントロールし、目的や、その目的を達成するための原則をよりわかりやすく、迷いにくく、焦点化するための作業です。何かをおこなうときに、その目的地があり、どの辺にいるかという現在地がわかるということは、おこなうことの意味づけを感じることができることでもあります。例えばゲームを構造化して段階の位置づけをしたときに、その段階にどのような意味があるのかを知るということです。自分のすることが、チームにどれほど良い影響があるかをしっかり理解できたとき、人は大きな力を発揮すると思います。このような発想を積み上げていくビジョンを持つことが重要です。

例えば点が取れないときに、その修正ポイントがオフェンスの「段階」にあるとしたら、さらにそれを深掘りしていきます。

◆いいシュートは打てているのだけど、シュートが入っていないのか
◆シュートチャンスをつくれていないのか
◆シュートチャンスをつくる前の段階ですでにつまずいているのか

このような過程を踏んで問題点を冷静にとらえることができるようになると、次にどんな手を打つべきかといった解決策を選べるようになります。すなわち、コーチが的確な処方箋を選手に提示できるようになるのです。

コーチだけでなく、選手もまた今がオフェンス全体の、あるいはディフェンス全体のどのあたりでプレーをしているのかといった問いを、常に持っておく必要があります。例えば１対１をしようとして、うまく攻められなかったとき、「ああ、攻められなかった……ヤバい」と思うのか、「攻められなか

ったから、もう一度チャンスをつくり直す段階だ」と考えるのか。後者であれば、慌てることなく、「今は次のチャンスをつくる段階だ」と、感情と思考を切り離して、今すべきことに集中できます。コーチもそのような場面で、ただ「慌てるな」と言うだけではなく、思考と感情を切り離すための有効な視点を持って、対策を考えてほしいと思います。

●ゲーム観の向上がパフォーマンスアップにつながる

近年はスキルコーチという職業も定着してきて、選手たちもスキルアップのためのトレーニングを日々おこなっています。それ自体は素晴らしい発展です。いっぽうで「ドリブルがうまくなった」、「いろんな種類のパスを出せるようになった」、「フィニッシュスキルのバリエーションが増えた」などが、すなわち「バスケットボールが上手になった」とはならないことを、はっきりと認識しておく必要があります。ドリブルやパス、シュートのスキルアップで、どれだけゲーム中のパフォーマンスが上がっているかと聞かれれば、私には疑問が残ります。

ここで課題として掲げたいのは、スキルもさることながら、ゲーム観の貧困さです。ゲーム観とは一般的に言われる「ゲームの流れを読む力」のことです。いくら戦術や個々のスキルを練習しても、目の前の状況が自分にとって有利なのか不利なのか、また、今はどの段階で、どこに誰がいるかを、ゲームの流れとして理解せずに、ペイントアタックしたところで、習得したはずのスキルを発揮する余力はありません。

そうした問題を解決するためにもゲーム観を身につけていくことは必要不可欠です。ゲームの流れとは文脈のことですが、その文脈を読むためにも、まずはバスケットボールを構造化し、そのなかで徹底的に「原則」と呼ばれる判断の基準を丸暗記する必要があります。そのうえで目の前の状況を読んでいきます。原則を着実に落としこむことができれば、目の前の状況を読むことだけに集中できるからです。そういったトレーニングも必要になってきます。

そうして目の前にある状況をより高い精度で理解できるようになると、パフォーマンスも比例して上がっていきます。ゲームの文脈をすばやく、かつ適切に読みとり、その結果としてスキルもレベルアップするという導き方が大切なのです。

ゲーム観のある選手はいつも簡単にプレーしているように見えます。難しいシュートは打ちません。難しいシュートを打ちそうになるのであれば、シュートをキャンセルしてパスを返すか、ヘルプディフェンスが近くまで来ていたら、ノーマークになったチームメイトにパスを出します。そうした選択を簡単にできる選手はゲーム観のある選手（ゲームを構造化して見られている）だと言えます。そうした選手はまた状況の有利・不利、選手の配置、プレーの目的を理解している選手でもあります。

これは選手だけの問題ではありません。コーチもまたゲーム観を持ち、「文脈を読む」感覚を高めてコーチングをした方がよいと考えます。

私が理想とするコーチや選手のイメージは「自立していて、センスがあって、自己肯定感が高い」ことです。自立しているとは、自分で判断できることです。センスがあるとは、まさに「文脈を読む」力のことで、センスがあるからその場の最小の力で最大の成果を出せます。そしてどんな不利な状況でも、自らを認める自己肯定感。これら３つのことが実現できるコーチや選手が増えたら、そのチームや選手のパフォーマンスが上がることはもちろん、バスケットボール界のみならず、日本の社会全体もよくなると考えます。

今の日本に欠けているそれらの課題を、バスケットボールを通じて解決していけたら、日本バスケットボール協会（JBA）が掲げる理念、「バスケットで日本を元気に」していることになります。

6　機能的なシステムの構築

システムでアドバンテージをつくり続ける

システムは、いくつかの原則によって成り立つものです。「こういうときはこうする」「その次にこうする」「さらにそれからこうする」などのプレーが、都度判断・選択しなくてもオートマティックに展開されるといった、機能的に自動化された仕組みのことを指します。このシステムという自動化された仕組みがあれば、より優位にゲームを展開することができます。

●システムとは何か?

第1部

ゲームモデルをつくるうえで、もうひとつ大切な要素として、システムの構築があります。コーチはよく「しっかりとしたオフェンスとディフェンスのシステムを持ちましょう」と言われます。どのようなシステムをもとにダイナミクスをつけて揺さぶり、アドバンテージをつくりだすかは、ゲームモデルをつくるうえでも非常に重要な要素です（column | 06）。

そもそも「システム」とは何でしょうか。システムとは、入力に対して自動的に出力をつくる仕組みです。簡単な例を挙げると「ドミノ倒し」です。ひとつが倒れると、それに続くドミノ牌もパタパタパタと倒れていきます。

●システムによって脳のリソースを他のことに割くことができる

「これをやったあと何をしたらいいのか」、すなわちあるプレーをおこなったあと次のプレーとして何をするかということについて、実際に状況から判断して、あるいは自分の前のディフェンスを読んでプレーするのは、非常にレベルが高く難しいと考えています。プレーするときに「これをしたら次はこれ」というように自動化した動きが身についていれば、何をしようかと考える脳のリソースを他のことに割くことができます。特に経験がない選手たちにとっては、おこなうことをシステムとして定着させて自動化すれば、例

column 06

ダイナミクス

ダイナミック（dynamic）とは、「躍動的、力動的」、あるいは力強さ（ダイナミクス）のことです。躍動感がある、あるいは勢いやエネルギーがある状態のことです。チームや選手が心も体も含め、結果としてエネルギーがみなぎった状態でダイナミックにプレーできているかどうか問われるところです。ダイナミックさに欠けるときに、自信を失っているからなのか、あるいはやり方をわかっていないからなのかといった原因を見極めるのがコーチの責任だと考えています。その選手にがんばれと声をかけるだけではなく、具体的に方策を示す必要があります。結局、ダイナミックさに欠けてしまうと、何を教えても力を発揮できないということをコーチはわかっておいたほうがよいと思います。例えば、チームでセットプレーとしてのアクションをおこなって、コーチの指示どおりに動いていたとしても、躍動感なくタラタラ走っているだけでは、相手をやっつけることはできません。選手が躍動感を持ってプレーしているときは、状況判断もより攻撃的になり、勢いのある連続的な攻撃ができるようにもなります。勢いをいかに出すか、大切なテーマだと考えています。

えば目の前のディフェンスあるいはオフェンスとの駆け引きに脳のリソースを割くことができます。

●適切なプレーがつながって機能的で生産的なパフォーマンスが発揮される

バスケットボールでよくあるシーンとして、ディフェンスでフルコートのプレッシャーをかけたいのに、セーフティに戻っていたためにマッチアップが遅れてしまうことがあります。これは「システムになっていない」例です。一つひとつのプレーを適切にやっていたら、それらがつながりを持って、機能的で生産的なパフォーマンスが発揮される。それが「システム」です。一つひとつの目的を達成しながら、次に起こることに対しても効果的にパフォーマンスを発揮できれば、システムとしての全体的なパフォーマンスも向上していきます。

先ほどの例で言えばチームのねらいはフルコートでプレッシャーをかけることなので、リバウンドをあきらめて、セーフティをする必要はありません。誰かがシュートを打ったときに、常に相手よりも自分たちのゴール側に立つというシステムがあれば、その状態でオフェンスリバウンドにも入っているし、トランジションディフェンスの準備もできています。

そうしたシステムをダイナミック、かつフレキシブルにできるようになるために不可欠なのが、「恩塚メソッド」で核となる「原則」です。システムだけだと、ダイナミックさはありますが、自動化されている分、フレキシブルにプレーしにくくなるからです。

●システムの構築に原則は不可欠

システムはルールではありません。システムはいくつかの原則によって成り立っているというところまで定義しておくといいでしょう。さらに、原則によって成り立っているシステムをスクリプトとしてまとめておくことをお勧めします（恩塚WORD **スクリプト**）。スクリプトがあれば、チームづくりを効率的におこなうことができるからです。

原則と聞くと、どこか「ルール」だと思われがちですが、繰り返し強調したいのは、原則は目的ありき、ということです。原則が設定される背景（目

恩塚WORD …… **スクリプト**

スクリプトとは台本のことです。おこなうべきチームでのプレー全体をスクリプトとしてとらえておきます。大枠として全体を示すスクリプトの中にたくさんの実行フローがあり、「これを実行したら次はこれを実行」という連続する実行フローはシステムとして束ねられます。スクリプトの中に実行フローを束ねたシステムがあるという関係性です。演劇における台本に手描きで追加の演技指定を書き込むように、チームプレーというシステムに対して、「オフェンスではこう」「ディフェンスならこう」というように、プラスアルファの行動＝スクリプトを書き加えていくというイメージです。

的）をきちんと理解する必要があります。目的を達成するための判断の拠り所として、自分たちが最もメリットを享受できるから原則を設定しているのです。目的を忘れて、原則に縛られてしまったら元も子もありません。

そういう意味でも、これからのバスケットボールは、たとえ同じゲームモデル、同じ原則を持っていたとしても、戦術をシステムとセットプレーに使い分けて、異なるダイナミクスをどのようにつくりだすかで進化していくことになるでしょう。

選手がシステムによる自動化で合理的に動くことができない、あるいは自動化して、合理的に動こうとしても、そのシステムが通用しないときには切り口を変えてセットプレーをする。そのような使い分けをできることが、システムのゴリ押しで不合理な戦いをせず、しかしセットプレーだけで重たくなりすぎなくて済む鍵となります。

それを理解できるようになると、ゲームモデルを達成するうえでダイナミックさが必要という考え方になって、よりよいバスケットボールに発展していくはずです。

ゲームの勝敗を左右する要因

●バスケットは何で勝負が決まっているか

バスケットボールは何によって勝負が決まるのでしょうか。それを知ることはゲームモデルを達成するうえで非常に重要になります。

バスケットボールは、ダイナミックにプレーできるか、同時にポジティブなマインドでいられるかが勝負に大きな影響を与えます。システムやセットプレーの優劣を競うものではありませんし、我慢大会でもありません。カオスの中で、ダイナミックに足を動かし続け、ワクワクしたプレーをより発揮できたチームが勝つことが多いゲームです。状況がさまざまに変化していくなかで、どのようにしてダイナミックなプレーをし、どのようにしてワクワクしながらプレーできるかという問いを、私たちは解いているのです（恩塚WORD **カオス**、次頁）。それを達成するためにもコーチは「停滞せずに連続して攻める」、「効率よく攻める」システムをゲームモデルの中に設定する必要があります。同時に、そのシステムのカウンター、つまり相手が対応してきたときの切り返しまでをセットにして設定しておく必要があります。これを「カウンター戦術」と呼んでいます。

ダイナミックさを発揮し続ける鍵として、チームとして戦う遂行力を高めるものが「戦術」です。戦術はシステムとセットプレーに分けられます。システムとは自動化された仕組みであり、その表をダイナミックさで押しきり、裏をカウンター戦術で仕留めます。カウンター戦術の中にもシステムとセットプレーがあります。なぜならシステムだけでは押しきれないからです。

そうしたシステムの表と裏だけでは押しきれないときに、補助線的な切り口でセットプレーがあるというイメージです。つまりセットプレーとは、システムが表・裏ともに機能しないときの作戦であり、スペシャルプレーのことを言います。

そのように考えると、バスケットボールは常に、相手が何をしてくるのか、それをどのように突破しようかとワクワクしながら、ダイナミックにプレーし続けることを競うゲームと言えます。それが先ほどの「ゲームモデルを達成するうえでダイナミックさが必要という考え方になって、よりよいバスケットに発展していく」ことにもつながっていくのです。

恩塚 WORD ……カオス

混沌とした状況のことです。育成年代のコーチたちが直面するカオスとは一般的に「何が起こるかわからない」という状況を指しています。しかし、世界に目を向けると、もっと過酷な状況です。すなわち、技術や戦術的な要素が出尽くしてしまい、あるいはスカウティングの発達でやろうとすることが先に察知され妨害されてしまい、体力の削り合いだけが残る状況のことです。サッカーも同様な事態が訪れており、世界での闘いはそのような意味でのカオスの様相を呈しています。レベルの差はあるにしても、カオスの状況を前提としたトレーニングが必要になってくるということを痛感します。がんばれば練習したことが試合で出せるという状況ではなくなってきている認識です。

第2部

ゲームモデル

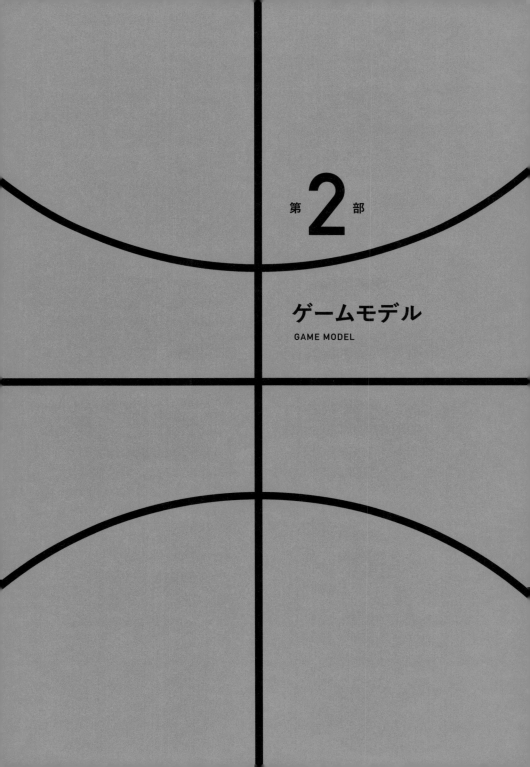

GAME MODEL

第3章

ONZUKA METHOD | CHAPTER 3

バスケットボールの基本原則

●すべては目的を達成するために

バスケットボールをゲームという観点から考えると、最大の目的は相手より1点でも多く得点して、勝利することです。これから紹介する原則はすべて、この目的を達成するためにあることを忘れないようにしてください。

原則とは、第2章でも記したとおり、合理的なプレーの判断基準としての「ものさし」であり、目的達成のために判断の拠り所として設定しています。スムーズな意思決定による推進力の促進が見込まれ、状況によってとるべき行動が変わったときの柔軟性の向上にもつながります。

設定した原則には必ず目的がありますので、その目的を見失わないように意識することが何よりも大切になってきます。原則が重要だからといってその動きに意識が向きすぎると、目的意識がおろそかになることがあります。例えば「どこを見るか」ということと目的意識はつながっており、目的意識がおぼつかないと、視野が狭くなることがあります。コーチがそれを見て「周りを見なさい」と指摘したとしても、選手が明確な目的意識を持っていないと、結果としてコーチの指摘が伝わらないということになります。

それよりも「目的を達成しよう」「成果を出そう」といったマインドセットのほうが、結果的に選手は周りを見るようになります。目的を達成しようとする意識が高まることで、目の前の状況に対する認知力が高まり、視野も広がってくるのです。目的意識を持った行動をすることが、成果を出すために重要であるという意識を常に選手に持たせるようにします。

1　バスケットボールの基本原則とは

バスケットボールの基本原則とは、試合中に必ず起こる状況に対して「こういうときは、こういう目的を持って、こうしたほうが良い」という攻守における大前提となるもので、①4局面、②3ゾーン、③5段階の3つのフレーム（枠組み）から導かれるプレーの判断基準、すなわち原則を体系化したものです。現在地という選手の立ち位置にゲーム状況を加味して、原則にもとづいておこなうべき合理的なプレー、すなわち最適解を導き出すことをめざします。まとめると、**概念図❺**のようになります。

バスケットボールの基本原則❶　4局面の原則

全体像として、まず、4つの局面があります。「攻撃の局面」「攻撃から守備の局面」「守備の局面」「守備から攻撃の局面」をぐるぐる回っていきます。この局面ごとに、どんな目的を設定して、どんな原則を適用するか。それをトレーニングすることがコーチの仕事です。

概念図❺　バスケットボールの基本原則

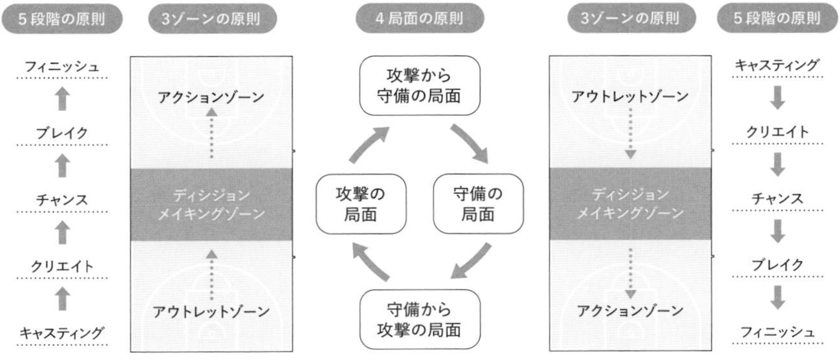

４つの局面にはそれぞれプレーの目的があり、それを達成するためにチームで原則を共有しながらプレーすることによって、高いパフォーマンスにつなげられます。これをチームプレーの第一歩として考えていきます。

「４局面の原則」は、バスケットボールのフロー（流れ）を大枠で理解するポイントになります。まずは４局面の原則を設定し、選手にプレーの基準とアイデアを与えることで、ゲームモデルを浸透させていきます。

バスケットボールの基本原則❷　３ゾーンの原則

「３ゾーンの原則」は、コートを３つのゾーンに区分けし、オフェンスとディフェンスの各局面において、３つのゾーンを通過するときにやるべきことを考えるために設定します。オフェンスの局面はマイボールになってからの「守備から攻撃の局面」と「攻撃の局面」、ディフェンスの局面は相手ボールになってからの「攻撃から守備の局面」と「守備の局面」を指します。

バスケットボールの基本原則❸　５段階の原則

「４局面の原則」と「３ゾーンの原則」をベースに置きながら、さらに目的達成のために選択・実行すべきが「５段階の原則」です。「キャスティング」「クリエイト」「チャンス」「ブレイク」「フィニッシュ」という段階に分けて、どの原則を適用して目的を達成するか、ということです。攻守ともに５つの段階を経ながらビルドアップ（構築あるいは組み立て）をしていきます。

■ ■ ■

このようにゲームを体系的に見て、順番に落としこんでいくことによって情報量をコントロールし、ゲームの解像度を徐々に上げていきます。そうすることで選手たちもコーチの言葉を受けとりやすくなり、理解を深めやすくなります。またこのような、局面、ゾーン、段階の区分けにおける目的設定からの原則適用をしっかりと頭に入れておくと、「何していいのかわからなくなる」ということがなくなります。

2　最適解とゲーム状況

最適解は、ゲーム状況から判断することが重要です。ゲーム状況は別の言い方をすれば文脈であり、①4局面の原則、②3ゾーンの原則、③5段階の原則から導かれる現在地における文脈（ゲーム状況）に、有利、不利、対等からなる「形勢」をかけ合わせて決定していきます。信号に例えて、有利（青）、不利（赤）、対等（黄）とイメージさせるとわかりやすいでしょう。目的を達成するために、そのときの状況と形勢をどう判断（原則の採用）すれば最適解としての合理的なプレーが選べるかが重要になります。

コーチは選手に、「今、オフェンス／ディフェンスのどの段階で、有利か不利かによって、どの原則を使うのか」をきちんと整理して選手に伝えることが重要です。選手も「自分は今どの段階のどこにいて、信号が青だからこうしました」といったコメントが自分で言えるようになったら「何をしたらいいんだろう」というようなオタオタするシーンがなくなります。コーチも、選手がやる気あるのかないのかわからないようなプレーを見ると「もっとがんばればいいのに」とストレスが溜まるのですが、選手が自立してくると、そのようなこともなくなるのではないかと思います。

ゲーム状況における現在地

ゲーム状況における現在地とは、ゲームの流れのなかで、選手がおかれている状況のことです。現在地がわからなければ次に進む方向が決められません。恩塚メソッドでは、コート上のあらゆる状況に対応し、すばやく、意図あるプレーを、チームで力を合わせて発揮できるようになることをめざしています。その目標を達成するためには、まず自分たちの現在地を知る必要があります。お互いに自分の現在地がわからなければ、「いつ攻めたらいいのか」「こういうときどうしたらいいのか」といった判断ができず、選手どうしでも何をどうしていいのかわからないはずです。今はどの局面の、どのゾーンにおいて、どの段階なのか。その現在地が認識できることで、その現在地における戦い方やアタックのポイント（POA、次頁）を絞りこむことができるのです。

ゲーム状況としての文脈

文脈とは、文章中の文と文の論理的なつながり具合のことです。恩塚メソッドで文脈という場合は、ゲームの流れ、状況の前後関係のことを指します。また、そのゲームの流れを読む力をゲーム観といいます。ゲーム観のある選手はゲームの文脈が読めており、自分で判断でき、いつも簡単にプレーしているように見えます。言い換えればセンスがあり、自立しているということです。この文脈を理解したうえで、それぞれの原則に沿ってプレーを選択できたときに「考えている」ということになります。つまりコーチの言う「考えてプレーをしなさい」は「文脈に合った最適解を導き出せるように考えてプレーしなさい」ということなのです。

ゲーム状況における形勢（有利、不利、対等）

形勢とは、変化する物事の、そのときそのときのありさまのことですが、恩塚メソッドにおける形勢とは、攻守の戦況におけるアドバンテージを認識するための判断指標のことです。プレーを選択する際には、戦況に対して必ず「有利」「不利」「対等」を見極めることを求めます。「状況を見て判断しなさい」という場合は、文脈を読んで「有利・不利・対等」によってプレーを選択するということです。ただし、形勢にもとづく判断は、変化する状況や文脈によって変わってくるという視点を忘れないようにしてほしいと思います。

例えば、選手の人数比による「有利・不利・対等」はわかりやすいのですが、形勢の判断基準は数だけではありません。サイズのミスマッチやスピードなどの能力差によるミスマッチ（個の優位性）、ダウンヒルやアップヒル（P.81参照）のゲーム状況あるいはポジショニングやプレーのタイミング（状況の優位性）によっても「有利」と「不利」が分かれてきます。

このように選手には、ゲームにおける「有利・不利・対等」を常に敏感に察知する能力が求められます。バスケットボールという競技は常に、この形勢（信号）が変わるスポーツです。形勢に応じて、どう攻め、どう守るかをチームの原則に沿って、選択・実行していく能力を競い合っていると言えるでしょう。

ポイントオブアタック（POA）

ある場所（エリア、スポット）を攻めたら次にある場所が攻めのポイントになるというアタックのねらいめ、いわゆる「攻めのツボ」のことです。現在地をもとにしたPOAは因果関係的な論理でつながっています。「ここを攻めたらここが空く」というポイントをつかんで攻めないと、単に動きをなぞっているだけ、やっているだけということになります。実際にそのような選手が多いように見受けられます。今はどの局面の、どのゾーンにいて、どの段階なので「こうするからこうなる」というPOAをチームで共有していくことが戦術を形成するうえでも重要です。

3　プレーの良し悪しを左右する重要概念

バスケットボールの攻守のプレーの良し悪しを左右する重要な概念です。

基本概念❶　スペーシング

選手どうしがとるべき距離あるいは空間のことをスペースといい、そのスペースを調整するために離れたり近づいたりすることをスペーシング（spacing）といいます。ゲームにおいては状況に応じて機能的で効果的なスペーシングを続けられるかどうかによって、チームのパフォーマンスは大きく変わってくると言えます。

基本概念❷　ポジショニング

選手のコート上での位置をポジションといい、その位置どりをしてゴールや相手選手との距離や位置関係を操作することをポジショニングといいます。プレーの良し悪しはポジショニングに左右されるといっても過言ではありません。ポジション力（ポジショニングをする能力）を極めることがより重要で、パフォーマンス向上の鍵になると考えています。相手が一番嫌な場所、もしくは味方が一番喜ぶ場所がどこなのかを理解し、動いているなかでも常にその場所を探して、距離や角度を調整していく能力です。

基本概念❸　サポート

チームメイトを支える、あるいは助けることをサポートといいます。変化していくゲーム状況に応じて必要になってくるオフボールプレーヤーのポジショニングのことです。チームの５人が好き勝手に動くのではなく、戦況や状況に応じた効果的なサポートである必要があります。「チームメイトを助ける」「チームメイトを支える」ことがチーム全員にどれだけ当事者意識として受け止められ、自分ごととして浸透しているかが重要です。特にゲーム中、ボールに関わっている選手以外の選手のサポートは、チームのパフォーマンスの向上に大きく影響します。その意味でも、単なるプレーの意味を超えた、バスケットボールの成果に直結する、より重要な概念としてとらえ、突きつめるべきだと考えています。

基本概念④　アドバンテージ

アドバンテージ（advantage）とは、いわゆる有利さ、優位さ（優位性）といった意味の一番広い大枠の概念です。もともと備わっているアドバンテージもあれば、相手から獲得するアドバンテージもあります。有利の反対は不利（disadvantage）です。バスケットボールでは何らかのアドバンテージ（有利さ）を求めてプレーしますが、特に得点することに関わるアドバンテージをチャンスといいます。

基本概念⑤　クリエイト

クリエイトとは、チームで協力して相手のディフェンスに揺さぶりをかけ、意図的にアドバンテージ（有利な状況）をつくりだすという基本概念のことです。恩塚メソッドでは段階の枠組み（クリエイトの段階）で焦点を当てていますが、局面、段階、ゾーンといった枠組みにとらわれず、オフェンスでは常に意識する必要があります。「クリエイトする」という言葉の背景には、基本概念としてのスペーシング、ポジショニング、サポートを駆使してアドバンテージをつくりだし、良いシュートをおこなうまでの過程が含まれます。

基本概念⑥　カウンター

カウンターとは、「裏を突く、反撃する」というニュアンスを含んだ概念のことです。２つの概念があります。１つ目は、ディフェンスのクローズアウトの状況です。カウンター１対１という表現で用います。次に、戦術的な概念であり、相手の戦術に対するカウンターです。スカウティングの発達で戦術的な要素が相手に研究され、やろうとすることが先に察知され妨害されてしまうことが多くなります。ある戦術をシステムとして構築していく際には、相手が対応してきたときに備えてそのシステムのカウンターまでをセットにしておく必要があります（カウンター戦術）。あるいは個人レベルの相手との戦いにおいても、単に先を読むだけでなく、そのカウンターの発想も重要になってきます。

第

4

章

ONZUKA METHOD | CHAPTER 4

4局面の原則

●4つの局面

４つの局面とは、「1．攻撃の局面」「2．攻撃から守備の局面」「3．守備の局面」「4．守備から攻撃の局面」です（**概念図❻**）。サイクルですので、どの局面を最初にもってきても構いません。４つの局面にはそれぞれにプレーの目的があり、それを達成するためにチームで原則を共有しながらプレーすることによって、高いパフォーマンスにつなげられます。これをチームプ

概念図❻　４局面の原則

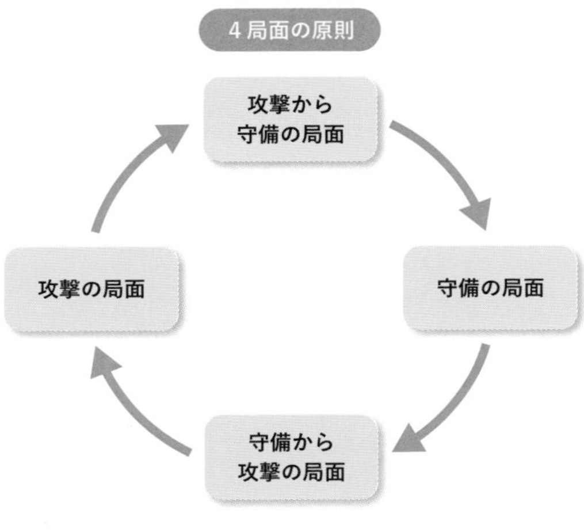

レーの第一歩として考えていきます。

これら４つの局面にはそれぞれの目的があり、それを達成するための原則を設定する必要があります。また、原則を遂行するための「目標」を立て、必要に応じて具体的に何をするべきかを設定します。具体的には、どの局面かを確認したうえで「このために＝目的、こうしよう＝原則」を文章化することです。原則がより具体的に表現されるとそれは目標となります。「具体的に何をするべきか」をチームで共有することが重要です。

４局面の原則で示される目的と原則は、バスケットボールのゲームにおいて根本的なものとなります。チームの強化においても、あるいは分析に際しても、そもそも論として第一に目をつけるべきものであるということを理解するようにします。コーチは、目的と原則、原則を達成するための目標をはっきりと設定しなければなりません。

●シームレスに戦う力を発揮し続ける

局面の切り替わりを生産的につなぐことができているかどうかという視点は、意外と盲点になっているように思います。それぞれのプレーを「点」としておこなうのではなく、つながりのある「線」のイメージを持ってプレーしてほしいと考えています。シームレスというのは「継ぎ目のない、縫い目のない状態」のことで、自分たちはプレーを停滞させず、また相手にはプレーを停滞させるように仕向け、優位性を獲得することでパフォーマンスの向上をめざすコンセプトでもあります。女子日本代表も「シームレスな戦い方」を標榜しています。選手には常にシームレスに戦う力を発揮し続け、それを高める術を身につけてほしいと考えています。「シームレス」はひとつの大きな目標であり、あるべき姿として定めていきたいと考えています。

1 攻撃の局面（ハーフコートオフェンス）

状況 ▶ 自チームがボールを保持している状況
目的 ▶ 得点を取る
▶ チャンスをつくり拡大する
▶ 攻撃権を失わない／攻撃権を増やす

攻撃の局面とは、自チームがボールを保持している状況のことです。この局面では、「得点を取る」という目的を常に見失わず、原則に沿ってプレーしていくことが大切です。この局面で掲げる原則はすべて「得点を取る」という目的を達成し、「勝利する」というバスケットボールという競技における最大の成果を生みだすためのものです。スムーズな意思決定による得点力アップをねらいますが、いっぽうで状況の変化に対する柔軟性の向上も同時にめざしていくようにします。

原則❶ 期待値の高いシュートを選択する

目的 ▶ 得点を取る

得点するため、また、相手よりも１点でも多く得点してゲームに勝つためには、期待値の高いシュートを多く打つことです。期待値の高いシュートを多く打つことができれば総得点が高くなります。自チームのシュートシーンをすべて見直してみることをお勧めします。この選択が正しくできているかどうかは、パフォーマンスアップの入り口と考えています。チームの選手個々のシュート能力を加味したうえで、チームとしての総得点が高くなるように、期待値の高いシュートの機会が多くなるようなオフェンス展開をめざします。

期待値の高いシュート

期待値の高いシュートとは、得点効率の高いシュートのことです。期待値とは、ある試みをおこなったときの結果として得られる数値の平均値です。シュート率を50%とすると、2ポイントシュート（2点）の期待値は2点×0.5（50%）＝1点、同様に3ポイントシュート（3点）の期待値は3点×0.5（50%）＝1.5点となります。得点効率が高いとは、同じ総得点を得るのに要するシュート本数が少ない、あるいは同じ本数のシュートを打った場合の総得点が多い、ということです。一定のレベルに達したチームにおけるシュート率を加味した場合の期待値の高いシュートの順位は、以下のようになります。

（1）レイアップシュート
（2）フリースロー
（3）3ポイントシュート
（4）2ポイントシュート（ペイントエリア内）
（5）2ポイントシュート（ペイントエリア外）

「期待値」の考え方を知り、その順番を意識しながら、ショットクロックが残り3秒になるくらいまでは、意図して期待値の高いシュートを選択することが目標になります。

■ ■ ■

►意図して期待値の高いシュートを選択する

攻撃の局面でよくあることとして、ふいに期待値の低いシュートを打ってしまう、つまりはシュートの選択を早くしがちというものがあります。そこでの問題点は2つ考えられます。

ひとつは、期待値は高くないと思いながら、がんばることと勘違いしてシュートを打ってしまうことです。この場合、オフボールのプレーヤーがボールマンに難しいシュートを選択させない努力も重要です。オフボールのプレーヤーは、自分のマークマン[01]がヘルプしていないときは、それ以上自分は何もしなくて大丈夫と思いがちです。このことによって、ボールマンが孤立して難しいシュートを選択してしまうことがよく起こります。

もうひとつは、目の前にある期待値の高いシュートを見落として、パスをまわしてしまうことです（パスまわしが攻撃の目的ではない）。

こうしたことが少なくなるように、意図して期待値の高いシュートを選択することが大切です。

原則❷ 有利なときは手間をかけずにダイレクトに得点をねらう

目的 ▶ **得点を取る**

有利なとき、すなわちチャンス（P.115参照）ができているときには、攻撃の手数を増やさずにダイレクトに得点をねらうようにします。このとき、攻めに時間をかけることによって、ディフェンスに「態勢を整える猶予」を与えないようにすることが大切です。「勝てるときに勝つ」ことが勝負の鉄則です。例えば、パスをすばやく展開したとき、ディフェンスがクローズアウト（P.242参照）して遅れてマッチアップ[02]してきたにもかかわらず、攻めずにパスを選択するシーンが試合中に何回あるでしょうか？　この機会損失をなくすことこそが、パフォーマンスアップの鍵と位置づけるようにしてください。

原則❸ 不利なときは無理をせずに手間をかけてじっくり得点をねらう

目的 ▶ **得点を取る**

不利なとき、すなわちボールマンがボールを失いそうなときは、無理して

01　【マーク】：マーク（mark）という用語は、「印をつける」という意味から派生して、日本のバスケットボールではディフェンス用語として「特定の相手（マッチアップ）をディフェンスする」あるいは「マッチアップ上の相手を追いかける」という意味で使われることが多い。「マークする」は「ディフェンスする」とほぼ同義で、マッチアップする相手をディフェンスの立場から「マークマン」（あるいは「マイマン」）と言ったりもする。日本のスポーツ用語として「マーク」は定着しているが、英語の「mark」にはそのような意味はない。

攻めようとするよりは、態勢を立て直すことを意識します。焦る必要はありません。「やり直せば良い」と思えるだけで、コート上の5人は落ちついてプレーできるはずです。ボールマンは安全にピボットを踏みながらボールを守り、レシーバーはワンパスアウェイ（P.169参照）の距離で安全にボールを受けてあげる意識が重要です。こうした「手間のかけ方」をチームで共有してトレーニングしておくことで、バタバタした展開をしなくてもよくなります。

原則④ チャンスをつくる意思を持つ

目的 ▶ チャンスをつくり拡大する

シュートを打つためには、ボールを前進させ、シュートチャンスをつくる必要があります。良いシュートチャンス、すなわち期待値の高いシュートを常にねらうには、攻撃を組み立てる段階（クリエイト）で、相手よりも先手を取ってチャンスを広げることがポイントになります。詳細は「第6章 5段階の原則：オフェンス編」（P.99～）で解説します。

チャンスをつくり、チャンスを突くという考え方

ここでは、チャンスをつくり、またそれを大きくするための基本的な考え方を示します。その際に重要になってくるのが「チャンスを突く」という考え方です。「チャンス」とは相手の弱い部分、すなわちディフェンスの組織的な態勢や、個々のプレーヤーの準備ができていない状態のことです。それこそが攻撃のチャンスであり、オフェンスにとってのアドバンテージ（有利）でもあります。具体的には以下の3つの状態を指します。

02　【マッチアップ】：バスケットボールでは、オフェンスプレーヤーとディフェンスプレーヤーとの攻防上の組み合わせのことをいう。自分をディフェンスする相手、あるいは自分がディフェンスする相手を「マッチアップする相手」と言ったりする。その他、マッチアップは「対応する」という意味でも多く使われ、「マッチアップする」という言いまわしは、「相手の組織的なオフェンスに対応する（マッチアップゾーン）」「自分がマークする相手に対応する」という意味で使われたりもする。

1）ゴールライン[03]が空いている

2）ディフェンスにマッチアップされていない

3）ミスマッチ[04]

「チャンスを突く」とは、これらのアドバンテージを攻めて、効率よく期待値の高いシュートをねらうことです。ただし、そのチャンスを突くためには前提として「チャンスをつくる」ことが必要です。この目的を果たす強い意志と、その手応えを常に確認していくことが重要です。なぜなら、相手ディフェンスはチャンスをつくらせないためにあらゆる方法で妨害し続けてくるからです。

チャンスをつくりだすためには、攻撃を組み立てる段階でコート上の５人のプレーヤーが状況の先読みをしながら、的確に判断して動く必要があります。そのためには以下の２つが鍵になってきます。

（1）クリエイトをする

クリエイトとは、チーム５人が協力して相手のディフェンスに揺さぶりをかけ、意図的に有利な状況をつくりだすことです。詳細は「第６章 ５段階の原則：オフェンス編」（P.99～）で解説します。

◆ボール＆プレーヤームーブメント

ボールマンとオフボールプレーヤーの動きのコンビネーションのことです。

◆１対１アイソレーション[05]

個人のオフェンス能力が高い選手に対してアイソレーションの状況をつくり、そのプレーヤーが１対１をしかけられる状況をつくることです。

◆アクション

03　【ゴールライン】：ボール（ボールマン）とゴール（バスケット）を結ぶ仮想ラインのこと。ボールライン（line of the ball）は、ボールの位置を示すときに用いられるベースラインと平行の仮想線のこと。

04　【ミスマッチ】：ミスマッチ（mismatch）は「不釣り合いな組み合わせ」の意味。例えば、背の高いオフェンスプレーヤーに対して背の低いディフェンスプレーヤーがマークせざるを得ない状況のことで、この状況はオフェンスにとってのアドバンテージである。

05　【アイソレーション】：アイソレーション（isolation）とは、「隔離、孤立」の意味で、１対１の得点能力の高いプレーヤーに十分なスペースとプレー時間を与えて得点をねらう場合に用いるスキーム（作戦）のこと。１人のプレーヤーにウイングやガードポジションあるいはポストでボールを持たせ、他の４人はそのプレーヤーから離れてスペースをつくる。

２人、もしくは３人でチャンスをつくりだすことです。パス＆ランやピック＆ロールなどの戦術的なプレーも含まれます。

（2）0.5秒のメンタリティ

「0.5秒のメンタリティ」とは、文字どおり、状況判断を常に0.5秒以内におこなうことです。状況を有利に運ぶためには先手を取ることが必要不可欠です。すばやく判断できることによって、すばやく動きだせるようになり、ディフェンスに捕まりにくい状況ができます。

原則⑤ チャンスを攻める

目的 ▶ チャンスをつくり拡大する

つくったチャンス、あるいは流れで発生したチャンスにかかわらず、そのチャンスに対して機会損失することなく攻めることで競争優位に立つことは、コーチのみなさんもご存知のことだと思います。しかしながら、例えば、クローズアウトのチャンスに対して、シュートを構えて攻めている割合を数えてみてください。いかに機会損失をしていたか、驚く結果になると思います。チャンスを攻めるという当たり前のことですが、意外と見逃されがちです。

オープンでシュートを打つ

チャンスを攻めるにあたって第一にねらうべきことは何でしょうか。もちろん、シュートを打つことです。シュートを打つ脅威をディフェンスに与えることと比例して、ドリブルで抜くチャンスも大きくなります。そのため、カウンター１対１はシュートから入ることを心がけるようにします。多くの間違いは、キャッチの瞬間にボールを下げてしまい、ディフェンスに間合いをとられて抜けなくなることです。できれば、中学生の段階からはどのポジションでも３ポイントシュートを打てるようにトレーニングすることを提案します。

ペイントエリアを優先してアタックをする

チャンスをつくることができてオープンシュートをねらうことと並行して、

次に考えることは、ペイントエリアを優先してアタックをすることです（詳細は、第５章のペイントアタックの原則で解説します）。そのためには以下の２つが鍵になります。

1）カウンターアタックをする

ディフェンスの対応の遅れに目をつけて、相手のカウンター（逆）を突いて攻めます。**図4-1**のように、ボールをキャッチしたときにディフェンスがマッチアップできていない状況は、オフェンスにとっての有利な状況です。ディフェンスが慌ててクローズアウトをしてくる場面では、シュートを構えてから（シュートフェイク）積極的に１対１をしかけて、チャンスをつくりだすことをねらいます。

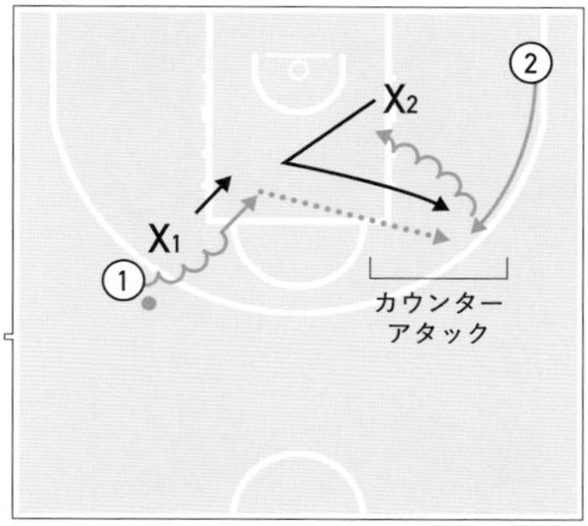

図4-1

2）スポットアタックをする

ディフェンスのギャップ（隙）に目をつけて、円柱状のスペース（スポット）を意識して攻めます。プレーヤーがシュートモーションをおこなえるのであれば、ディフェンスがマッチアップできていない状態は有利な状況と言えます。スポットの空間認識ができることで、より効果的なシュートを打つことができます。

図4-2のように、②のドライブにX_2が先まわりをした場合、X_2の手前のスポットでストップしてシュートを選択することができます。ロングツー（２点）は期待値を考慮するとなるべく避けたいと考えています。したがって、ペイントエリア内でのスポットをまず探すことを心がけるようにします。あるいは**図4-3**のように、ボールマンのドライブに対して、オフボールプレーヤーのディフェンスが気をとられた瞬間、オフボールプレーヤーがディフェンスの前面もしくは背後からカッティングをして、ゴール下のシュートを打てるスポットに飛びこむプレーも有効です（これをスポットカットと言います）。このように、ディフェンスがマッチアップできないスポットを見つけ

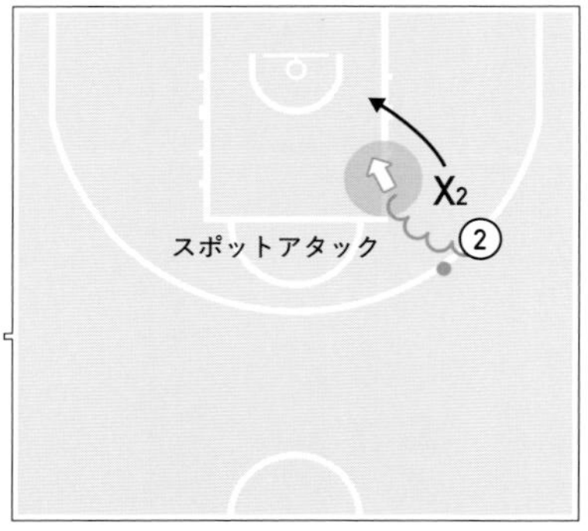

図4-2

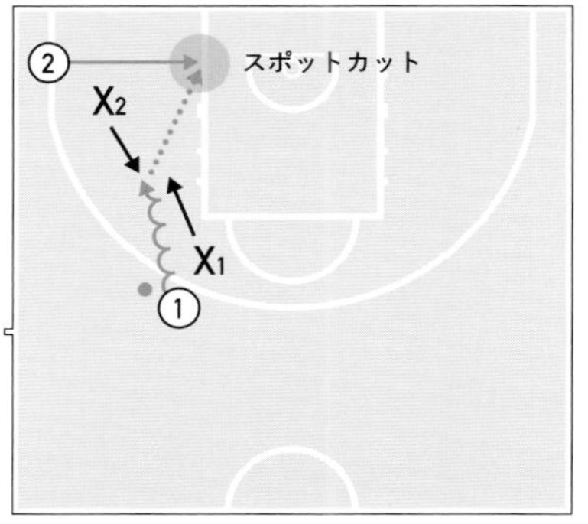

図4-3

て攻めることは、「チャンスを攻める」うえで大きな鍵になります。

原則❻ チャンスを拡大する

目的 ▶ チャンスをつくり拡大する

ボールマンがチャンスを攻めるときに、ボールマンだけではなく、チームでそのチャンスを生かして攻めることが重要です。オフボールプレーヤーはボールマンの攻撃に対して、自分をマークするディフェンスがヘルプしにくく、ヘルプしたら戻れないポジションをとり、ボールを呼ぶことがその基本となります。結果として、もともとのチャンスを土台として、ディフェンスに適応してさらなるチャンスへと発展させることができます。

このようなオフボールプレーヤーのプレーを「サポート」と呼んでいます(「第８章 チームの原則：オフェンス編」で解説します)。バスケットボールのオフェンスのパフォーマンスは、この「サポート」の質に大きく影響を受けます。ここでは、「味方が喜ぶところ、あるいは相手が嫌がるところにサポートする」というコンセプトを強調しておきます。結果として、「ヘルプしたらその代償を相手に払わせる」(P.130参照) ことができるようになり、相手ディフェンスにとって大きなジレンマを与えることができるようになります。

原則❼ ボールを失わない

目的 ▶ 攻撃権を失わない／攻撃権を増やす

ゲームに勝つとは、最終的に相手よりも１点でも多く得点することです。両チームにほぼ同数の攻撃権が与えられたとすると（ここでは得点の期待値を考慮しません）、最終的な合計得点を増やすには、シュート回数を増やすことです。そのためにはまず、「ミスによって攻撃権を失わないようにする」ことが重要です。ゴールをねらうことだけを考えて簡単にボールを失うことはあってはなりません。また、不利なときに焦ってボールをなくすこともよく見受けられます。そのときは「原則❸ 不利なときは無理をせずに手間をかけてじっくり得点をねらう」ことが鍵になります。

原則❽ リバウンドを獲得する

目的 ▶ 攻撃権を失わない／攻撃権を増やす

オフェンスリバウンドを獲得して攻撃回数を増やすことをめざします。ターンオーバーを減らすことと同様に、攻撃権の数にこだわる意味でも重要です。いっぽうで、やみくもにオフェンスリバウンドに飛びこんでしまうと、相手にボールを取られたときに速攻を出されてしまうリスクもあります。このリスクバランスをとることが次に重要なことです。

オフェンスリバウンドのトライアングルポジション

図4-4のように、ゴールの左右および正面の位置を３人で占めます（トライアングル）。トライアングルよりも外側の２人のうち、１人はフリースローライン辺りの位置でロングリバウンドに備え、残り１人がセーフティ（シューター）の役割です。

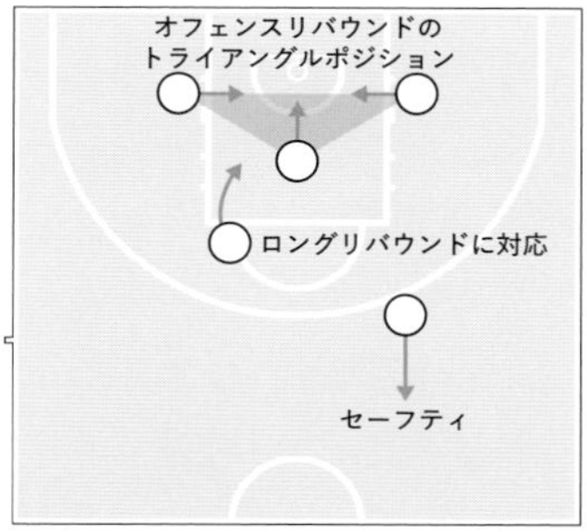

図4-4

オフェンスリバウンドにおけるタグアップ

近年はオフェンスリバウンドに入る際の考え方にも新しい要素が加わっています。これまではオフェンスリバウンド獲得には、ディフェンスよりも内側（ゴール側）のエリアに入るほうが有利だと考えられていました。しかし最近では、ディフェンスの外側にいて、シュートのボールが空中にある間、リバウンドに備えて自分をマークしているディフェンスをゴール下まで押しこむ「タグアップ」と呼ばれるやり方でリバウンドに入る考え方も出てきています。

オフェンスリバウンドに勝てそうであればゴールの内側のポジションをとってリバウンド争いをしますが、勝てそうにないときはタグアップで相手を押しこみます。オフェンスプレーヤーが内側のポジションをとろうとすることは良い試みなのですが、気をつけなければならないのは、ディフェンスプレーヤーの内側のポジションをとってオフェンスリバウンドに備えたとしても、相手にディフェンスリバウンドを取られてしまったら、直後の攻守が切り替わった瞬間に相手のゴール側にいることになるので、ファストブレイクで走られてしまうということです。そのような意味で、リバウンドに勝てそうかどうかということと、ディフェンスプレーヤーよりもゴールの内側にポジションをとるかどうかの判断は難しいのです。原則的にはオフェンスリバウンドのポジショニングはディフェンスの外側と考えます。ディフェンス側からしても、ボックスアウトしたオフェンスプレーヤーに背中側から押しこまれるので、リバウンドを取ってもすぐには攻めることはできません。リバウンドに勝てそうな状況で内側のポジションをとっても、自分以外の場所にリバウンドボールが飛んでいったら、すぐにディフェンスの外側になるように移動し、速攻で走られないようにすることが大切です。

タグアップのメリットは、リバウンドのチャンスをうかがいながらディフェンスにリバウンドを取られたとしても、その時点でマッチアップできているので、相手のトランジションに対応できることです。ロングリバウンドでも、攻守の切り替えのマッチアップにつながりますので、しっかり相手にタグアップすることを忘れないようにします。

このようなタグアップのメリットを利用して、攻撃の終わりの段階で次のディフェンスになった瞬間に先手を取る戦術を「タグアップ戦術」といいます（「タグアップ戦術」はP.154で解説します）。それによってオフェンスリバウンドの獲得とトランジションディフェンスの準備の両立をめざすのがよいと考えています。

►相手のリークアウトに備える

自分のディフェンスがボックスアウトしてくるようであればタグアップして相手を押しこみます。また、フルコートで守ろうとしているチームであれば、セーフティという考え方を持たず、全員がタグアップをするのもよいかもしれません。ただし、シューターに対してディフェンスがコンテスト（contest：競う、争う）をしたあとリバウンドに入らずにそのまま自分のゴールに向かって走り抜けるリークアウトをするのであれば、速攻への備えとしてタグアップよりもセーフティのポジションをとることを優先します。トップにいるプレーヤーがセーフティに戻るようにしますが、場合によってはローテーションして対応することも必要になります。

2 攻撃から守備の局面（トランジションディフェンス）

状況 ▶相手にボールを奪われた状況（トランジションディフェンス）／具体的には3種類、ターンオーバー、リバウンド、インバウンド

目的 ▶切り替えを早くして組織的に守る

▶相手ボールをいち早く自チームのコントロール下におく

攻撃から守備への局面とは「相手にボールを奪われたとき」の状況です。いわゆるトランジションディフェンスがこの局面にあたります。具体的にはターンオーバー、リバウンド、インバウンドの３つの場面から始まります。インバウンドとは、自チームがシュートを決めたときと、ファウルなどで審判から相手チームにボールが手渡される場面のことです。

原則❶ ペイントエリアを守る

目的 ▶ 切り替えを早くして組織的に守る

トランジションディフェンスで最も重要なことは、ペイントエリアを固めて（守れる状態をつくって）から、ディフェンスをビルドアップしていくことです。この意識をチーム全員で共有し、常にこの意識を持ち続けられるようにすることが大切です。そして、トランジションという不利になりやすい状況をチームで組織的に守り、厚みのあるディフェンスをめざすようにします。

はじめの3歩を全力で走る

「はじめの３歩を全力で走る」のは早く戻るためです。早く戻りたいときに早く戻れない行動原理としては、単に「気持ちが切り替わっていない」あるいは「無意識的にサボろうとしている」ことが考えられます。それを改善

するためには、考えてプレーするよりも反応的に動くように指導します。つまり、「判断不要」で早く戻るように導くのです。はじめの3歩を全力で走ることができれば、そのあとも勢いがついて走れるようになるものです。

ギャップを絞るディフェンス

アウトナンバー（数的不利）などの不利な状態であれば、**図4-5**のように、ペイントエリアの守りを固めることを優先します。このように、隣のディフェンスどうしが立つ位置の距離を短くして相手に攻めるためのスペースを与えないようにすることを「ギャップを絞る」と表現します。具体的には、両手を広げたときに、ボールマンディフェンスに数十センチで手が届く距離まで近づきます。なぜなら、相手はダウンヒル（P.81参照）、つまり下り坂を駆け降りるような勢いで攻めてくるので、ボールマンディフェンスだけでは止められない可能性があるからです。

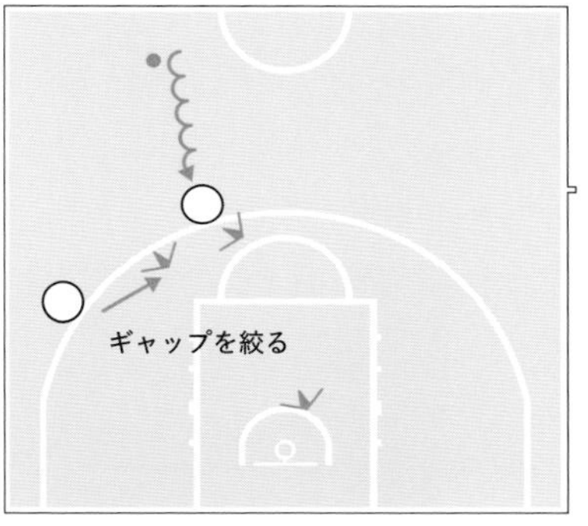

図4-5

原則❷ 相手に期待値の低いシュートを選択させる

目的 ▶ 切り替えを早くして組織的に守る

目標は相手に期待値の高いシュートを打たせないことです。まずはゴールを守り、3ポイントシュートを打たせないようにします。同時にシュートファウルをしないことも大切です。これはシュートの優先順位にもとづくものです。攻撃から守備への局面においてディフェンスが不利になりやすい場面でも、1%でも確率の低いシュートを打たせることが大切です。

原則③ できるだけ高い位置でマッチアップする

目的 ▶ 相手ボールをいち早く自チームのコントロール下におく

オフェンスリバウンドでタグアップをして、そのままマッチアップすることをめざします。相手がディフェンスリバウンドでボールを持った瞬間に、進行方向とは逆方向にベクトルが向くように（ファウルにならない程度に）押しておくことができたら、相手はゴールに向かう推進力をマイナスからつくらなければならなくなります。このため、そのあとのディフェンスを非常に優位に運ぶことができます。これらを５人が適切におこなえたら、その結果、相手の持っているボールをいち早く自チームのコントロール下において、チームとして組織的に守れるようになります。

原則④ できるだけオフェンスの組み立てに時間をかけさせる

目的 ▶ 相手ボールをいち早く自チームのコントロール下におく

ボールマンディフェンスは、相手に１回でも多くドリブルチェンジをさせて時間をかけさせることが目標です。オフボールプレーヤーのディフェンスは、縦につなぐパスをディナイしてボールの進行を遅らせるようにします。ドリブルとパスを横方向に仕向けて時間をかけさせることができれば、優位にディフェンスを運ぶことができます。このことを実現するには５人の協力が必要です。１人でも休む選手がいると他の選手の努力が不意に終わることも、チームの意識づけとして共有しておくことです。

局面における有利不利

「攻撃から守備への局面」においてディフェンスが有利なのは、５人全員がディフェンスに戻って、それぞれのマッチアップができている状態のことです。一般的には「対等（イーブン）」ですが、オフェンスが有利になりやすいこの局面では「有利」と言っても良いでしょう。相手ボールマンのスピードの脅威も小さいと考えられますし、戦術的なポイントとして、ディフェンスがオーバーナンバー（オフェンスよりも数が多い）のときは、プレッシャーをかける機会損失をしないことも大切です。

不利とは、５人全員がディフェンスに戻っておらず、マッチアップができない状態のことです。スペースも広くなる分、ボールマンが勢いよくアタックできるときでもあります。戦術的なポイントとしては、ディフェンスがアウトナンバー（オフェンスの数よりも少ない）であるときはもちろんのこと、イーブンナンバー（４対４や３対３のようなオフェンスとディフェンスが同数）でも、スペースを広く使われそうなときには安心せず、相手の走りこんでくるスピードとエネルギーに対して備えることが必要です。

コーチが選手を評価するポイントのひとつとして、この「有利か、不利か」を掴めるようになることが挙げられます。例えば、突出したオフェンス能力を持つ１人の選手が勢いよく攻めてきたときに、ディフェンスが不利だと判断したら、複数人で両手を広げてドライブさせないように守るビルドザウォール（build the wall：壁をつくる）を選択します。有利か不利かを見極め、機能的にディフェンスの態勢を選択・実行できれば、そのチームのディフェンスのパフォーマンスは高いと評価できます。

3　守備の局面（ハーフコートディフェンス）

状況 ▶相手チームがボールを保持している状況
目的 ▶失点を防ぐ
▶相手の攻撃を自由にさせず、制限をかける
▶シュート機会を減らす

守備の局面とは、相手チームがボールを保持している状況のことです。この局面での目的は「失点を防ぐ」ことです。また、ディフェンス側も「アタックする＝攻撃的に守る」という目標と、「ヘルプする＝危ない場面をチームで協力して守る」という目標を持つことによって、状況に応じて相手の攻撃を自由にさせず、制限をかけることをめざしていきます。

原則❶ ゴールを守る（守るべき優先順位をつける）

目的 ▶失点を防ぐ

守備においても優先順位を設定し、目的を達成するために、その力をより発揮できるところから手厚く守る必要があります。つまり、失点する可能性が高いと判断した場合は「ゴールを守る」という目的が、自分のマークマンを守ることよりも優先されます。そうすることで、相手により期待値の低いシュートを打たせることができます。

■ ■ ■

►ロングツーを打たせる

打たせたい期待値の低いシュートとは、具体的に言えば、いわゆる「ロングツー」と呼ばれる、ペイントエリア外の2ポイントシュート、距離の長いシュートです。しかもそれがディフェンスにコンテストされたプルアップシ

ュートであれば、なお良いでしょう。コンテストされたロングツーを打たせようとするところから逆算して、どこを手厚く守るかといった目的意識を持つことが、守備の局面では重要になります。

この目的を達成するための目標は期待値の低いシュートを打たせることであり、なおかつシュートコンテストをすることになります。

原則❷ 有利なときは手間をかけずにダイレクトにボールへプレッシャーをかける

目的 ▶ 相手の攻撃を自由にさせず、制限をかける

ディフェンスの際に、相手の攻撃を自由にさせず、圧力を感じさせることを常にねらうようにし、すべてのシュート、パスに対してコンテストをすることをめざします。特に、自分たちが有利と感じたらダイレクトにボールに対してプレッシャーをかけることが重要です。

そのためには、ボールマンの状態をよく観察する習慣を持つことが重要です。有利なときとは、マッチアップの優位性があると感じるときです。例えば、ボールマンが何をしようか迷っているときや、パスだけしか頭にないときなどで、そのような場合は、ボールに対して積極的にプレッシャーをかけるようにします。その結果、相手にボールを守るようにリアクションさせることができれば優位に戦うことができます。プレッシャーをかけるときは、相手に対してリーガルガーディングポジション[06]でコンタクトして、目の前にあるボールに対して必ず手を出すようにします。目の前にあるボールに対して積極的に手を出すことが、相手にとって大きな脅威になることを理解して（無理をして取りにいかないことを前提として）プレッシャーをかけることが大切です。

06　【リーガルガーディングポジション】：バスケットボールの競技規則に定められたディフェンスのポジション（プレーヤーが占める位置）のこと。ディフェンスプレーヤーは「相手チームのプレーヤーに正対する」「両足をフロアにつける」の２つの条件を満たしたときに、ディフェンスの正当な位置（リーガルガーディングポジション）を占めたとみなされる。

原則③ 不利なときは手間をかけてじっくりボールへプレッシャーをかける

目的 ▶ 相手の攻撃を自由にさせず、制限をかける

自分たちが不利なときは、無理して間合いを詰めたりせず、フェイクや駆け引きをして相手を迷わせることをねらいます。例えば、ボールマンがドライブできる状態にもかかわらず、プレッシャーをかけようと間合いを詰めすぎると簡単に抜かれてしまいます。自分たちが不利なときは、無理してプレッシャーをかけるよりも、相手に「プレーの手間と時間をかけさせる」ように仕向けて、自分たちの態勢を整えます。「プレッシャーは自分たちの態勢が整ってからかければ良い」と指導することも重要です。

原則④ 有利なときはミスを誘う

目的 ▶ シュート機会を減らす

「原則② 有利なときは手間をかけずにダイレクトにボールへプレッシャーをかける」ことをねらってミスを誘い、相手のシュート機会を減らすようにします。プレッシャーとは相手の嫌がることをすることです。相手にとっては何が嫌なのか、感情と意図を読むことが鍵になります。相手の感情や意図を読もうとすることが「しかけ」を見つける鍵になります。例えば、ボールマンが慌てていて（感情）、「ドリブルで何とか突破したい」という意図が読みとれるのであれば、トラップをしかけるチャンスです。

原則⑤ チームでリバウンドを確保する

目的 ▶ シュート機会を減らす

相手にオフェンスリバウンドを取られて攻撃権を与えるということは、PPP（Point per possession：ポイントパーポゼッション）が仮に１点だとすると、相手に１点与えていることと同じ意味になると理解してください。

勝利するためには、リバウンドの獲得は必要条件です。そのことをチーム全員に理解させるようにします。プレーヤー全員がステップアウトして正しく強くコンタクトでき、またルーズボールに反応できるように強化していくようにしてください。ボックスアウトせずにファストブレイクをねらって走ろうとした結果、相手にオフェンスリバウンドを許すことがないように指導することが重要です。

原則⑥ 相手のチャンスやシュートの機会そのものを減らす

目的 ▶ シュート機会を減らす

この原則を達成するためには、ターンオーバーを誘って攻撃権を失わせることと、セカンドチャンスを与えない（オフェンスリバウンドを取らせない）ことです。この2つのポイントを果たすことで相手のシュート機会を減らすことができます。

■ ■ ■

►相手の感情を読む

ターンオーバーを誘うための目標はミスを誘うしかけを持ち、しつこくアタックすることです。ボールマンプレッシャーやディナイ、トラップなどがあります。それらをおこなうためには相手の感情を読む必要があります。がむしゃらに、やみくもに間合いを詰めるだけでは、何回かミスを誘うことができても、徐々に対応されてしまいます。プレッシャーとは相手の嫌がることをすることです。相手にとっては何が嫌なのか、感情と意図を読むことが鍵になります。

►相手（オフェンス）のリバウンドの獲得率（OR%）を25%以内に抑える

相手にセカンドチャンスを与えないための目標のひとつは、シュートミスに対する、相手のオフェンスリバウンドの獲得率（OR%）を25%以内に抑えることです。OR%は「相手のOR÷（自チームのDR＋相手のOR）」で計算できます。相手にOR%を30%以上取られると非常に不利な状況になります。つまり、リバウンドは決して本数（回数）だけではないということです。

セカンドチャンスを与えないディフェンスリバウンド

相手にセカンドチャンスを与えないための目標は、ディフェンスリバウンドを確実に獲得することです。そのためにはリバウンド争いで先手を取ることです。先手を取るためにはボックスアウトをするうえでの「ステップアウト」➡「ヒットファースト」➡「ステップスルー」が重要になってきます。

(1) ステップアウト

ステップアウトとは、ゴールから離れるように動くことです。誤ったシーンとして、シュートを打たれたときに、ディフェンスがゴールに向かってステップインをすることがあります。無意識的にゴール近辺へと入りこんでしまうため、相手にオフェンスリバウンドへ入るスペースを与えてしまうのです。また先にステップインをすることで、自分の頭上をボールが越えてしまうこともあります。まずはゴールからステップアウトするようにします。

(2) ヒットファースト

ヒットファーストとは、文字どおり、先に自分から相手にコンタクトすることです。

(3) ステップスルー

ステップスルーとは、簡単に言えばフロントターンです。ボックスアウトをするうえで非常に大切な技術です。なぜなら、フロントターンでコンタクトをしたほうがすばやく動けて踏みこめる分、コンタクトに対して強いからです。しかもボールと自分のマークマンの両方を見ることができます。

► ステップスルーサイドに呼びこんでステップスルー

自分のマークマンをディレクション（direction：方向づけること）してステップスルーサイドに呼びこんでおいて、ステップスルーをするやり方もボックスアウトをするうえで重要な技術になります。例えば、ステップスルーをしようとして右手で相手にコンタクトしたとき、相手が自分の左側に動いたら、右足を出して体をぶつけられます。しかし右側に来たら、バックターンで止めるしかなくなります。それをコントロールするためには、最初のコンタクトをする際に、相手の左肩に自分の鼻を持っていくようにコンタクトします。すると相手は自分の左側に行きたくなります。バックターンで相手の動きを止めにいくと、バランスを崩しやすくなり、またコンタクトをする際に背中で相手を押そうとするので、出力が小さくなります。それを解消するためにもステップスルーをしながら体の側面でコンタクトします。体を横向きにしてボックスアウトをすることで出力も大きくなります（column｜07）。

column
07

データ上のボックスアウトとリバウンドの密接な関係

今でこそボックスアウトとリバウンドは密接な関係として周知されていますが、2010年にチェコでおこなわれた女子のワールドカップ（当時は世界選手権）では様相がやや異なっていました。当時はまだどこかに「日本は身長が低いからリバウンドが取れない」と思われていたのです。しかしデータを見ると、やはり「ボックスアウトをしていないからリバウンドを取れない」ことのほうが、身長差によるそれよりもはるかに多かったことが解析できました。そこから「ボックスアウトの質を上げましょう」という、現在の考え方になっています。当時、私は女子日本代表のアナリストとしてチームに帯同し、すべてのリバウンドを調べましたが、あのときのデータは衝撃的でした。反面教師ではありませんが、思いこみがコーチングを狂わせる好例だと言えるでしょう。

【データ】

2010年のワールドカップで女子日本代表が相手に取られたオフェンスリバウンドの数は122本でした。ミスショットは333本。36.64％の確率でオフェンスリバウンドを取られています。それまでの自分たちの戦い方から「オフェンスリバウンドを35％以上取られると厳しい戦いを強いられる」と分析していたので、やはり取られすぎと言えるでしょう。その122本のうち、ボールウォッチをしてボックスアウトができていないのが28本。ボックスアウトをしにいくスピードが遅く、ボックスアウトができていないのが30本。合計58本。122本取られたうちの47.54％、つまり半数近くがボックスアウトの未熟さによるものでした。

このデータからわかるのは、身長が低いからリバウンドを取られるのではなく、ボックスアウトをしていない、あるいはその技術が未熟だったから取られるということです。

ちなみに、ボックスアウトの未熟さから取られた58本を半数に減らすことができれば、その大会でオフェンスリバウンドを取られた確率がワースト2位だった日本が、同じランキングの上位5位まで浮上できたかもしれません。またオフェンスリバウンドからのセカンドチャンスポイントを5点減らすことができたら、5点差以内の試合が3試合あったことからしても、勝利が増えていた可能性もあります（実際の大会順位は16チーム中10位）。

4　守備から攻撃の局面（トランジションオフェンス）

状況 ▶ **相手チームからボールを奪った状況（トランジションオフェンス）、相手チームに得点されたとき**

目的 ▶ **ダウンヒルの勢いをいかして攻める**

▶ **ボールを失うことなく、すばやく攻撃の態勢を整える**

守備から攻撃の局面は、相手チームからボールを奪った状況と、相手チームに得点されたときがあります。前者が一般的に言うトランジションオフェンスです。この局面の目的は、ボールを失うことなく、すばやく攻撃の態勢を整えることです。

オフェンスは、チームがボールを保持した瞬間、すなわち相手チームからボールを奪った瞬間あるいは相手チームに得点された瞬間に始まります。このような攻守が入れ替わった直後というのは、オフェンスにとっては攻めるゴールまでの間に長い距離と広いスペースがある状態です。またディフェンスにとっては自陣ゴールに向かってオフェンスに背中を向けながら走って戻らなければならず、当然のことながら、ディフェンスの態勢や陣形が整っていないばかりでなく、マッチアップもできていない状態です。

ダウンヒルとアップヒル

ディフェンスの準備ができていない相手ゴールに向かって勢いよく走り抜ける爆発的なエネルギーを使うことができる状況をダウンヒル（downhill：下り坂）と言います（**図4-6**）。ダウンヒルであれば、例えばイーブンナンバー（攻守が同じ数）でも、1対1やドラッグスクリーン[07]のような手数の少ない戦術で、ディフェンスとのズレをつくりだしていくことが可能です。逆にディフェンスの準備ができている状態をアップヒル（uphill：上り坂）と言います。アップヒルでは、手数を踏んでディフェンスを崩すことが必要

図4-6

になります。局面における攻防では、ダウンヒルとアップヒルの特徴を踏まえながら戦況の有利不利を見極めます。

原則❶ フルコートで走りこみながら攻める

目的 ▶ ダウンヒルの勢いをいかして攻める

この局面での目的を達成するために、フルコートで走りこみながら攻めることを原則にして、「効率よく（手間を省いて）、期待値の高いシュートを選択する」ことをめざします。

■ ■ ■

►ダウンヒルの勢いをいかす

ここでの「有利」とは、「ボールマンが自由にボールをコントロールできる状況」までも含みます。精神的にも有利な状況にあるので、まずは攻めきることをねらいます。「攻めきる」とは、効率よく、期待値の高いシュート機会を獲得することです。相手の守備の態勢が整わないダウンヒルにおいて勢いのあるエネルギーをいかして攻める視点を持つようにします。また、ディフェンスリバウンドを取ったプレーヤーがドリブルプッシュ（ドリブルで

07　【ドラッグスクリーン：drag screen】トランジションオフェンスの状況において，ドリブラーのディフェンスに対して進路を妨害するような位置にセットするボールスクリーンのこと。ドラッグピック（drag pick）あるいはドラッグプレーともいう。ボールを運ぶドリブラーに対するプレッシャーリリース（プレッシャーからの解放）のアクションでもある。

のボール運び）のチャンスをねらうことで、時間を失うことなく、オフェンスに入ることができます。

►得点されたあともダウンヒルでチャンスをねらう

相手に得点されたあとの機会も見逃さず、守備から攻撃への展開も速くして攻めたいところです。やはり走りながら攻めることが最もダイナミックで、強さを発揮できます。ディフェンスも走って戻っているため、守備の態勢を整えられていないからです。

そういった流れを意識する意味でも、失点後にダウンヒルでチャンスをねらうことは非常に重要です。ディフェンスが走りながら守る状態はオフェンスにとって有利であるにもかかわらず、そのチャンスを見逃してしまうことはオフェンスの機会損失とも言えます。得点されたあとの局面でスピードアップをねらうには、スローインをするプレーヤーとそのパスを受けるプレーヤーをあらかじめ決めておくことです。

►ダウンヒルにつながるダイナミックな流れをつくる

守備から攻撃の局面でより大きなオフェンス力を発揮するためには、守備の局面で「攻めるディフェンス」、すなわち相手の感情やストレスを意識しながら相手の嫌がるようなディフェンスをする意識を持つことが重要です。そのようなディフェンスをすることで、ダウンヒルへとつながる爆発的なエネルギーを生みだすことができます。攻めるディフェンスからさらに反対方向に勢いよく攻めていくダイナミックスさが、バスケットボールの醍醐味でもあります。つまり守備から攻撃の局面は、バスケットボールにおいて最もダイナミックなプレーが生まれる局面なのです。そのダイナミックスを意識的につくりだすことで、他の３つの局面にもエネルギーを与えることができます。つまり「流れ」をつくりだすことできるのは、この守備から攻撃への局面の特質なのです。ただし、流れが偶然にできたという感覚ではなく、「思ったとおりに流れをつくることができた」と思えるようにプレーし、自分たちでその流れを掴みにいく感覚を持つことが重要です。

原則❷ ミドルレーンとサイドレーンを使う

目的 ▶ ボールを失うことなく、すばやく攻撃の態勢を整える

優先してミドルレーンとサイドレーンを使うようにします（**図4-7**）。走るコースを設定することで、よりスムーズなトランジションオフェンスをめざします。裏を返せば、走りながら、どのコースに走ればよいのかを考える必要がないシステムです。誰が何のために、どこのレーンを走るかといったビジョンを持ち、スムーズにそのあとのオフェンスに移行していくことを意識します。

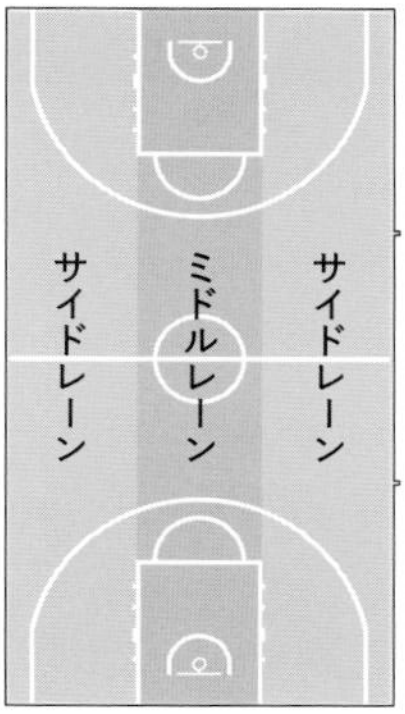

図4-7

■ ■ ■

▶5番（センター）はミドルレーン（リムラン）、2番と3番はサイドレーンを使う

先行して走るプレーヤーはミドルレーンと左右のサイドレーンを使います。どのコースを誰が走るのかについては、重複を避けるという意味でも、あらかじめチームでの取り決めをしておきます。

5番[08]（センター）がミドルレーンを使ってリムラン（ゴールに向かって走る）をし、2番と3番がサイドレーンを使って走りながら有利な状況になることをめざします。1人で走るチャンスがなかったら3メンラインを形成します（**図4-8**）。センターの個人資質にかかわらず（センターが強かろうが弱かろうが）、センターは常にリムランをねらい、レイアップシュートの脅威を相手に与えることが重要です。そして、サイドレーンとミドルレーンの間を使って、1

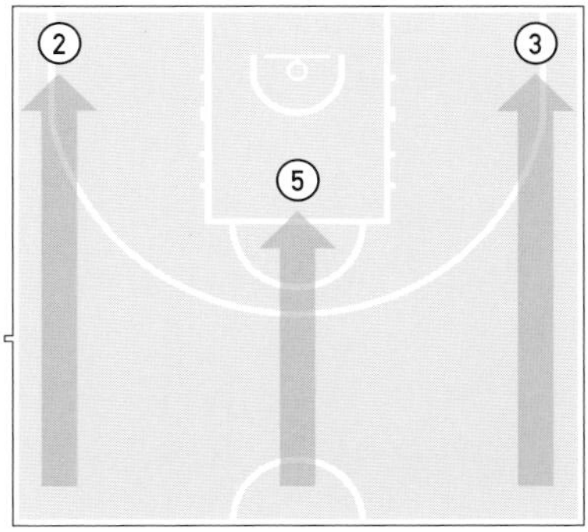

図4-8

人がドリブルプッシュ、もう１人がトレーラー（あとから追いかけるプレーヤー）となります。速さを確保する意味では、リバウンダーがドリブルプッシュするようにします。

２番あるいは３番ポジションの選手がリバウンドを取ってガードがアウトレットパスを受けたときにはセンターの２人が先に走っていることもあります。その場合は、先頭を走っているセンターがリムランをして、もう１人のセンターがサイドレーンに開いていきます。他方のサイドを、リバウンドを取っていないウイングが走ります。

原則③ 安全第一にボールを運ぶ

目的 ▶ ボールを失うことなく、すばやく攻撃の態勢を整える

この局面では、安全第一で攻めることも大事になってきます。ボールを保持するチームが変わった瞬間は、攻守それぞれのインテンシティ（プレーの強度）が上がっていてカオスな状況になりやすく、ミスも多く起こりやすくなります。オフェンス（ボールを奪った側）はボールを獲得するまでの努力や、すばやく攻めたいという焦りがミスの原因になりやすくなります。ディフェンス（ボールを奪われた側）も即座にボールを奪い返そうとするので、さらにプレーのインテンシティが高まり、オフェンスのミスを誘いやすくなります。それらを両面から知ったうえで、安全第一で攻撃の局面につなげるようにします。だからこそ注意するという感覚が必要です。

安全第一でボールをフロントコートに運ぶためには、ボールコントロールに長けたポイントガードが安全にボールをつなぐ意識が重要です。ボールコントロールの不安定なプレーヤーがポイントガードを探すのではなく、ポイントガードが動いてパスを出しやすくする工夫が必要です（column | 08）。

08　【プレーヤーのポジション名と番号】：コート上の５人のプレーヤーは、ガード、フォワード、センターというポジション名（役割名）、あるいはプレーヤーのポジション名に番号をつけてその番号で呼ばれるのが一般的である。１番はポイントガード（①：PG）、２番はシューティングガード（②：SG）、３番はスモールフォワード（③：SF）、４番はパワーフォワード（④：PF）、５番はセンター（⑤：C）のこと。センターはビッグマンとも呼ばれる。

column 08

ポイントガードが安全にボールをつなぐ

リオデジャネイロオリンピックに出場した女子日本代表のポイントガード、吉田亜沙美選手はリバウンダーがボールを取ったすぐ真横に顔を出して、ボールを受けていました。リバウンダーがパスアウトする味方が見つからずに困るような状況にしなかったのです。そうすることでリバウンダーが安心してプレーができるため、ミスも減り、結果としてポイントガードに出すアウトレットパスも早くなります。また、リバウンドのこぼれ球を自分で拾うこともできます。ポイントガードが動くことで、ミスの減少とスピードアップ、こぼれ球への対応といった３つのメリットがあります。

実際にリオデジャネイロオリンピックでは、吉田選手自身がリバウンドを取ったり、リバウンダーからのアウトレットパスも早かったため、より効果的にファストブレイクを出せていました。それまでのアウトレットパスは「サイドラインに背を向けて、前が見えるようにして、ハーフライン近くで受けるべきだ」という考え方が一般的でした。しかしリバウンダーがポイントガードを探さなければいけない分、動き出しが遅くなってしまいます。吉田選手もリバウンダーの近くに行く理由をそのように言っていました。

これは非常に大事なポイントです。特に身長の小さいチームはより多くの速攻を出したいわけですから、守備から攻撃の局面において、それぞれのポジションの選手がいかに効率的な動きをするかが大切になってきます。

►オフボールのプレーヤーがサポートにまわる

守備から攻撃の局面での「不利」とは、「ボールマンが自由にボールをコントロールできていない状況」のことです。ここではさらに安全第一の視点を持つようにします。不利の場合は、ボールマンの状況に応じて、オフボールプレーヤーがボールを受けに戻るか、前に進んで異なる場面—例えばボールマンの動くスペースをより広くしたり、他のオフボールプレーヤーがパスを受けるスペースをつくるなど—の選択を瞬時におこないます。

このセンサー（状況を察知する感覚）が希薄で、「とにかく走る」という意識のプレーヤーが多い気がします。私はこういった無意識に行動してしまうプレーヤーを見逃さないコーチングが重要だと考えています。原則として、オフボールプレーヤーは、ボールマンが有利なのか不利なのかによって走り方が変わるはずです。そうしたセンサーを持っておくことが安全第一のキーワードです。

ファストブレイクのような速いボール運びのときでも、また相手にシュートを決められて、じっくりボール運びをするときでも、ボールマンが余計なプレッシャーを背負うことなく、攻撃に移行できるよう、チーム全体で協力することが大切です。

戦術的負荷

私はこれまで、相手チームにプレッシャーをかけられ、ボール運びがスムーズにおこなえず、行き詰まるときのリアクションを意識的にトレーニングしてきました。そのときにサポートすべき選手が「まずい、ボールをつながなければ」と思って動き出すと、セルフイメージが下がり、少し慌てたりもするため、プレーの精度が下がってしまいます。「戦術的負荷」に耐えられないからだと考えます。「戦術的負荷」とは、戦術的に考える要素が多すぎて動きが遅くなることです。育成世代は特にこのダメージが大きいので、このトレーニングが重要になると考えています。

また、相手ディフェンスの戦術や、それを解決する他の戦術のレベルが高まると「戦術的負荷」に耐えられない選手が出てきます。選手が意識しないとできないような戦術的なタスクが多いと、プレーに迷いが生じて判断も遅くなり、結果としてプレー強度、インテンシティが下がってしまいます。コーチは、選手の戦術的負荷への耐性をさまざまな側面から解決していくことが大切です。戦術的負荷が表面化するのは、例えば、相手チームにプレッシャーをかけられ、ボール運びがスムーズにおこなえず、行き詰まってしまうようなときです。ボール運びをしたあとのプレーの精度や遂行力が落ちないよう、守備から攻撃の局面でセルフイメージを落とさず、冷静にプレーするトレーニングをしておくことが大事です。特にオフェンスに課題を抱えるチームはこの視点をもとにパフォーマンスを再評価すると良いと思います。

気の利いた選手

チームメイトがスムーズにプレーするためのサポートを瞬時に見極め、実行できる選手を俗に「気の利いた選手」と呼んでいますが、相手にプレッシャーをかけられた場合は、気の利いた選手であっても困っているボールマンからボールをもらえない場合があります。サポートに動いてもパスが来ないのは、ボールマンが「パスができない」と判断しているからです。大事なのは、パスをもらえないというだけで諦めてサポートの動きを止めてはならないということです。サポートをする選手は、ディフェンスをはっきりとシールするか、より強くミートアウトするなど、パスが受けられるような次の動きをおこなうべきです。

第
5
章

ONZUKA METHOD | CHAPTER 5

3ゾーンの原則

この3つのゾーンを分けるポイントは、それぞれのゾーンで何を意識するとオフェンスおよびディフェンスがスムーズにいくか、ということです。3つのゾーンは、オフェンスおよびディフェンスそれぞれに設定します（**図5-1**）。

オフェンスの3つのゾーンとは、「1.オフェンスのアウトレットゾーン」、「2.オフェンスのディシジョンメイキングゾーン」、「3.オフェンスのアクションゾーン」です。ディフェンスの3つのゾーンとは、「1.ディフェンスのアウトレットゾーン」、「2.ディフェンスのディシジョンメイキングゾーン」、「3.ディフェンスのアクションゾーン」です。

3ゾーンにおける原則は、オフェンスではフルコートで奥行きのある攻撃、あるいはシームレスな攻撃をめざすために設定します。ディフェンスではオフェンスの流れを意図的に停滞させるために設定します。

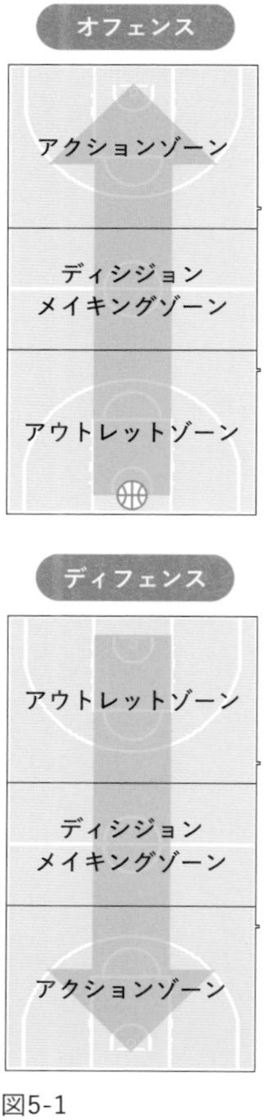

図5-1

1　オフェンスのアウトレットゾーン

状況 ▶ **オフェンスになった瞬間の地点からハーフラインの手前付近までを通過する状況**
目的 ▶ **安全かつすばやく攻撃に移行すること**

オフェンスのアウトレットゾーンでは、安全かつすばやく守備から攻撃に移行することが目的です。このエリアでは「オフェンスの5段階の原則／1.キャスティングの段階」における目的と原則（P.102参照）を強調します。

原則❶ 不利なとき、ガードがアウトレットパスを受ける

目的 ▶ **安全かつすばやく攻撃に移行する**

安全第一でガードがアウトレットを受けるようにします。速くボールをプッシュするよりも、安全（ボールをなくさないこと）が優先されることを強調します。ボールマンの意識もオフボールで走るプレーヤーも、安全が速さよりも優先されることを意識します。

原則❷ 有利なとき、ボールを取ったプレーヤーがそのままドリブルプッシュする

目的 ▶ **安全かつすばやく攻撃に移行する**

個の優位性を発揮できる、またはダウンヒルの勢いを使ってドリブルプッシュできそうな場合は、ボールを取ったプレーヤーがそのままドリブルプッシュすることをねらいます。余計なパスがない分、より早く相手コートに攻めこむことができます。このチャンスを意図的に取りにいけるように、自信を持ってプッシュできるようトレーニングしていきます。

原則❸ 走るコースは両ウイングとミドルに設定する

目的 ▶ 安全かつすばやく攻撃に移行する

走るコースは両方のサイドレーンとミドルレーンです。サイドレーンを走るプレーヤーが、同じサイドに重なることがないようにします。もし、重なりそうな場合は、２番手のプレーヤーが重複を避けて逆サイドのレーンを走るようにします。そうすることで、コートを最大限広く、深く使うことをめざします。

2　オフェンスのディシジョンメイキングゾーン

状況 ▶ **ハーフラインの手前からハーフラインを少し過ぎたあたりのエリアを通過する状況**

目的 ▶ **フロントコートでダイナミックにシームレスにプレーすること**

オフェンスのディシジョンメイキングゾーンとは、ハーフラインの手前からハーフラインを少し過ぎたあたりまでのエリアを指します。ハーフコートのオフェンスで躍動感を出すために非常に重要なゾーンです。流れのなかでどのような意図を持ってプレーするかを考えながら、ダイナミックにシームレスにフロントコートでプレーすることが目的となります。足を止めずに効率よく、期待値の高いシュートを打つための戦術を選択するようにします。

３つのゾーンの中では見落としがちで、改善の余地が大きいゾーンだと考えています。明確な意図を持たず、ハーフラインを越えてから慌てて何をしようか考え始めると、突然起こった状況の変化に対応できなくなります。プレーが停滞してカオスな状態のままオフェンスに入ったり、あるいはボールマンがプレッシャーで煽られて困っていても助けようとしないといったシーンが多く見受けられます。ガードあるいはボールマンだけの問題ではなく、オフボールのプレーヤーにもディシジョンメイキングゾーンの重要性を理解させる必要があります。

原則❶ 流れのなかで意図を持った攻めを選択する

目的 ▶ **フロントコートでダイナミックにシームレスにプレーすること**

ボールマンも走っているプレーヤーも、ディシジョンメイキングゾーンを通るときには、その流れからどのパターンで攻めることになるのかの判断をするために、味方とディフェンスの位置関係と形勢に対してアンテナを張りながら走っていく感性を身につけることが大切です。

原則❷ ペイントアタックを選択する

目的 ▶ フロントコートでダイナミックにシームレスにプレーすること

流れのなかで意図を持ちながら、ダイナミックにシームレスにフロントコートでプレーするには、ダウンヒルのスピードとエネルギーをいかしてペイントアタックをねらいます。例えば、ボールプッシュから１対１で押しきれるのか、セットプレー、ポストプレー、ドラッグをコールするのか、などを流れのなかで決めていく訓練をするべきです。そのことで、走りこむ流れをいかして相手ディフェンスにダメージを与えて、より大きなチャンスを得られる可能性が高まります。

ガードプレーヤー①がディシジョンメイキングゾーンを通過するときに考えるべき選択肢について具体的な例を示します。このとき全員が共通認識を持つことが重要です。

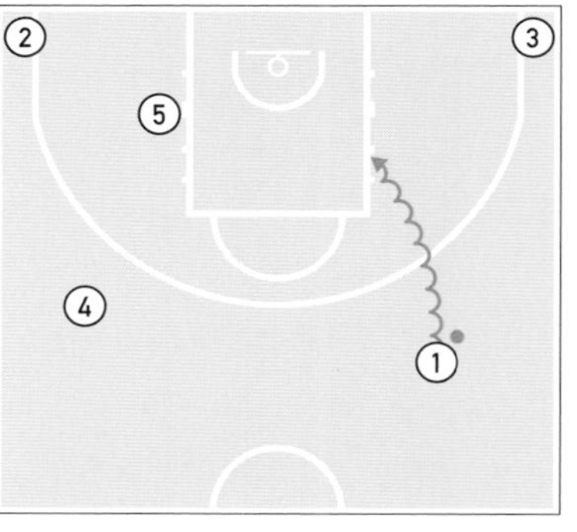

図5-2

(1) ガードのドリブルドライブ（図5-2）

ガード①がダウンヒルのスピードとエネルギーをいかすことができるのであれば、そのままドリブルドライブからの１対１をおこないます。

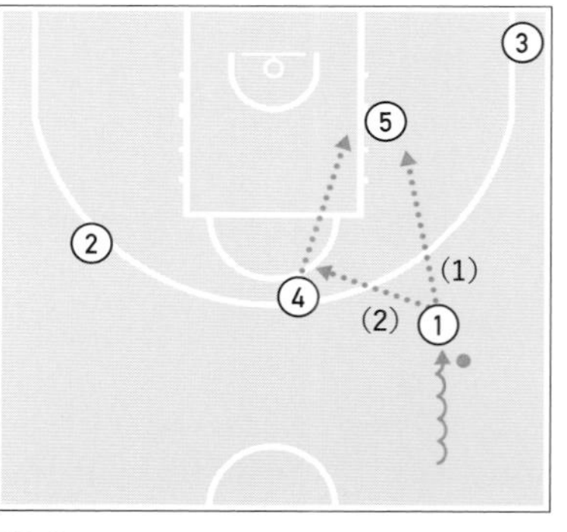

図5-3

(2) ボールサイドのローポストを使ったペイントアタック（図5-3）

ガード①がローポストを使ったペイントアタック（直接あるいは④を経由したペネトレートパス）をねらいます。

(3) ガードのドリブルドライブあるいはローポストを使ったペイントアタックがうまくいかなかったときは逆サイドへ展開（図5-4）

ガードのドリブルドライブあるいはローポストを使ったペイントアタックがうまくいかなかったときは、ボールマンがコールすることなく、逆サイドの攻め（次のフェイズ／システム）に移行します。

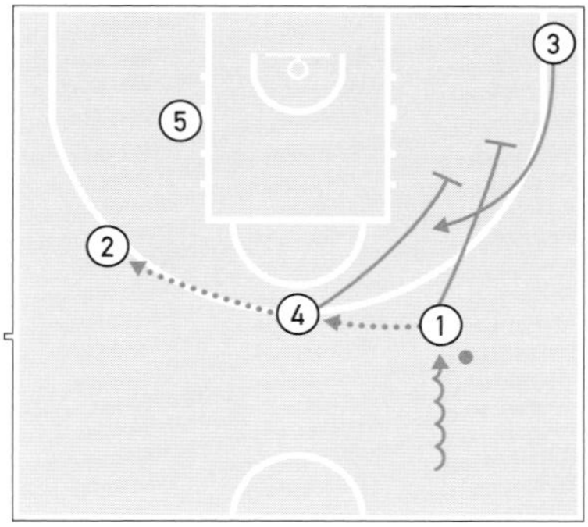

図5-4

3　オフェンスのアクションゾーン

状況 ▶ハーフコート（フロントコート）でオフェンスを展開する状況
目的 ▶チームで共通のビジョンを持って戦術をおこなうこと

オフェンスのアクションゾーンでは、５人が共通のビジョンを持って戦術をおこなうことを目的としています。個の優位性またはグループ戦術やチーム戦術などのアクションを利用して、攻撃のチャンスをつくることです。個の優位性で押し切れるならば、その優位をいかすべきです。そのほうが効率的にチャンスを広げられる可能性が高いです。もし、個の優位性が発揮できなくてもグループ戦術を使って攻めればチャンスをつくれるという自信を持って、慌てることなくプレーすることも大切です。ストーリーをチーム全員で共有して（セイムページ）プレーできているかどうかを重要視し、そのことを強調するゾーンだという理解を持つようにして指導してください。

原則　グループ戦術やチーム戦術などのアクションを利用して攻撃のチャンスをつくる

目的 ▶チームで共通のビジョンを持って戦術をおこなうこと

「オフェンスの５段階の原則／2.クリエイトの段階」の「原則❹ アクションを使ってチームの優位性をいかす」（P.110参照）にあるように、スクリーンプレーで剥がすことをベースにして、アクションを利用してチャンスをつくることをめざします。

何のアクションを優先するか、また、そのアクションが使えない場合に何をするかなど、共通のビジョン（オフェンスのスクリプト、P.44参照）をチーム全員に落としこむことが重要です。

4　ディフェンスのアウトレットゾーン

状況 ▶ ディフェンスになった瞬間の地点からハーフラインの手前付近までを通過する状況

目的 ▶ マッチアップを早くして、相手の攻撃の開始を遅らせ、手間をかけさせ、勢いを消すこと

ディフェンスのアウトレットゾーンでは、マッチアップをできるだけ早くすることが目的です。このエリアでは「ディフェンスの5段階の原則／1.キャスティングの段階」における目的と原則（P.158参照）を強調します。

原則❶ オフェンスリバウンド時にタグアップしてそのままマッチアップする

目的 ▶ マッチアップを早くして、相手の攻撃の開始を遅らせ、手間をかけさせ、勢いを消すこと

自チームのシュート後、攻撃権が相手に移った瞬間に、タグアップによって相手5人が攻める方向と逆に押されている状態をめざすようにします。

原則❷ なるべくポイントガードにボールを持たせないようにする

目的 ▶ マッチアップを早くして、相手の攻撃の開始を遅らせ、手間をかけさせ、勢いを消すこと

ポイントガードは、ディフェンスリバウンドをマイマン以外に取られたとき、タグアップからのディナイをねらうようにします。ポイントガードにアウトレットパスを受けさせず、ゲームメイクをさせないことによって、相手のオフェンスの流れを停滞させることが期待できます。

5　ディフェンスのディシジョンメイキングゾーン

状況 ▶ ハーフラインの手前からハーフラインを少し過ぎたあたりのエリアを通過する状況

目的 ▶ オフェンスがフロントコートにスムーズに移行できないようにプレッシャーをかけて停滞させる

このゾーンで効果的にプレッシャーをかけることができれば、相手はダウンヒルのオフェンスのエネルギーを喪失します。また、プレッシャーに対して、相手がボールを安全に保持することを優先すれば、アクションの選択でも後手を踏むことになります。

原則❶ 対等なとき、ボールマンは抜かれない間合いで相手のスピードをコントロールする

目的 ▶ オフェンスがフロントコートにスムーズに移行できないようにプレッシャーをかけて停滞させる

プレッシャーをかけようとしたときに、相手がゴールに正対している場合（対等）は、抜かれない間合いをとることが重要です。がんばってプレッシャーをかけても、抜かれてしまっては意味がありません。形勢を見極めてプレッシャーをかける意識が大切です。

原則❷ 有利なときは、ボールマンにプレッシャーをかけて停滞させる

目的 ▶ オフェンスがフロントコートにスムーズに移行できないようにプレッシャーをかけて停滞させる

ボールマンを守るディフェンスは、ボールマンの視野がなかったり、ボールマンが自分に背を向けてボールを守ろうとしている場合は、積極的にボールに対して手を出すようにします。このとき周りのプレーヤーは、ボールマンの心境を読み、ディナイすることでさらにボールマンを苦しめることをねらって準備します。

原則❸ ボールマン以外はアップコートパスをディナイする

目的 ▶ オフェンスがフロントコートにスムーズに移行できないようにプレッシャーをかけて停滞させる

縦にパスをつながせてしまうと、せっかくのボールマンへのプレッシャーが意味をなしません。また、縦パスからオフェンスを組み立てられると、ディフェンスは戻りながら態勢を整えることが非常に困難になります。そのため、戻りながらこの縦パスを許さないようにトレーニングすることが重要です。

6　ディフェンスのアクションゾーン

状況 ▶ハーフコート（バックコート）でディフェンスを展開する状況

目的 ▶オフェンスのアクションの入りを妨害して停滞させ、セカンドオプションを選択させること

「ディフェンスの5段階の原則／2.クリエイトの段階」（P.163〜参照）の目的およびそこにおける原則❶から❸に従って、アクションを妨害することをめざします。妨害の先にシュートを先送りさせること、つまり、余計なパスをさせる、スクリーンを使わせることで、相手に時間的なプレッシャーもかけていけることを理解して戦えるように指導します。

原則 オフェンスのアクションをセカンドオプションにさせていく

目的 ▶ オフェンスのアクションの入りを妨害して停滞させ、セカンドオプションを選択させること

ディフェンスの妨害に対してオフェンスがどう解決しようとしてきているかをいち早く察知し、その上をいく妨害をチームでめざす機運をつくるようにします。

第6章

ONZUKA METHOD | CHAPTER 6

5段階の原則：オフェンス編

オフェンスの始まりから終わりまでを5段階に区分する原則です。なぜ段階に分ける必要があるのかといえば、局面とゾーンだけでは現在地を把握する範囲が広すぎるからです。攻守における現在地をさらに細分化し、チームとしてそれを共通認識することで、目的が達成しやすくなります。「今はどの局面の、どのゾーンで、どの段階だから、どの原則をいかすのか」をチームで共通認識するからこそ、いま何をすべきかが明確になり、相手を攻略することに集中でき、不必要に慌てることなく判断でき、また混乱せずにプレーを遂行できるのです。

この5段階で何をするべきかを明確にしていると、例えば、オフェンスで点が取れていないことをシュートが入っていないという要因だけでなく、そのほかの要因を抽出する因数分解ができるようになります。例えば、キャスティングに問題があるとしたときにそれは「つなぎがいない」ということなのか、あるいはクリエイトに問題があるとしたときにそれは「スクリーンで剥がせていない」ということなのかといった、問題の根っこに辿り着きやすくなります。

●「いつ、どのように動けばよいのか」を整理する

「いつ攻めたらいいのかわからない」「どう動いていいのかわからない」「何をしていいのかわからない」といったことについて、たとえできなくても、知る・わかることが大切ではないかと考えています。

「ペイントタッチ」「ボールを動かす」「足を動かす」「攻め気」のような課題が提示されたとき、いつどうやったら合理的にできるのか、チームプレーと両立できるのか、といったいわゆる暗黙知領域に踏みこまざるを得ません。そこをうまく交通整理をして、選手が自信を持ってプレーできるようにするのが、コーチの腕の見せどころではないでしょうか。

「プレーヤーとして、いつ、どのように動けばよいのか」について整理するとき、「ドリブルして、セットプレーをして、シュートする」というような大枠ではなく、ページ数を増やすような感覚で、オフェンスを細かく分けて考えようとするのが、5段階の原則です。ただ単に「ミスをしない」「良いシュートを打つ」ではなく、「この段階ではこうしよう」のように、やることが明確にイメージできるようになります。

●オフェンスの5段階と目的

オフェンスはゲームモデルにもとづいて設定されます。例えば「効率的に期待値の高いシュートを数多く打つ」、「それぞれの瞬間の勝負で常に先手を取り、個々の強みをいかした意図あるプレーをチームで発揮する」といったゲームモデルがあったとして、そこから逆算して、オフェンスを組み立てていきます。オフェンスにおける5段階とは以下の5つです（**概念図❼**）。

1.キャスティング　2.クリエイト　3.チャンス　4.ブレイク
5.フィニッシュ

それぞれの段階は、明確に線引きできるものではありません。キャスティングからクリエイト、クリエイトからチャンスといった、それぞれの合間にはグラデーションのような時間の経過があります。それでも段階分けをするのは、課題を抽出するときに有用だと考えているからです。

また、5段階の中にも有利な状況と不利な状況は絶えず変化するため、段階と形勢（有利・不利）に応じて目的や原則は変化する点にも注意が必要です。

概念図❼　5段階の原則（オフェンス）

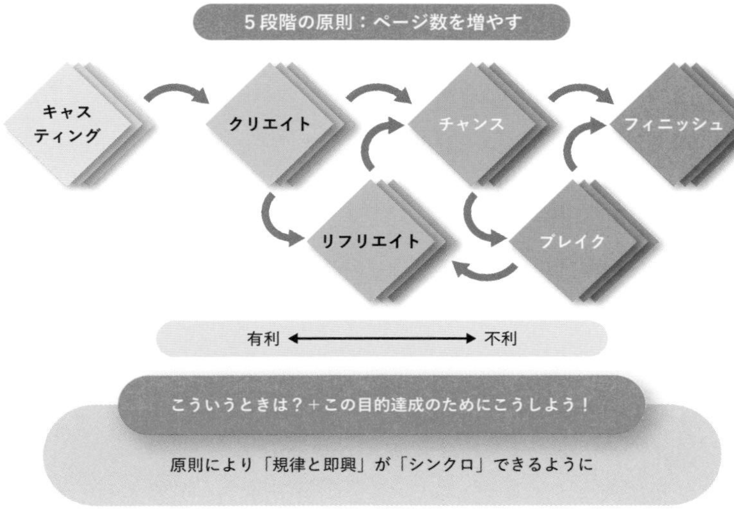

1　キャスティングの段階

状況 ▶ バックコートから安定したボール保持の状態でフロントコートにボールを運ぶ段階
目的 ▶ 安定したボール保持の状態でフロントコートにボールを運ぶこと
▶ 安全にスムーズに次のクリエイトの段階に入る

「キャスティング」の言葉自体は映画やドラマなどで使われる「配役」を意味しています。走りながら配役をする、つまりポジショニングと役割分担ができていることをめざします。止まった状態でプレーを組み立てることではありません。攻めこむ前にPOA（ポイント・オブ・アタック）を意識してプレーしていくのです。そうすることでダイナミックさが生まれますし、ディフェンスが準備できていない状態で攻める機会を増やすことにも期待ができます。チャンスかどうかわからない状況になったときに諦めが早すぎるようなチームをよく見かけます。もったいないです。大きなチャンスに見えなくても、相手が準備できていない状況で速さと正確さをもってプレーの組み立てができると、シンプルなスクリーンやセットプレーでもチャンスをつくって有利な状態で攻めることができます。この有利な状況で、勝てるところで勝つ意識が競争優位の大きな源泉になります。

原則❶ 安全第一にボールを運ぶ

目的 ▶ 安定したボール保持の状態でフロントコートにボールを運ぶこと

キャスティングの段階では、リスクを冒すことなく、確実にプレーすることを求めます。リバウンダー（ボールマン）は、アウトレットパスのときにレシーバー（アウトレットパスを受ける選手）の状況を見て、ピボットをしてパスを出すようにします。ピボットをせずに急いでパスを出そうとすることで、ミスをするケースが多いからです。

►自分のプレーをするよりも味方が困っていたらまず助ける

ガードが弱いときには強いチームはガードを潰しにくることが多いのですが、ガードが苦しんでいるのに味方が助けようとしない場面をよく目にします。ディシジョンメーキングのところで詰まったら、ペイントアタックどころではありません。不利な状況を自分たちで招いているという意味では戦い方以前の問題かもしれません。自分のプレーをするよりも味方が困っていたらまず助ける。この感性が何よりも重要であり、それが戦うことの基本的な部分を支えています。味方の不安を察したらすぐに反応して助ける、それくらいのセンサーを持ってプレーできるように特訓したほうがいいと思います。練習の際には、ハーフラインを越えるあたりのディシジョンメイキングゾーンで、選手がどこを見て何を考えているのか、ということにフォーカスしてあげるとよいのかもしれません。

原則❷ はじめの3歩を全力で走る

目的 ▶ 安定したボール保持の状態でフロントコートにボールを運ぶこと

キャスティングにおいて先行して走る選手は、はじめの3歩を全力で走ることに重きを置きます。この走りだしにこだわることで、大きな推進力を得ることができるからです。走りだしてからまず判断しなければならないのは、有利か不利かということです。有利だったらそのままゴール下まで走る、不利だったら戻る、という選択をします。

►考える前に体が反応して走りだす

体が反応して走りださなければならないので、考えるのは3歩走ってから、と指導します。「最初の3歩で推進力を得るんだ！」という気持ちが大切です。アメリカの強豪大学、ノースカロライナ大学のスタッフは「走ったほうがいいかどうかは考えなくていいから、とにかく最初の3歩だけは走ろう」と言っていました。まずは、はじめの3歩を全力で走り、そのあとは状況に応じた動きに展開することが大切です。具体的には、ゴール下もしくはコーナーまで走りきったほうがいいのか、それとも戻ったほうがいいのかを選択します。このようなキャスティングにおける「規律と即興」が次のクリエイト段階におけるアドバンテージを引き出すことになるのです。

原則③ ダウンヒルの勢いでトランジションオフェンスに移行する

目的 ▶ 安全にスムーズに次のクリエイトの段階に入る

キャスティングの段階でダウンヒルの勢いを利用できるとき（守備から攻撃の局面）は、一気にクリエイトからフィニッシュに移行してトランジションオフェンスを展開します。キャスティングに含まれている「スムーズにクリエイトの局面に入る」というのは、ディフェンスに捕まる前にクリエイトの段階、つまりはしかけに入るということです。それができればより楽に（効率的に）得点のチャンスを掴むことができます。その意味では、キャスティングの段階でいち早くチャンス（個の優位性を発揮する機会）を見つけることができるのであれば、積極的にトランジションオフェンスをおこなうべきなのです。

ミドルレーンを使ったリムラン

ダウンヒルの勢いを利用したトランジションオフェンスにおいては、ミドルレーンを走るリムランをファーストオプションにして、まずはレイアップシュートをねらいます。リムランをファーストオプションにすれば、ディフェンスはペイントエリアを守るために寄ってきますので、たとえ攻められなくても、サイドレーンを走っていた選手にキックアウトパスを出せば、３ポイントシュートのチャンスが生まれます。

ウイングまたはコーナーでキックアウトパス（アウトサイドへのパス）を受けたプレーヤーは、まず３ポイントシュートをねらいます。ディフェンスがクローズアウトしてくれば、シュートをキャンセルしてドライブでペイントアタックをねらうこともできます。

センターではなく、２番または３番ポジションのプレーヤーがリムランする場合も、ゴール下にチャンスがあると判断したら、どちらかのプレーヤーがゴール下をねらいます。チャンスがなければサイドレーンに開き、ゴール下のスペースを空けておきます。

いずれにしてもプレーヤーの走るコースの選択は、すべて期待値の高いシュートを選択するという目的から逆算して判断します。

リムラン後のセンターのポジショニング

リムランによってゴール下に先行して走ったセンターの行き先（ポジション）には、**図6-1**のように３つの選択肢があります。

(1)ボールサイドのローポスト
(2)ヘルプサイドのローポスト
(3)ヘルプサイドのコーナー

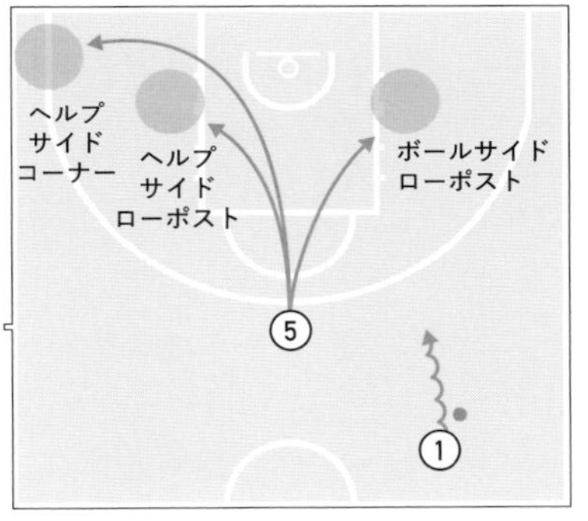

図6-1

(1)の場合、ボールサイドにおけるローポストを利用した戦術（例えばトライアングルオフェンスなど）に移行できますし、(2)であればドリブルドライブモーションができます。また(3)であれば５アウトのオフェンスに入っていくことができます。いずれにしても、チームでの取り決めによって変わってきます。ダウンヒルでの３対３の状況であれば、スペースを広く使うことができるので、ディフェンスにとっては守りきることが難しい状況になります。

リムランからオフェンスを展開するうえでのポイントは、自チームにとって何が強いか、ということです。まずはリムランでゴール下をねらい、そこにディフェンスが寄ってきたら、寄ってきたサイドのコーナーからシュートをねらう、ということが基本的な考え方ですが、それらがいずれも選択できなかった場合でも、リムランナーがどこに出ていくのか、ということまで決めておけば、自分たちの強いところで勝負し続けられます。そのあとのハーフコートオフェンスへのつながりもシームレスにすることができます。

2　クリエイトの段階

状況 ▶ディフェンスのズレや穴をつくって期待値の高いシュートを打つための機会を得ようとする段階

目的 ▶ディフェンスとのズレや穴をつくる
▶勝てるところで勝つ

5つの段階はそれぞれに重要な意味を持ちますが、なかでもクリエイトは特に意識したいところです。なぜなら、実際のコートを見たときにセットプレーをやること自体が目的になっていて、目の前にいるディフェンスのズレにコミット（強く関与）していない選手が多いからです。それはつまり、とりあえず動いている選手が多いことを意味します。「クリエイト」という単語ではっきりと言語化することによって、共通のビジョンを持って、成果を得る思考にもっていきたいと考えます。

クリエイトの段階ではまず、ディフェンスがマッチアップできている状態を崩すことをめざします。

ボールマンに関してディフェンスがマッチアップできている状態とは、ボールとゴールの間にポジショニングしたうえでボールに手を出すことができ、シュートやパスを自由にさせない状態ができているということです。オフボールプレーヤーに関しては、自分のマークマンがボールを持ったときにマッチアップできる態勢がとれているということです。それらのマッチアップをいかに崩すか。その指標となるのがズレと穴です。

ディフェンスの基本構造を崩す

ズレとは、ボールマンの場合、自分をマークしているディフェンスプレーヤーが体の中心線（胸）をボールとゴールを結んだライン上に置くことができない（ポジショニングできない）状態です。オフボールプレーヤーの場合は、ボールマンと自分を結んだパッシングレーン、あるいは自分とゴールを結んだライン上に、自分をマークしているディフェンスプレーヤーが体の中心線（胸）を置くことができない（ポジショニングできない）状態です。

穴とは、オフェンスプレーヤーがボールを保持した瞬間に、ディフェンスがカバーしきれないエリア（スポット）のことです。

ディフェンスにこのようなズレや穴ができた状態になったら、ディフェンスの基本構造であるマッチアップが崩れます。それをきっかけとしてチャンスが生み出される、つまりクリエイトできたということになるのです。

► 攻めるための因果関係のストーリーを描く

自分たちの戦術の成果を出すためには、因果関係を意識することが重要です。すなわちそれがPOAを共通理解しているということです。ディフェンスがクローズアウトに飛び出てくるタイミングを見計らってすれ違うような動きで抜く「カウンター」に関しても、どこを、どのように攻めるべきか（スポットか、カウンターか、ミスマッチか）というPOAを念頭に置いて、「このようにしかければ、ディフェンスはこのように守ってくるから、ここにカウンターのチャンスができる」といった因果関係のストーリー（論理）を頭の中に描いたうえでクリエイトすることが重要です。

原則❶ ペイントアタックをねらう

目的 ▶ ディフェンスとのズレや穴をつくる

ペイントアタックの目的は、ディフェンスがヘルプをせざるを得ない状況をつくるということです。これがすなわち、「ディフェンスを崩す」ということです。ディフェンスを崩すことができたら、さらに大きなチャンスに繋がります。ペイントアタックの手段は、ボールマンのドライブ、オフボールマンのカッティングとポストアップの３つに絞りこむことができます。**図6-2**に示すように、ペイントの真ん中でボールを保持した状態は、ディフェンスにとっては真ん中に寄らざるを得ない状態です。ディフェンスがヘルプに寄ってきたときはアウトサイドで待っているプレーヤーにパスアウトすればチャンスにつながります。（このようなディフェンスがヘルプをせざるを得ない状況も一種のズレなのですが、）このようにズレを大きくすることで、期待値の高いシュートに繋げることができます。そこがねらい目です。

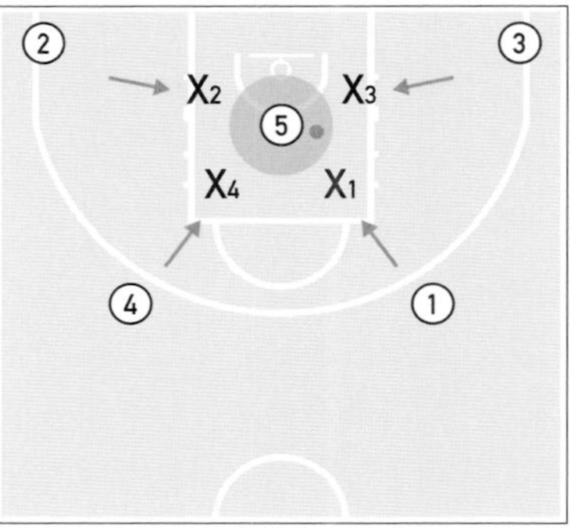

図6-2

原則❷ 縦のボールムーブと横のボールムーブを利用する

目的 ▶ ディフェンスとのズレや穴をつくる

縦のボールムーブは、トランジションのキャスティングの段階でボールプッシュしていく状態をイメージしてください。ダウンヒル、すなわち下り坂の勢いを持ってフロントコートに走り込むスピードとエネルギーを持った縦の動きを利用します。キャスティングでマッチアップされなければ、なだれこむように攻めこんでそのままクリエイトに入ることができます。

横のボールムーブはいわゆるサイドチェンジのことです。ボールの位置が右サイドと左サイドを行き来することで、ディフェンスがポジションを変えなければならない状態をつくります。特にヘルプサイドのディフェンスにクローズアウトさせて、遅れて出てくればシュートを打ち、すばやく出てきてもカウンターでの１対１をねらうクローズアウトゲームをねらいます。

■ ■ ■

マッカビアクション

図6-3は、横のボールムーブから穴をつくりやすい状況の例を示しています。マッカビアクションで右サイドでのピック＆ロール（PNR）から左サイドにパスしてPNRを展開する状況です。**図6-4**のように、左サイドから右サイ

ドにクリアする②がカッティングまたはスクリーンによって①のディフェンスX_1を剥がすことができると、左サイドでボールを受ける①がX_1から距離をおいてボールを受け取ることができます。このときボールマンとなった①がスクリナー④と反対方向へジャブステップを踏んで（逆振り）ミドルドライブすると、そのボールマンのディフェンス（X_1）はファイトオーバー（スクリナーの上を通ること）ができず、**図6-5**のように、結果的にディフェンスはPNRを崩せなくなるのです。PNRを始めるボールマンが止まっていてディフェンスとの距離が詰まっていると、ディフェンスは体を入れてスクリーンをかわすことができます。スイングカウンター１対１、スイングカウン

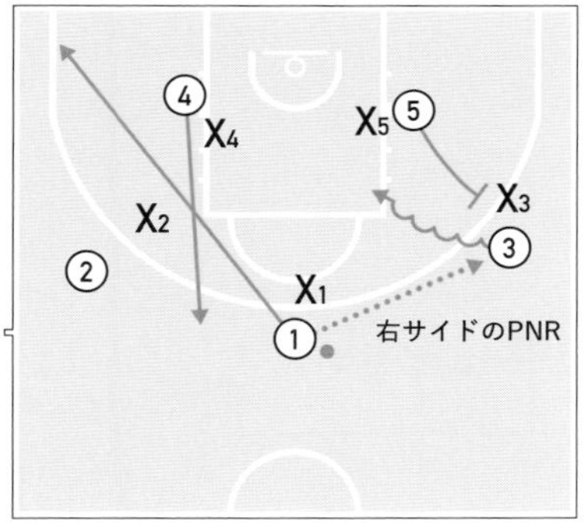

図6-3

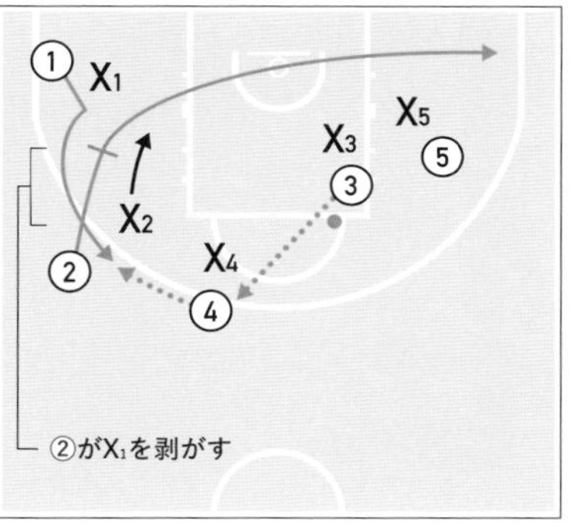

図6-4

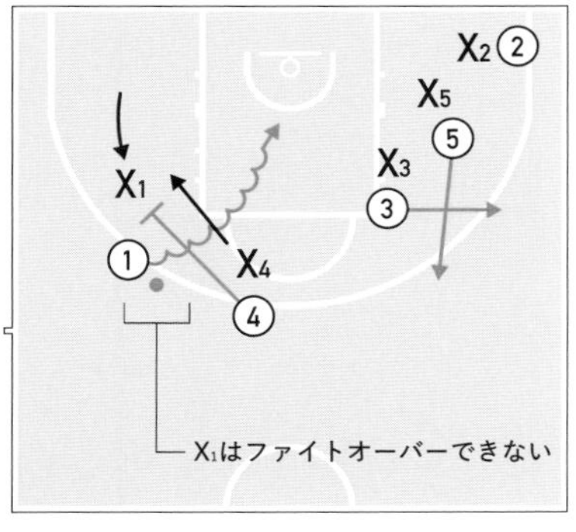

図6-5

ター１対１からのPNRなど、「パス、パス」のスイング[09]の瞬間からの展開は非常に有効です。

原則❸ 1対1で個の優位をいかす

目的 ▶ 勝てるところで勝つ

１対１の状況で個人の優位性をいかすということです。すなわち、目の前の相手に対して有利かどうか（勝てるかどうか）を冷静に見極め、勝てるなら迷わず１対１で攻めるようにします。有利か有利でないかを冷静に察知できるかがポイントです。スカウティングで目星をつけておくことも重要です。それとともに、１対１をおこなう当該の選手だけでなく、周りの選手もそのことを理解してプレーを続けます。そうすると、その１対１はヘルプを起こす状態なので、ディフェンスの基本構造が崩れると見なすことができます。個の優位性によってディフェンスの基本構造が崩れたことを１対１の本人だけではなく、チームでも見つけていくのです。

原則❹ アクションを使ってチームの優位性をいかす

目的 ▶ 勝てるところで勝つ

アクションを駆使して、チームで協力して攻めます。このとき最も重要なことはチームで協力してズレや穴をつくり、そのズレや穴を突く意識です。１対１でクリエイトできないときに、チームで協力してクリエイトしようという考え方です。アクションは目的ではなく手段であることをしっかりと認識してください。剥がすことが目的です。スクリーンであれば角度やタイミングなどの細かいところにも意識を向けます。

09　【スイング：swing】弧を描くような大きな動きのこと。カッティングとしての「スイング」、長い距離のパスを示す「スイングパス」、あるいはボールを左右に展開させて攻撃サイドを変えるサイドチェンジを意味することもあり、バスケットボールでは幅広く使われる用語である。スイングカウンター１対１は文字どおり、スイングパスからのカウンター１対１のこと。

目の前の相手が強くて１対１で勝てそうにないとき、１人で攻められないのであれば２人で協力して攻めればよいという発想です。勝てそうにないからといって恐れる必要はありません。選手にも協力すれば打開できるという心境にさせることが大切です。

►センターの位置によってアクションを選択する例

センターの位置によってアクションを決めることもできます。例えばボールプッシュの流れのなかで、センターがリムランでゴール下まで走りこんでいるのか、ボールマンと同じくらいの位置にいるのかで、そのセンターを使うアクションを決めます。

◆ゴール下にいるのであれば、センターのフラッシュ（ボールに向かうカッティング）に対してパスを出して、カッティングすることができます。
◆ボールマンと同じ高さにいるのであればドラッグスクリーンを使ったアクションが使えます。
◆２人のセンターがほぼ同じ高さにいたら、ダブルドラッグを使ってクリエイトすることもできます。

このような原則をチームで決めておけば、ノーコールでクリエイトに入ることができます。

同時に誰がそのアクションを決める（選択する）のかを決めておく必要もあります。原則的にはボールマンがその役割を担いますが、そのときでもボールハンドリングが得意な人とそうでない人に分けるとよいでしょう。

ボールハンドリングの苦手なボールマンである場合は、ドライブの伴うピックプレーは難しいので、パスハンドオフをねらいます。もしピックプレーを選択しても、そこからのアタックで滞るとしたら、ピックからドリブルハンドオフ（DHO）のアクションに入ることもできます。そうした原則を持っておくことで、選手たちは自分の苦手なことで勝負しなくてもよくなります。次の流れに移行しながら、得意なことで勝負ができるのです。

このようなアクションを「ディシジョンメイキングゾーン」で選択しておけば、ダウンヒルの勢いを利用してアクションに入れるため、より有利に攻撃することができます。

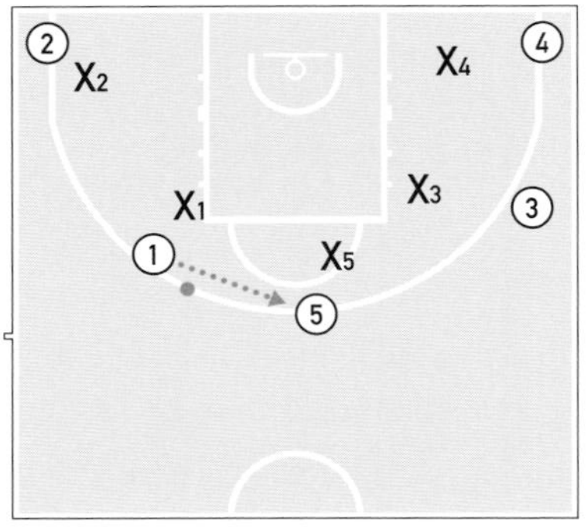

図6-6

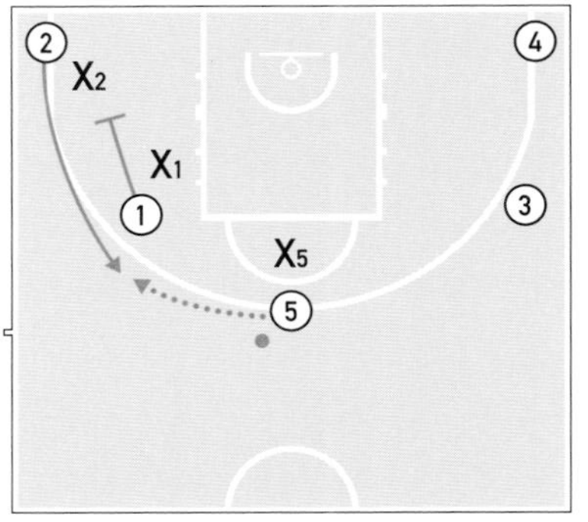

図6-7

ズームアクション（ディレイ）

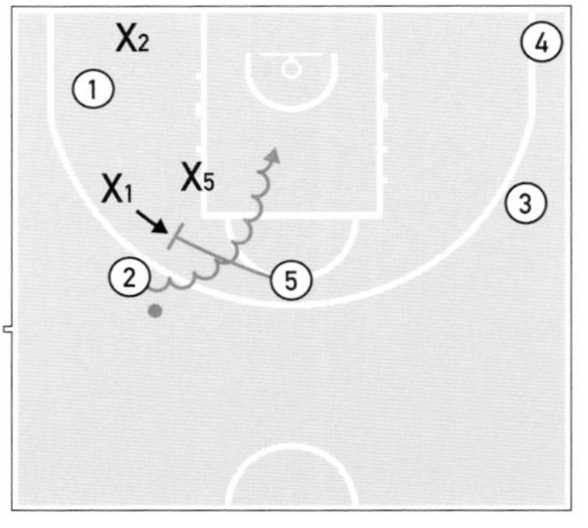

図6-8

ズームアクションとはオフボールスクリーンでディフェンスを剥がされたユーザーと３人目のプレーヤーによるオンボールスクリーンです。図では、①のダウンスクリーンでディフェンスを剥がされた②と、①からパスを受けた⑤によるサイドのピック＆ロール（PNR）を示しています（**図6-6〜8**）。

通常のサイドPNRでは、止まった状態の１対１に対してスクリーンをセットするので（ディフェンスは対応をしやすい）、ボールマンのディフェンスを剥がせず、ドライブしてもセンターライン方向に煽られてしまうことがあります。

そこで、サイドでボールを受けるプレーヤーのディフェンスをオフボールスクリーン（ダウンスクリーン）で剥がし、有利な状態でPNRをおこなおうとする考えです。１人で解決できなければ、２人あるいは３人の戦術で解消していこうとする考え方がズームアクションの原則です。このような考え方でプレーが組み立てられるようになるとよいのではないでしょうか。

ちなみに、この図では⑤が②にパスを出してオンボールプレーヤーへのサイドピックをしかけていますが、⑤がドリブルハンドオフ（DHO）を誘導したほうが、ダウンスクリーンでディフェンスを剥がされた状態で上がってくる②の勢いを利用できるので、アクションの流れとしてもよいのかもしれません。⑤もその流れから、ハンドオフフェイクからのドライブも選択できますので、その意味でもDHOのほうがよいと思います。

リクリエイト

リクリエイト（recreate）とは再びクリエイトするということです。「もう１回クリエイトする」という発想は、言葉の意味以上に選手の心の支えになります。１回攻めてダメだったらもう諦めるという選手が多いのですが、１回攻めてダメでも、何回でもクリエイトできるという共通認識のあるリクリエイトを設定しておくことが大事です。一の矢が失敗したときに、二の矢、三の矢を継ぐわけです。１回目のクリエイトがうまくいかなかったときに、「失敗した」というマインドで次のプレーに移ると、結果として難しいシュートを選択したり、ミスが起こるなどしてパフォーマンスが下がります。「次はこのプレーでやり直せる」、「(24秒以内であれば）何回でもクリエイトはできる」という前向きなマインドセットをしておくことで、不安が解消され、落ち着いてプレーを続けることができ、また、相手の意図の裏を積極的にねらうなどのパフォーマンスの向上にもつながります。

►「とりあえずのプレー」を「意図あるプレー」に変える

リクリエイトできるというマインドセットがあれば、例えばピック＆ロールをリジェクト（スクリーンを使わず、違う方向に攻める）してねらってみようといった、意図の裏を突いたプレーを積極的にねらうこともできます。プレーを崩す怖さを、リクリエイトがあるからやってみようというマインドを持つことによって、克服できるのです。

24秒という時間をいかにポジティブに、クリエイティブに、チームが息の合った状態でやり続けられるか。その問いを解いていくほうが成果も出やすくなります。この考え方は実際の選手たちにも好評でした。セットプレーが壊れたあとなどは、これまでは「とりあえずのプレー」になっていたのですが、その「とりあえずのプレー」を「意図あるプレー」に変えることがで

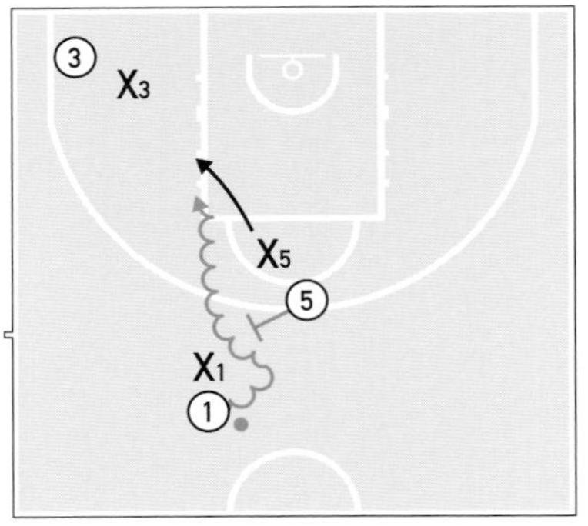

図6-9

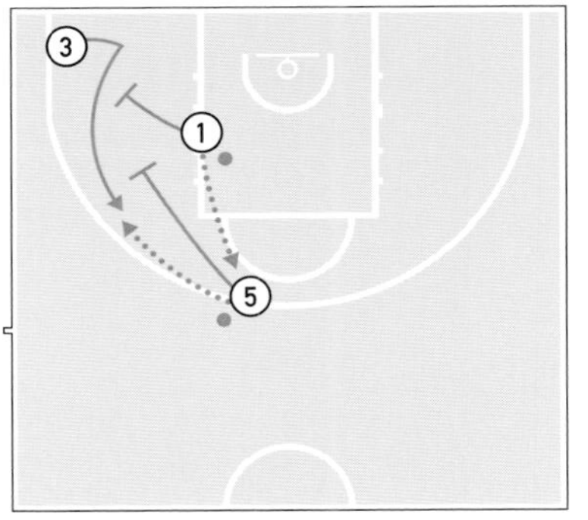

図6-10

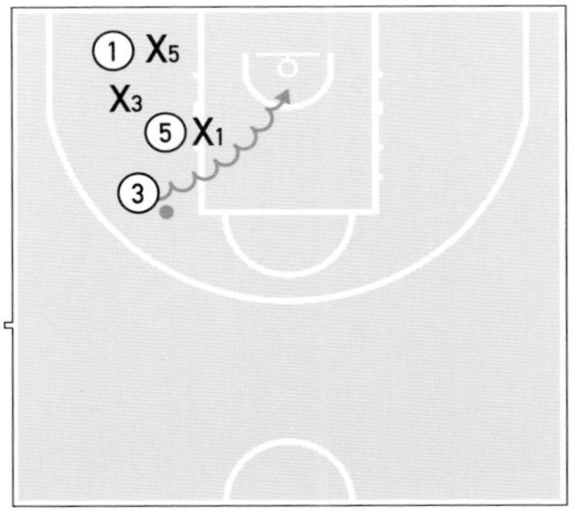

図6-11

きたのです。

►相手の意図の裏を積極的にねらうリクリエイト

ボールプッシュのミッドコートエリアでのドラッグスクリーンを例に考えてみます。ドラッグスクリーンでペイントまでアタックできたとしても、ディフェンスに対応される場合が多く、ドラッグスクリーンをリジェクトしてペイントアタックしても、攻めきれないこともあります。その先のリクリエイトまでのストーリーを描いておくと、慌てることもなくなります。例えば**図6-9**のように、エルボー付近でアタックを止められた①はドラッグスクリーンのスクリナー⑤にキックバックしてサイドレーンを走る③へのダウンスクリーンをかけ（**図6-10**）、⑤は③にパスすることでズームアクションに移行する（**図6-11**）というアイデアもありです。このようなストーリーを描きながら（プレーのデザインをしながら）、１回目のクリエイトがダメでもリクリエイトすればよいという発想を持っておけば、積極的に裏をねらいにいける安心感を確保できます。要するにチャレンジやトライを促すには、心理的安心感を保証してあげることが重要なのです。

3 チャンスの段階

状況 ▶ディフェンスのズレや穴ができた状態
目的 ▶ノーマークのシュートを打つ
▶ペイントアタックしてチャンスを広げる

チャンスとは、おもにクリエイトの段階でできたチャンスをいかす段階のことです。クリエイトで崩れたディフェンスのどこにチャンスが見出せるのかに重きを置きます。機会損失をしないことがいかに重要かを強調したいと思います。

チャンスをいかにつくるかよりも、できたチャンスを見逃さずに攻めることに注力できたほうが、成果が出るのではないかと考えています。いろいろな試合を見ているなかでも、チャンスを見逃していることが多いと思います。具体的には、カウンター１対１、トランジション１対１、あるいは穴があるのにそこへのカットをしない、などです。

大切なことは「チャンスとは何か」を知ることです。簡単に言うと勝ちどころです。攻撃の５段階の考え方を提示していますが、キャスティングは「攻撃の始まり」、クリエイトは「チャンスメイク」、チャンスは「勝ちどころ」、ブレイクは「アタック中」、フィニッシュは「シュート」で、チャンスメイクのあとのズレができた状態、すなわち勝ちどころを見逃さずに攻めるという発想です。勝てるところで確実に勝ちを重ねていくことが勝負の鉄則です。

戦い方としては、シンプルで発揮しやすい技術で戦うのであり、難しいことをする必要はありません。個人の勝ちどころを頭に叩きこんで、勝ちどころを見つけたらすぐに反応できるよう、体に染みこませておく必要があります。

原則❶ ボールマンはシュートを第一に考える

目的 ▶ ノーマークのシュートを打つ

ボールマンは自分のシュートエリアであれば、第一にシュートを考えます。ボールマンがシュートの構えをすると、ディフェンスは手を上げて体のバランスを崩してしまうので（オフバランス）、特に手を上げたほうの足（前足）の側は１対１の攻め（ドライブ）がしやすくなります。またディフェンスが前に出てくることで左右のバランスを崩したら、ディフェンスの体の中心線（胸）がゴールラインから外れる、すなわちゴールラインが空いている状態をつくりだすことができます。

オフボールのディフェンスも、ボールマンがシュートを構えることによって、ボックスアウトをしようと自分の守るべき選手に意識が向かうので、ヘルプディフェンスへの対応が遅くなります。

ボールマンの構え

「構える」ことに関して、コーチとして考えさせられるのは、いくら「構えろ！」と指示を出しても、選手にとっては実際に構えることが難しいという事実です。いろいろなレベルの選手と話しているなかでわかったことは、「構える」よりも「カウンターの１対１で抜く」ことが先立って、どうしてもボールを低い位置に構えてしまうということです。１対１のドライブに自信を持っている選手はなおさら、その動きが体に染みついています。この問題をどう解消すればよいのか。考えた末に行き着いたのは、とにかくまずシュートを打たせる、ということです。本当にシュートを打つときには自分の構えに移行するので、その過程で相手が出てきたら抜く、という順序性を意識させた指導のほうがよいと思っています。

► すべてのドライブはシュートフェイクからするべき

ビラノバ大学の元コーチであるジェイ・ライト氏（すでに引退していますが）は「すべてのドライブはシュートフェイクからするべきだ」と言っていました。その理由は、シュートフェイクによって目の前のディフェンスを崩しやすくなると同時に、ヘルプディフェンスも迷わすことができるからです。またシュートをしっかり構えてからドライブをしたほうが、自分の状態も整えて攻めることができます。もしディフェンスがシュートモーションに反応せず、リカバリーされたとしても、よりよい状態で攻め直すことができます。

うまくできない人のシュートフェイクはそれらしく見えません（ウソっぽくなりがちです）。意図的にシュートフェイクをしようとすると、相手にもフェイクだと伝わってしまいがちです。「シュートを打とうとしてディフェンスが来たからキャンセルする」という感覚でシュートモーションを起こすほうがうまくいくのかもしれません。

大切なことは、シュートをきちんとねらっていなければ、ドライブのチャンスも生まれにくいということです。裏を返せば、シュートをきちんとねらったあとのドライブは、ディフェンスが対応に遅れた状況になるので、最も強いプレーとも言えます。

►トリプルスレットでボールを構える位置はシューティングポケット

トリプルスレットでボールを構える位置（シューティングポケット）は胸の前です。チャンスにもかかわらず、ボールを膝下に下げてしまうのはチャンスを捨てるようなものです。シューティングポケットに構えればディフェンスは手を上げざるを得なくなりますが、ボールの位置が低いとシュートを警戒する必要がないので、下がって間合いをとって構えられ、１対１で抜けなくなります。またシュートモーション（シュートフェイク）をするにしても、キャッチした直後にモーションを起こすのと、一度ボールを下げてからモーションを起こすのとでは、時間差も生じ、ディフェンスが遅れて出てきたとしてもその間に適切な間合いをとられてしまいます。場合によってはボールの上に手を置かれてシュートモーションができなくなるばかりでなく、ドリブルの突き出しも難しくなってきます。オフボールプレーヤーのディフェンスもそのアタックしないわずかな時間でヘルプの準備を整えてしまいます。

相手にジレンマを与える攻め

２つの選択肢で、どちらか一方を選択すればもう一方がマイナスの結果になってしまうジレンマの状態は、相手との駆け引きに応用できます。ボールマンの１対１では、相手にジレンマを突きつけられるような技術や戦術を持っていれば、勝負を優位に運ぶことができます。

例えば、スリーポイントシュートもドライブもできるのであれば、相手のディフェンスに「スリーポイントに対応して前に出ればドライブされ、そのドライブを警戒して距離を空けるとスリーポイントを打たれる」というジレンマを与えることができます。また、チーム戦術としても、相手に「ヘルプしたらパスをされてスリーポイントを打たれる、ヘルプしなかったらレイアップシュートを許してしまう」というジレンマは優位に働きます。ひとつの強みだけではなく、その強みによって生み出される好循環を相手のジレンマになるように強化していくことが重要です。

ドリル：構えからシュートを選択

構えをつくるためのドリルを紹介します。シューター、パッサー（ディフェンス）、リバウンダーの３人組でおこないます。まず、パッサーがゴール下からシューターにパスを出してクローズアウトからのシュートコンテストの状況をつくります。

(1) クイックのキャッチ＆シュート（図6-12）

シューターは最初、ひたすらシュートを打つことに集中します（１分間）。ディフェンスのクローズアウトからのシュートはクイックのキャッチ＆シュートです。そのとき、ディフェンスのサイズやクローズアウトのスピードを総合して、どのくらいのサイズのプレーヤーが、どれくらいの間合いで、どれくらいのスピードで迫ってきたらブロックされる、という感覚をブロックされながらつかむことが大切です。

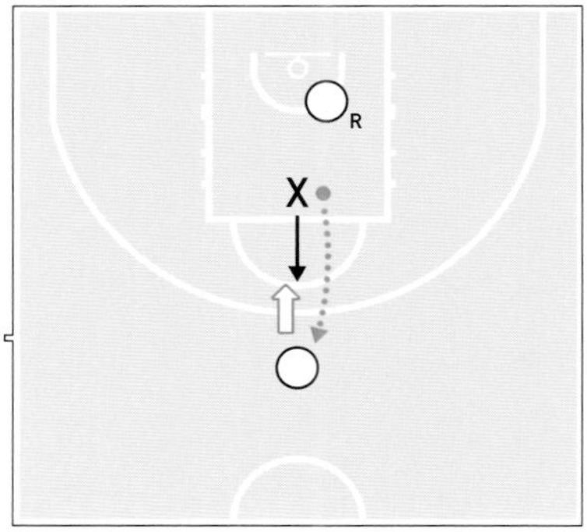

図6-12

（2）ドリブルプルアップジャンパー（図6-13）

次の段階では、クローズアウトを厳しくしていきます。当然、ブロックされるようであれば、シュートをキャンセルしてディフェンスをドリブルでかわし、ドリブルプルアップジャンパーにトライします。これはフェイクの感覚にもつながります。

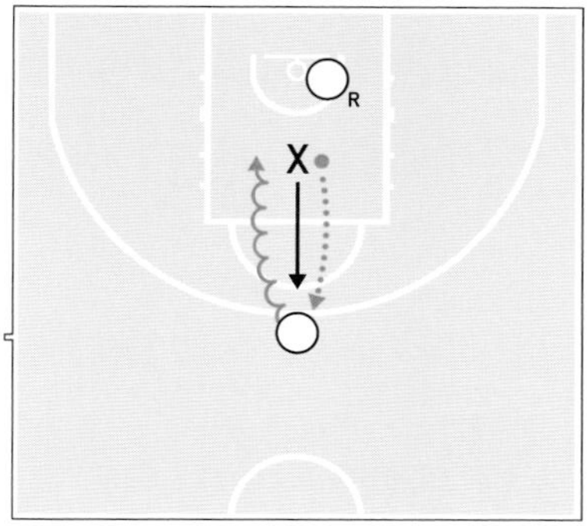

図6-13

（3）スポットとラインを見分けてシュート（図6-14）

この２つのシュートができるようになったら、次の段階では、セミサークルのリバウンダーをヘルパーとみなし、スポットとライン（ボールとヘルパーの胸を結ぶライン）を見分ける状況を設定します。

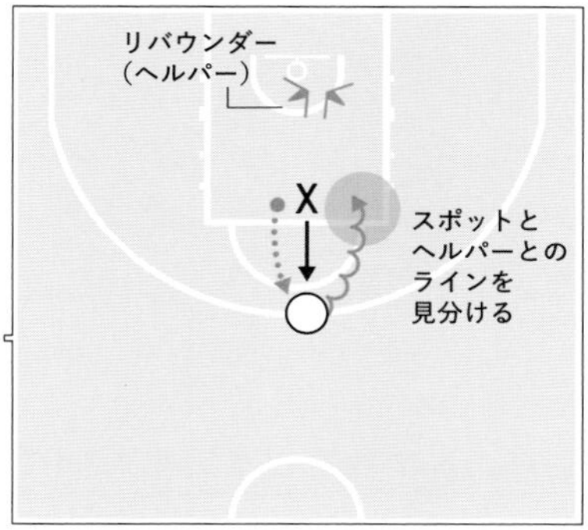

図6-14

シュートキャンセルからのドライブで、セミサークルのディフェンスにゴール下で捕まるのであれば空いているエルボースポットでのプルアップをねらい、ゴール下のディフェンスが外を向いているのであればレイアップラインを攻めるという判断をします。

このドリルを決められた時間、体に染みこませるように、ひたすらまわしていきます。数をこなさないと身につかないスキルであり、ゲームにおいても大切にしたい感覚です。この３つの段階を１分間ずつ設定してまわしてもよいでしょう。シュートに関しては、きちんとフォロースルーまでチェックします。

このドリルは、ノースカロライナ大学の練習を見学したときに思いつきました。名将ロイ・ウィリアム氏（すでに一線を退いている）は、練習の前には必ず、どのシュートを打つかというイメージをプレーヤーに持たせる意図をもってシュート練習（「シューティングフォーム」というドリル名）をおこなっていました。彼はフォロースルーに焦点を当てていましたが、シューターのいろいろな感覚に着目して課題設定すればよいと考えました。

原則❷ チャンスで1対1を攻める

目的 ▶ ペイントアタックしてチャンスを広げる

チャンスがあったらいつでも攻めてよいという考え方です。つまり、勝算が高い勝負をしかけるということです。「いつ攻めたらいいか、わからない」という問題を抱える選手にとって、それを解決するための原則的な考え方です。しかし、そのチャンスが「いつなのかがわからない」選手が多くいることも事実です。コーチは、いつがチャンス（攻めどき）なのかを理解させる必要があります。カウンターの状況やミスマッチが起こったら、シュートを構え、ディフェンスに対応されたらドライブで攻めます。その機会を逃さないようにすることが大切です。これはセットプレーをおこなっている最中でも同じです。セットプレーは手段にすぎません。

ボールマンがドライブするタイミング

ボールマンの攻める場面は「パスレシーブの瞬間」「ドリブルから」「ピボットから」の３つです。この３つの場面ごとにドライブするタイミングを理解させるようにします。

ドライブで攻めるときの見極めのポイントは、ディフェンスのどちらかの足の外側に自分のフリーフット（ピボットフットと反対の足）を出すことができるかどうかです。特にディフェンスの前足のほうが、自分に近いという意味で足を出しやすいので、前足がポイントになります。あるいはディフェンスが肘を当ててきてディレクションしている場合は、後ろ足の横に出せる場合もあります。とにかく、ディフェンスの外側に足を出せるかどうかで勝負が決まるので、そのタイミングを探すことになります。

目の前のディフェンスをすばやくやっつけるという目的を達成するために、原則的な考え方を整理して、うまく活用できるようにトレーニングを積むことです。

(1) パスレシーブの瞬間

パスレシーブの瞬間、ディフェンスがクローズアウトしてくるときは、カウンターで攻めやすいタイミングです。キャッチした瞬間はシューティングポケットにボールを構えますが、そのとき、ディフェンスが手を上げてきた側の足は必ず前足になるので、それを見極めることが駆け引きのポイントになります。その足の側を攻めるのです。そして、そのカウンターの1対1が起こりやすいタイミングを予測することも重要です。それは「パス・パス」、「インサイドアウト」、「トランジションの縦パス（ダウンヒル）」です。「パス・パス」というのは、**図6-15**のように、ウイングからトップ、トップから逆サイドのウイング、というような2パスのスイングの状況です。「インサイドアウト」は**図6-16**のように、ポストへのフィードパスからのパスアウト、またリバウンドのあとのパスアウトも含まれます。「トランジションの縦パス」は**図6-17**のように、

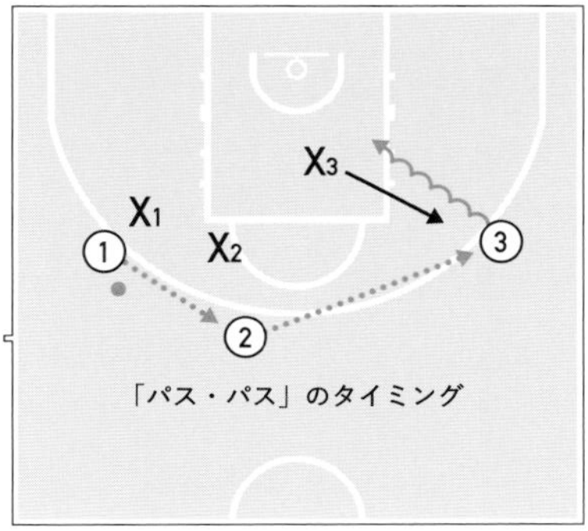

図6-15

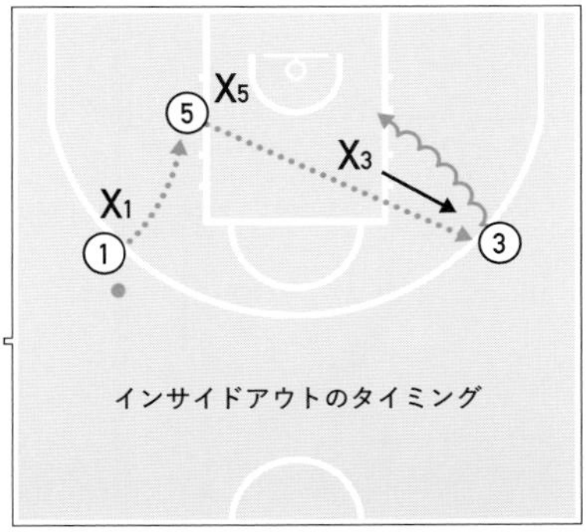

図6-16

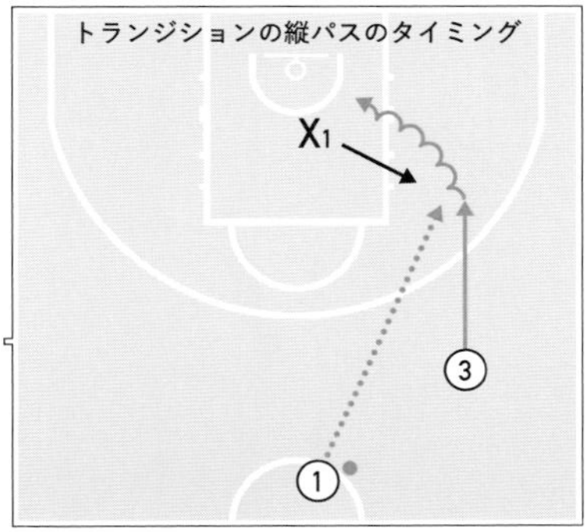

図6-17

ディフェンスはペイントエリア内に戻るので、サイドレーンを走るプレーヤーへのアップコートパスもカウンター１対１のチャンスです。そのように予測できる状況をインプットして「よし、きた！」と待ち構えていれば、その攻めどきを見逃さずに攻めることができるのです。

特にダウンヒル、パス・パス、インサイドアウトの状況は見逃さないようにひたすらトレーニングする必要があると考えています。このチャンスを見逃している選手あるいはチームが多いようです。またカウンター１対１の場合、キャッチした瞬間の構え、特にボールの位置が重要になってきます。胸の前でシュートできる体勢でボールを構えていれば、ディフェンスは手を上げざるを得ません。しかし、ボールを下げているとディフェンスは距離をとってくるので、「足の外側に自分のフリーフットを出す」という攻めができなくなります。

（2）ピボットから

ピボットの場合は、１歩でディフェンスの外に足を踏み出せるような近い間合いかどうかを見極めます。ピボットフット（軸足）側のポケットにボールを構えます。駆け引きのポイントは、ディフェンスがフリーフットをどう守っているかです。**図6-18**のように、ジャブステップを出したとき、ピボットフット側にディフェンスの両足があれば、そのままフリーフット側に攻めます。しかし、**図6-19**のように、フリーフットの正面にディフェンスの両足があれば、その外側を踏み越えることはできません（したがってその方向に攻めることはできません）。そのときはボールをピボットフット側のポケットに構えているので、ジャブステップからのクロスオーバーステップで

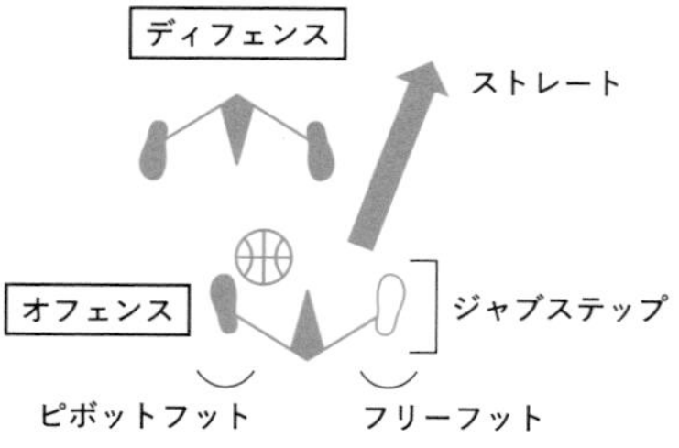

図6-18

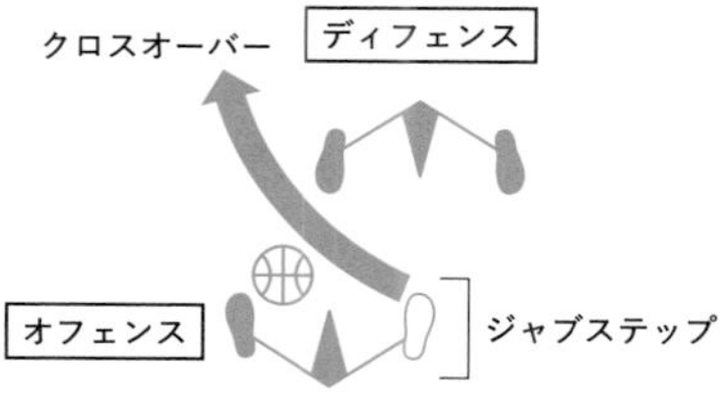

図6-19

ディフェンスの外側にドライブの足を踏み出して攻めることができるのです。

(3) ドリブルから

ドリブルしているときは、ディフェンスが下がりながら守っているので攻めやすいタイミングです。ドロップスタンスやスキップで近づいて間合いをつめながら駆け引きをおこないます。

攻めのタイミングを予測する状況としては、トランジション、ダウンヒル、攻め直しのヒップローテーション、左右に振るスイングなどがあります。ディフェンスが下がっているときにはシンプルに攻めることが大切です。トリガーステップから状況を見るようにします。

■ ■ ■

ボールを持ちすぎない

いっぽうで「ボールを持ちすぎない」ことも大切です。カウンター1対1とミスマッチでの1対1、そして個の優位性を発揮できるアイソレーションでの1対1以外は、安易な1対1を選択せず、ボールムーブとアクションで攻めます。状況にもよりますが、優位性が見出せないところで無理をしても結果は伴わないし、時間を浪費することになります。例えばショットクロックが残り6秒を切るまでは、無理やり1対1をしかけるよりは、パスでつないで次のアクションをねらったほうがよいと考えます。優位性があればいつでも攻めていいのですが、時間をかけすぎてはいけないということです。ある時点で優位性があったとしても、時間が経てばディフェンスは待ち構えて態勢を整えることができるので、その優位性も消失してしまいます。優位性がはっきりしているのはカウンターやミスマッチですが、もうひとつはっきりしているのは、トランジションの1対1です。これらのチャンスをはっきりと認識して攻めることが重要です。

対等以上の力を持つ相手に対しては、ボールムーブとアクションで攻めたほうが攻略しやすいと考えます。ボールムーブとアクションを活用しながら、そのなかでカウンターの状況やミスマッチが起これば、1対1をねらっていきます。

原則③ オフボールプレーヤーはボールマンをサポートする

目的 ▶ ペイントアタックしてチャンスを広げる

ボールマンが１対１のドライブ（カウンターやミスマッチ）をしかける予兆を感じたら、スペースとオープンウィンドウ（パスコースを確保する）のサポートを心がけます。大事なのは、プロアクティブに、すなわち先を見込んでおこなうということです（恩塚WORD **プロアクティブ**）。何かをしなければならない状態から動き始めるのではなく、事態を予見して先に動く感覚です。

もうひとつ、サポートの考え方で強調したいのは、味方が喜ぶ、あるいは相手が嫌がるようなポジショニングをするということです。それは状況次第ではありますが、少なくともその状況下でプレーしている選手には共有されていることが重要です。

恩塚WORD …… プロアクティブ

相手が準備する前に先読みをして先手を取るということです。先手を取って攻める、あるいは守るということです。例えば、オフェンスでボールマンがドライブしてきているときに、ドライブしてきた時点でオフボールプレーヤーが合わせようとすると反応が遅くなってしまいます。チャンスになった段階で合わせれば止まってシュートできますが、反応が遅いと動きながらの難しいシュートになってしまいます。

オフボールプレーヤーのポジショニング

ボールマンにとって何がサポートになるかは状況次第であり、有利、不利によっても変わってきます。

有利な状況とは、ボールマンが１対１のアタックをしかけられる状況です。そのときは自分のディフェンスがヘルプしにくいポジションをとります。不利な状況とは、ボールマンが行き詰まっている状況です。そのときはすばやく、ボールを受けに行く動きをします。

ここでオフボールマンの動きをするうえで大切なことが2つあります。ひとつは、自分のディフェンスがヘルプに行ったら「自分が攻める」という気持ちで待つことです。この感覚は非常に大事です。もうひとつは、試合中、有利・不利という状況は常に変わるので、それに合わせて常に良いポジションをとり続けることです。このポジショニングの力は、バスケットボールでシュート力の次に大切な力と言ってもよいでしょう。このようなオフボールマンのポジショニング力をつけるためには、それが無意識的にできるまでトレーニングを積むことが大切です。

先ほどから良いポジションと言っていますが、もう少し詳しく言うと、ただ良いポジションではなく、絶妙に良いポジションであることが求められます。例えばベースラインドライブに対するサークルムーブ（まわりこむ動き）がありますが、サークルムーブすることが目的ではなくて、ボールを受けることから逆算して、どこに行けばボールを受けることができるかを考えられるようになることが大切です。

4　ブレイクの段階

状況 ▶ **1対1もしくはアクションをしかけようとしてペイントアタックしている段階**

目的 ▶ **期待値の高いシュートを選択するために5人で選択肢をつくり続ける**

ブレイクとは、オフェンスがペイントアタックしてディフェンスを壊そうとしている段階です。ボールマンがペイントアタック（1対1）やアクションをしかけることでチャンスが生まれ、ディフェンスのヘルプによって次のチャンスに展開していく段階のことです。チームによる効率的で期待値の高いシュートの選択ができるように、ボールマンはヘルプディフェンスを見極め、オフボールのプレーヤーは合理的、効果的にサポートすることが原則的な考え方になります。

原則❶ ボールマンはヘルプディフェンスを見極める

目的 ▶ **期待値の高いシュートを選択するために5人で選択肢をつくり続ける**

ボールマンは、ボールとゴールを結んだライン（ゴールライン）上に、ヘルプディフェンスの体の中心線（胸の位置）があるかどうかを見極めます（**図6-20**）。中心線から外れて手しか出せていない状態であればさらなるアタックをしかけ、得点をねらうことができます。ライン上に体の中心線があってヘルプディフェンスのヘルプの態勢がとれているのであ

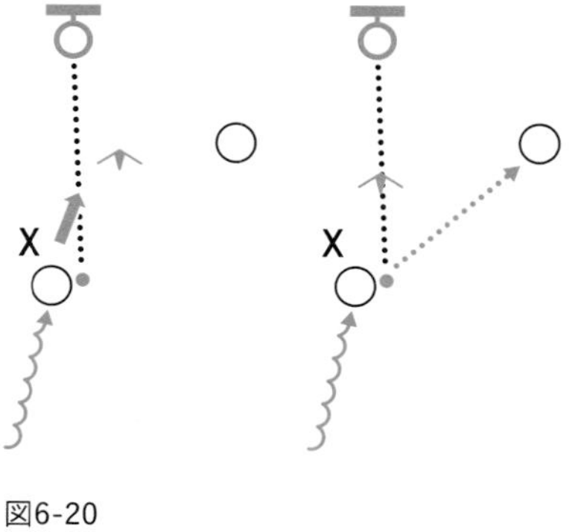

図6-20

れば、味方プレーヤーへのパスで次のチャンスに展開します。

ボールマンのスコアスプレー

ボールマンとヘルプディフェンスとの関係において、自分が攻めること（スコア）とオフボールへのパスアウト（スプレー）のプレーオプションを含んだボールマンのプレーを「スコアスプレー」といいます。ボールマンのスコアスプレーのプレーオプションは、ヘルプディフェンスのヘルプの程度によって分かれてきます。ヘルプディフェンスがヘルプをしてこない状況であればスコアで対応します（攻める）。ヘルプをしてくる場合は２つに分かれ、タイミングの早いヘルプ（アーリーヘルプ）に対してはアーリースプレー（早めのパスアウト）、遅いヘルプ（レイトヘルプ）に対してはレイトスプレー（遅めのパスアウト）で対応します。

ドリル：スコアスプレー

スコアスプレーのドリルです。コーチがショットブロッカーと色付マーカーを持ってヘルプディフェンスとしてゴール下に立ち、ウイングのボールマンとそのディフェンス、反対サイドのローポストプレーヤー、反対コーナーに位置するプレーヤーで３対２をおこないます。

ウィングのボールマンはゴール下のコーチが出すシグナルを見ながら１対１のペイントアタックをします。ここでの１対１はタフな展開になるようにします。コーチが何も出さなかったらノーヘルプのレイアップをおこないます。コーチが色付マーカー（アーリーヘルプ）を出したら**図6-21**のようにその瞬間にコーナーへのキックアウトパス（アーリースプレー）を出します。コーチがショットブロッカー（レイトヘルプ）を出したら**図6-22**のようにローポストプレーヤーへディッシュまたはコーナーへキックアウト（レイトスプレー）の判断をします。ゴール下のコーチはすぐにシグナルを出したりギリギリまでシグナルを出さないようにしながら、シグナルを読まれないようにしてボールマンを迷わせます。

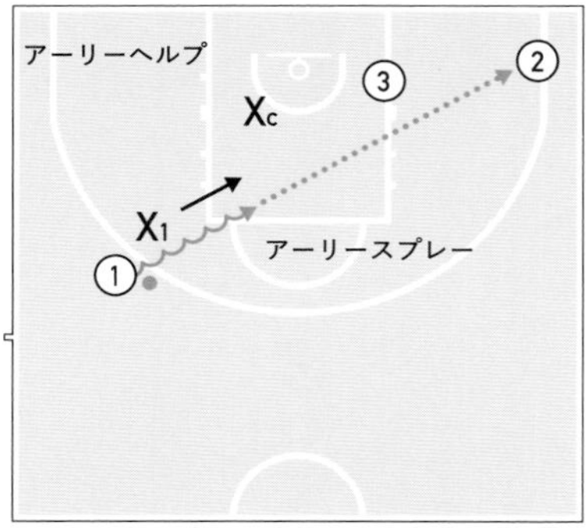

図6-21

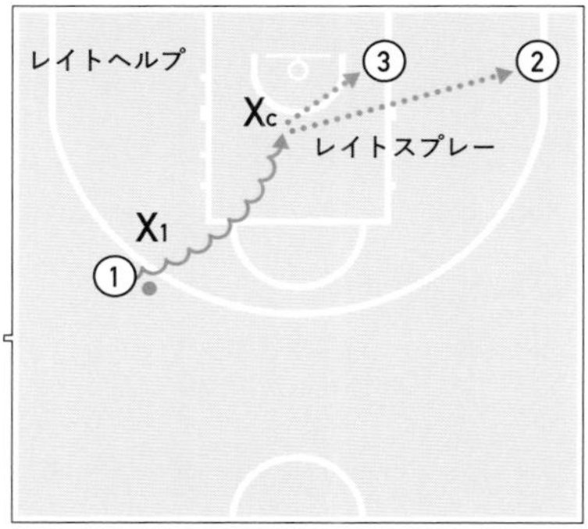

図6-22

原則❷ オフボールプレーヤーは合理的・効果的にサポートをする

目的 ▶ 期待値の高いシュートを選択するために5人で選択肢をつくり続ける

第2部

オフェンスにおいて、ボールマン以外のプレーヤー、すなわちオフボールプレーヤーの４人は合理的で、効果的にポジショニングをする必要があります。ボールマンのプレーを支える「サポート」です。このサポートがブレイクの段階で最も重要な要素になります。

ブレイク段階でのサポート

合理的で、効果的なサポートをするために、オフボールプレーヤーはまずボールマンの心理やディフェンスの状況から、ボールマンが何をしようとしているのかを予測することが大切です。そのうえでボールマンの動きをよく見て、形勢に応じたサポートを瞬時に選択・実行します。

(1) いつでもボールを受けられるシングルギャップのポジション

いつでもボールを受けられるというのは、シングルギャップのポジショニングができるということです（**図6-23**）。

ボールマンがディフェンスを突破できなかったときあるいはクリエイトの前は、オフボールマンはいつでもボールを受けられるシングルギャップのポジションをとります。シングルギャップをとることで、パスのレシーブがしやすくなり、そのあとに続くグループ戦術（アクションを含む）を選択しやすくなります。

（2）自分を守っているディフェンスがヘルプしにくいダブルギャップのポジション

ボールマンがクリエイトを終えてチャンスをつくろうとしているとき、あるいはチャンスができたときは、自分を守っているディフェンスがボールマンをヘルプしにくいダブルギャップのポジションをとります。**図6-24**に示すように、左スロットの①がボールを保持している場合は、ボールサイドコーナーの③と逆サイドウイング②がダブルギャップのポジションです。①がカウンター１対１やミスマッチによる個の優位性が見出せる場合、あるいは①が自チームのエースで相手チームのディフェンスが苦手なプレーヤーとの１対１になりそうなときなどです。

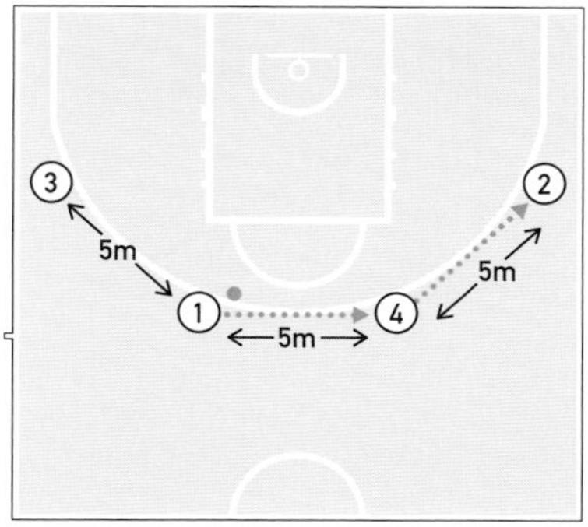

図6-23

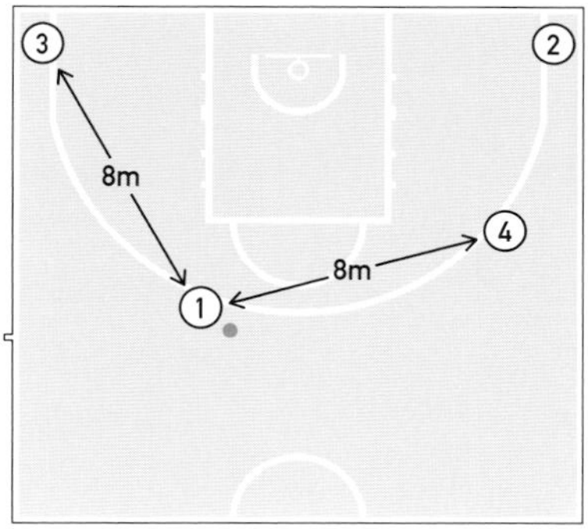

図6-24

オフボールプレーヤーのパニッシュメント

オフボールプレーヤーとヘルプディフェンスとの関係において、オフボールプレーヤーがボールマンに対してダブルギャップのポジションをとっているにもかかわらず、そのディフェンスがボールマンをヘルプした場合、そのヘルプに対する攻めをパニッシュメント（column｜09、次頁）と呼びます。例えば、図6-24の右ウイング④のプレーヤーには、ボールマンからのパスアウト（スプレー）が来たら、ディフェンスの対応によってシュート、カウンター１対１、ダイブ（バックカット）というパニッシュメントとしての選択肢があります。オフボールプレーヤーが「自分のディフェンスがヘルプに行ったら自分が攻める」という感覚を持ち合わせていると、「ヘルプされた」という消極的な感覚ではなく、「ヘルプは次のチャンス」というようにヘルプを積極的にとらえることができます。自分のディフェンスがヘルプに行くかどうかを察知し、ヘルプした瞬間に「よし来た！チャンスだ!!」（代償を払わせることができる）と思えるマインドセットが大切です。

column 09

パニッシュメント（代償）

相手が何かをしかけてくる裏には、副作用的なものがあるという考え方です。つまり、こっちをとるとこっちを失うといったトレードオフ的な関係です。そこを突いていくことが勝負の鉄則であり、優位に戦ううえでは必要不可欠な要素ととらえています。例えば、ピック＆ロールに対してディフェンスがハードショウをしてくるということは、ダイブのチャンスがあることであり、そこを軸に攻めることが、すなわち相手に代償を払わせることになるのです。そこを突くことができなければ、相手にいいとこ取りをされてしまいます。バスケットボールはそのような関係性がいたるところにあるスポーツであるという基本的な認識を持つべきです。

ボールマンはスコアスプレーでヘルプディフェンスを見極め、自分が攻めるのかパスアウトをするのかを判断しますが、ボールマン以外の４人のオフボールプレーヤーはボールマンのスコアスプレーがうまくいくように、ダブルギャップの巧妙なポジショニングで顔を出すことが重要になってきます。

巧妙なポジショニングで顔を出す

“巧妙な”ポジショニングについて、コーナーのポジショニングを例に説明します。効果的なポジショニングのためにコーナーを使用することはよく見られますが、ただコーナーにいるだけでは不十分です。自分のディフェンスの位置やボールマンの状況に合わせて巧妙にポジショニングすることで、優位性を獲得することができます。ここでは①が１対１で攻めているときの３種類の巧妙なポジショニングのパターンを説明します。

コーナーのディフェンスがゴール下で待っているときは、**図6-25**に示すように、ボールマン①がエルボーあたりを通過するタイミングでコーナーの③が１メートルほどリフトします。そうすると、ボールマンからのパスコースが広がり、パスをしやすくなります。

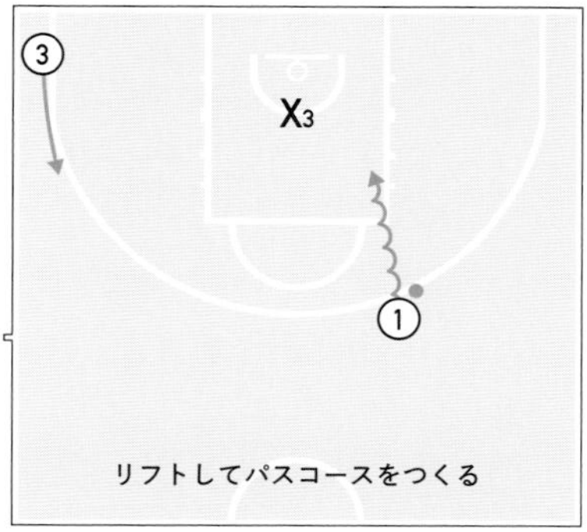

図6-25

コーナーのディフェンスが、③へのスプレーパスを警戒して①と③のパスコースに立っているときは、**図6-26**に示すように、バックカットして裏を突きます。

コーナーのディフェンスがノーヘルプで、①がシュートを打てずにドリブルアウトするときは、**図6-27**に示すように、ミドル方向にカッティングしてディフェンスの裏をとることで、①がドリブルアウトするスペースを確保することができます。このように工夫することで、コーナーポジションをより有効に活用することができます。

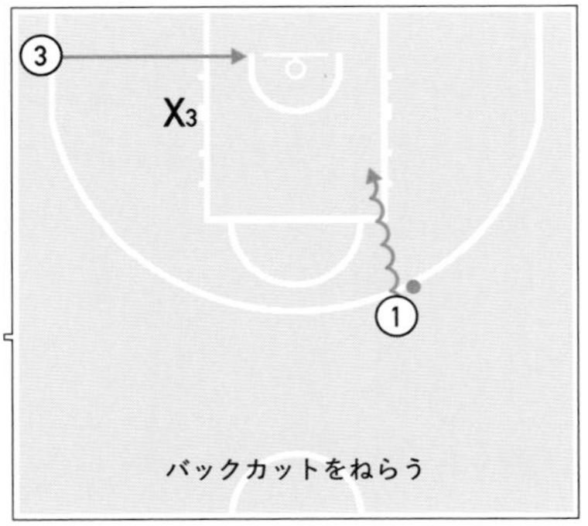

図6-26

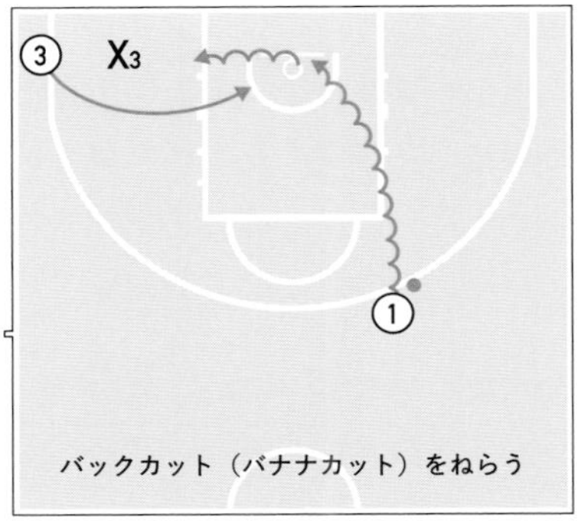

図6-27

■ ■ ■

ドリル：シングルギャップとダブルギャップを判断

トランジションを想定した３対３のドリルです。サイドレーンのコーナーに１人のプレーヤーが位置し、センターラインあたりから同じサイドのサイドレーンを走るプレーヤーと反対サイドのボールマンのドリブルプッシュ（１対１）がスタートします。**図6-28**に示すように、サイドレーンを走るプレーヤーは、反対サイドの１対１のペイントアタックが勝てそうであればダブルギャップ（ウイング）を維持し、勝てるかどうかわからない微妙な状況であれば、**6-29**に示すように、すぐにシングルギャップ（トップ）に移動し

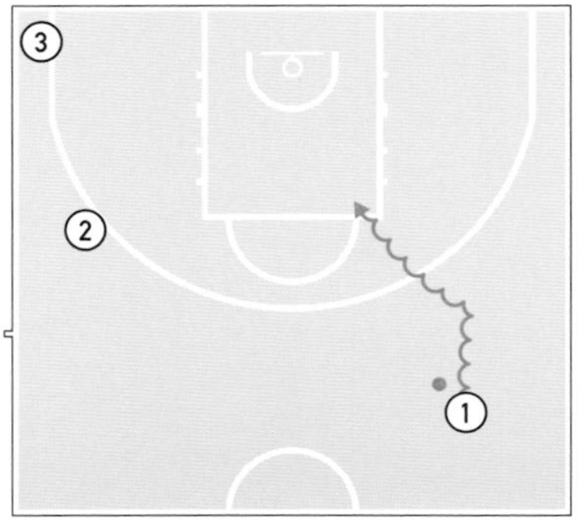

図6-28

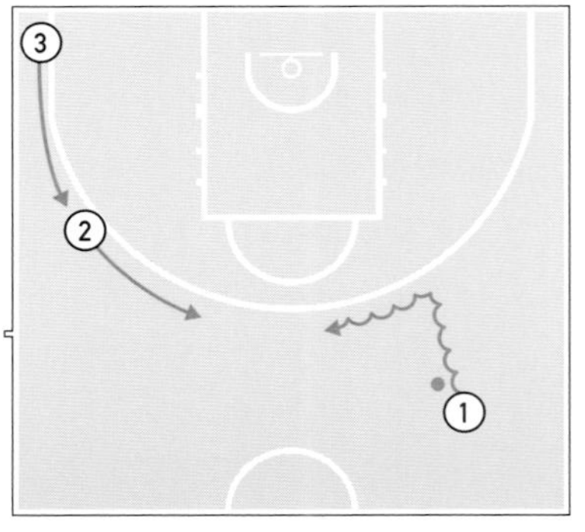

図6-29

てボールを受けとる、という判断を磨く練習です。このとき強調したいのは、シングルギャップでボールを受けた場合、コーナーのプレーヤーもウイングに移動しているので、反対サイドからトップ、トップからウイングへと横のボールムーブがおこなわれ、ウイングは1対1のチャンスが生まれます。ひとつの行き詰まりが次のきっかけになる（ネガティブな状況がチャンスにつながる）仕組みができれば、チームとしてシームレスな展開が維持できます。行けるようだったら行かせる、ダメだったら助けにいく、そしてすぐに立て直す、ということです。

原則③ ペイント2&トライアングルをめざす

目的 ▶ 期待値の高いシュートを選択するために5人で選択肢をつくり続ける

原則的な考え方として、例えば、ボールマンとダイブするプレーヤー、あるいはボールマンのペイントアタックがうまくいかないときは2人のオフボールプレーヤーがダイブをねらうなど、2人のプレーヤーが同時にペイントアタックできることが望ましいと考えています。すなわち、ディフェンスのヘルプ・ローテーションの観点から考えた場合、**図6-30**に示すように、2人のプレーヤー（①、⑤）が同時にペイントアタックをねらい、残りの3人（②、③、④）がトライアングルのポジショニングをする、この「ペイント2&トライアングル」の形がアタックの理想だと考えています。どのような形で攻めに入ったとしても、このポジショニングができていれば、ディフェンスはヘルプローテーションがしにくい状態になります。

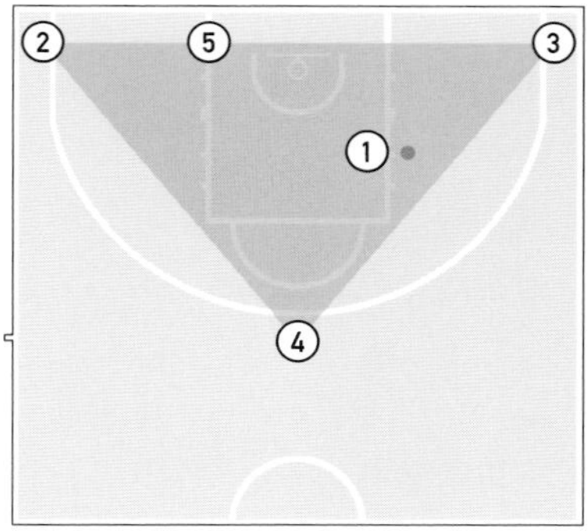

図6-30

ペイントアタックが1人だけだとディフェンスのヘルプローテーションは間に合ってしまいます。2人が同時にペイントアタックをすると、ディフェンスはそれに合わせてヘルプローテーションを始めます。すると外のディフェンスは２人しか残りません。このときボールマンはノーマークのプレーヤーにパスを出し、それをさらにディフェンスがローテーションで対応すれば、次のパス（エクストラパス）に対応するためのローテーションの移動距離が長くなります。このような２人同時のペイントアタックをシステム化することを目指したいと考えています。

■ ■ ■

サポートするときの文脈

４人のオフボールプレーヤーはボールマンの形勢に応じてサポートをしていきますが、重要なことは、事象が起きてからではなく、事前に文脈を読み、判断して行動を起こすということです。

ボールマンの１対１、プレーヤーが協力しておこなうアクション、オフボールプレーヤーのポジショニングにしても、「この場面で、このプレーヤーにボールが渡れば有利になる」あるいは「不利になりそうだ」といった文脈を読むことができます。プレーの成果を出すうえで、それぞれのプレーヤーが機能的に動いているかどうか、効力あるいは影響力を及ぼしているかどうかが重要です。オフボールプレーヤーのサポートのポジショニングも、その場所に立っているだけではなく、ボールマンが行き詰まっているならボールを受けにいって次のきっかけをつくる（シングルギャップ）、アタックできそうなら離れてヘルプできないポジショニングをする（ダブルギャップ）。これが機能的なポジショニングです。

これまで何度も述べていますが、究極的には「バスケットボールはポジショニングのスポーツである」と言い表わせると思います。文脈を読みながら良いポジションをとり続けているチームが、行き詰まらなくなるし、良いシュートを打つことができるのです。

オフェンスのポジショニングについては、近年「スペーシング」というワードがよく聞かれます。しかし形だけの「スペーシング」をおこなっても、その成果は大きく得られません。むしろそれがチームの機能性を失うことにもなります。

大切なことは「スペースをとる（＝離れる）」のか、あるいは「スペースを埋める（＝近づく）」のかを、状況に応じて、事前に察知し、行動に移すことです。それを40分間、機能的にやり続けられるかどうかで、チームのパフォーマンスは大きく変わります。ポジショニングあるいはスペーシングで重要なことは、成果を出すうえでそれぞれの動き（止まることも含む）が機能的であるかどうかです。

原則④ オフェンスのブレイクの段階における４つのサポート

目的 ▶ 期待値の高いシュートを選択するために5人で選択肢をつくり続ける

●4つのサポート

ボールマンの進行方向にオフボールプレーヤーが何人いるかにもとづいて分類した考え方が４つのサポートです。すなわち、オフェンスにおけるドライブのサポートは基本的に４つのパターンしかないということです。ボールマン以外のプレーヤーは４人しかいないからです。

ボールマンがアタックする同じサイドのオフボールプレーヤー１人を対象にしたブレイク１（**図6-31**）、ボールマンのアタックする方向（反対サイド）にいるオフボールプレーヤー２人を対象にしたブレイク２（**図6-32**）、３人を対象にしたブレイク３（**図6-33**）、ブレイク３の３人のうちの１人がインサイドにポジショニングするブレイク３イン（**図6-34**）４人を対象にしたブレイク４（**図6-35、図6-36**）、に分けて整理しています。

サポートの関係性を整理しておくと、オフボールプレーヤーの人数によってその場面での目的とサポートの仕方がある程度決まってくる（定義できる）と思っています。その結果、合理的で機能的な動きが選択でき、効果的で効率的なプレーにつなげることができます。どの戦術を用いても、ブレイク段階では基本的に４パターンに集約されます。この４パターンの能力を高めておけば、オフェンスのパフォーマンスを大きく上げることができます。なぜなら、どの戦術においても、効果的なサポートをし続けられるようになるからです。

有利不利を見極めたうえでボールマンの進行方向における人数を、ボール

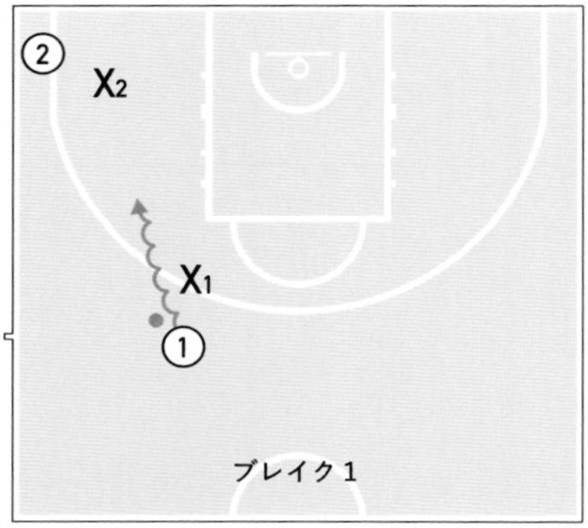

図6-31

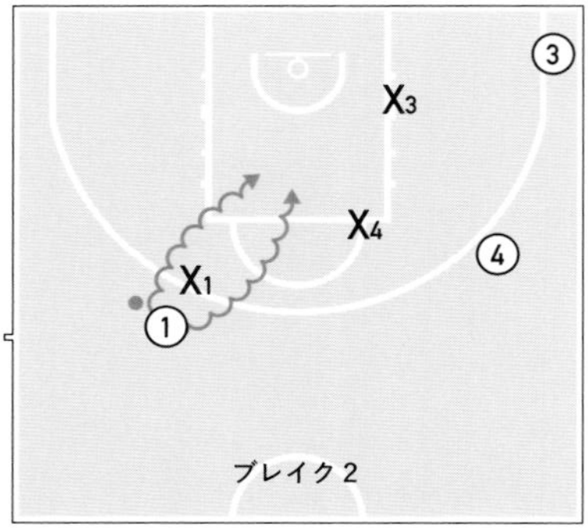

図6-32

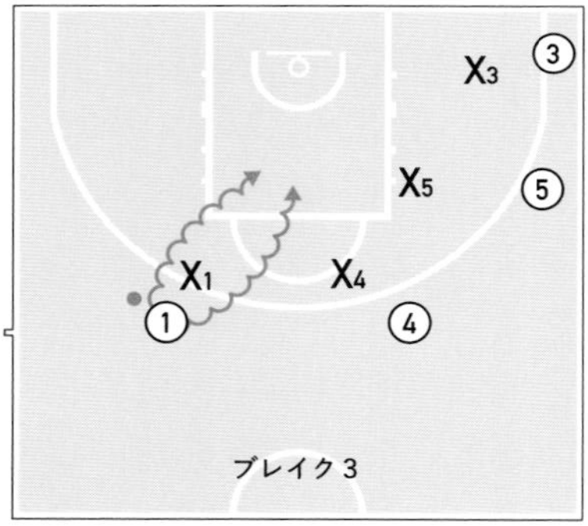

図6-33

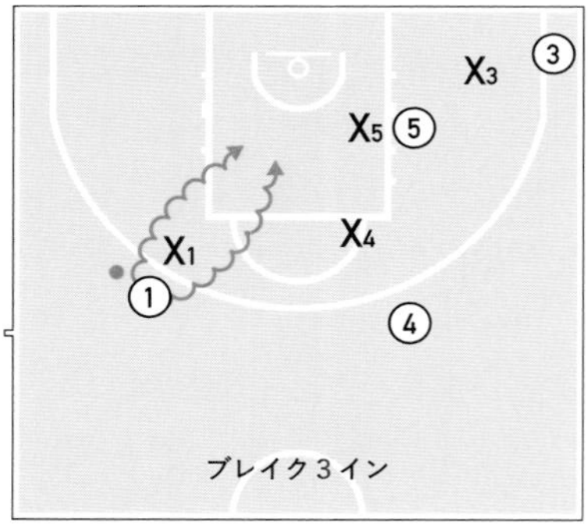

図6-34

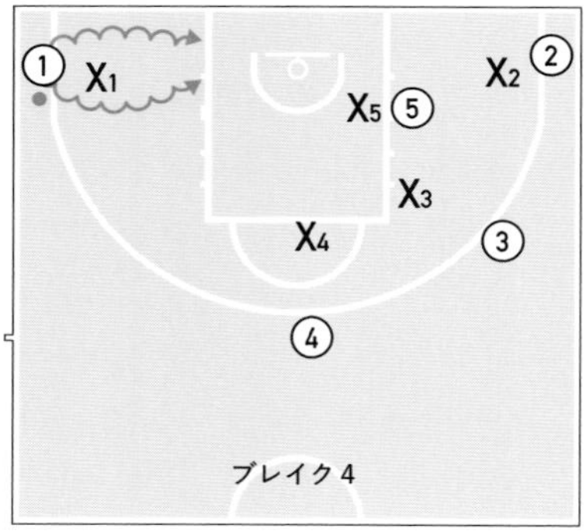

図6-35

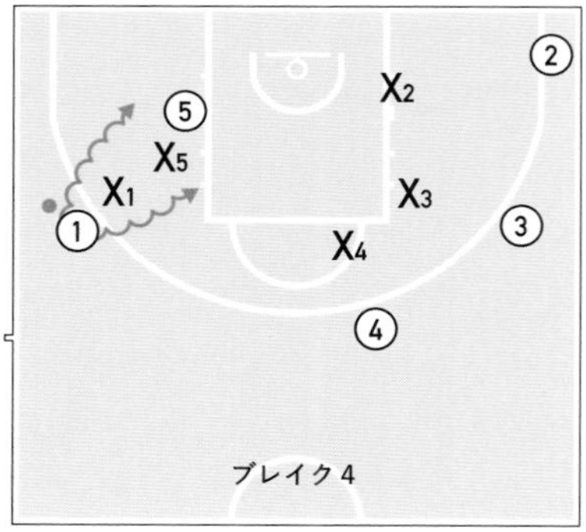

図6-36

第2部

マンだけでなく4人のオフボールプレーヤーも認識しておきます。その人数に応じてヘルプしにくい状況をつくる、ヘルプに対する代償を払わせる、といった対処の仕方を整理していくということです。

ブレイクの局面での4つのサポートについて、ボールマンの進行方向におけるオフボールプレーヤーの人数を1人、2人、3人、4人とに分け、ボールマンとオフボールプレーヤーがどのようなプレーオプションを行使すれば状況を打開できるかについて説明していきます。

ブレイク1（B1）

ブレイク1は、ペイントアタックをしかけているボールマンとオフボールプレーヤー1人の関係性におけるサポートです。

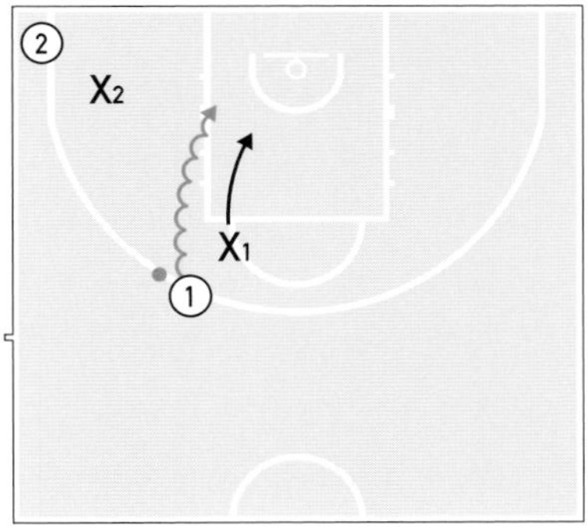

図6-37

(1) スコアスプレー（ダブルギャップ）

図6-37は、左スロット（2ガードポジション）からボールマン①が1対1でペイントアタックをしかけ、ボールサイドのコーナーにオフボールプレーヤー②がポジショニングしているシチュエーションを示しています。この状況では、①がボールを持った時点で①にアタックのチャンスがあるのであれば、②はダブルギャップをとり、コーナーにとどまります。②は、単にコーナーにいるという意識ではなく、コーナーにいることで、自分のディフェンスX_2がヘルプをしにくい状態になっているという意識を持つことが大切です。中途半端に①に寄ってしまうと、①のドライブを邪魔してしまうだけでなく、パスミスを誘発することにもなります。②の反応は、ボールマンのドライブに対して自分のマークマンX_2がどのようにヘルプディフェンスをおこなうかによって変わってきます。ドライブを始めた①に対して、X_2がフルボディショウ（完全に体の正面を向けた状態）でヘルプした場合、①は②にパスを出すことができます（スプレー）ので、②はコーナーでパスを待って3ポイントシュートを

ねらいます。ブレイク1における最も効果的なプレーのひとつです。

(2) ダイブ(バックカット)

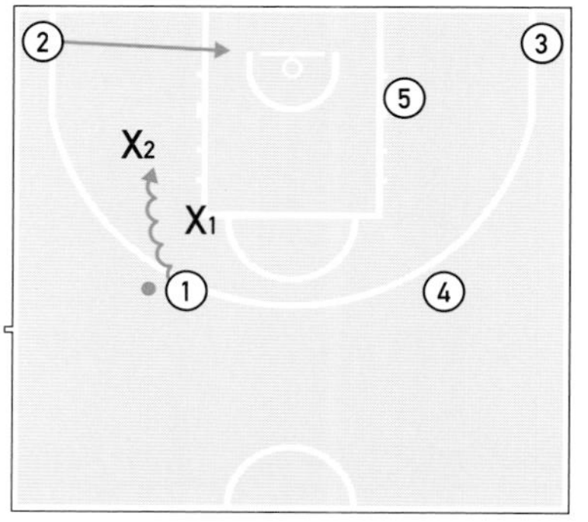

図6-38

①のドライブに対してX_2が②のパスコースに入りながらヘルプに出たら、**図6-38**のように、②はゴール下へのダイブ(バックカット)をねらいます。

このとき①がコーナーにいる②にパスする可能性もあり、両者の考えが食い違うとミスになります。そのミスをなくすために、原則として②はコーナーにとどまっておきます。①がコーナーへのパスをキャンセルし(X_2がパス動作に反応したなどの理由で)、ジャンプストップをしたときに初めて②はバックカットをねらいます。そのような原則を持っておくことで、誰もいないコーナーにパスするミスがなくなります。ただし、X_2が②を見ないで①への対応に気をとられているようであれば、原則を破棄して、早いタイミングでダイブしても構いません。

(3) ファーストダイブとセカンドダイブ

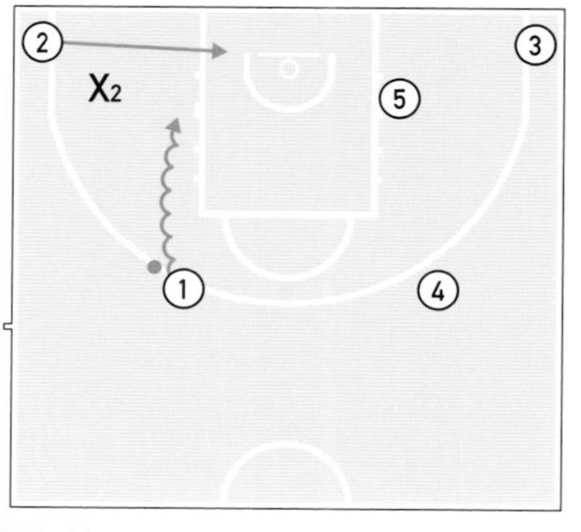

図6-39

ダイブに関しては、ディフェンススキルのレベルが上がってくるとより細かい整理が必要になってきます。ダイブはそれをおこなうタイミングによって2つに分けています。図6-38は、X_2のヘルプに対して①がパスをキャンセルしてジャンプストップをしたタイミングでのダイブでしたが、これよりも早いタイミングで、**図6-39**に示すようにボールマン①がドライブした瞬間におこなうダイブをファーストダイブと呼び、図6-38をセカンドダイブと呼んで区別しています。

X_2のディフェンスのレベルが上がってくると（ディフェンス的に良いポジショニングをしてくる：グレートディフェンス）、①は自分のドライブもヘルプされるし②へのパスも出せない状態に陥り、パスミスをすることがよく起こります。このような相手のグレートディフェンスが事前に想定される場合は、**図6-40**に示すように、①がアタックする瞬間に、②はX_2を引きつけるためにファーストダイブをしかけるのもひとつです。②のファーストダイブに対してX_2はボールマンばかり見るわけにはいかなくなるからです（ヘルプしにくくなる）。さらには、X_2が②のダイブに反応して②のほうへ下がれば、①はドライブしやすくなると同時に、②はダイブの動きからコーナーにリターンすることで、パスアウト（スプレー）のチャンスを広げることができます。したがって攻防のレベルが上がってくると、コーナーの②には、そのような駆け引き（揺さぶりをかける）を踏まえたうえでコーナーにポジショニングするセンスが必要になってきます。②がファーストダイブとセカンドダイブでヘルパーを揺さぶるというねらいが明確になれば、グレートディフェンスに対して合理的に攻めることができ、コーナーのポジショニングに対するより発展した意味づけにもなります。逆に相手がグレートディフェンスでなくても、コーナーのポジショニングにおけるチャレンジを促すこともできます。

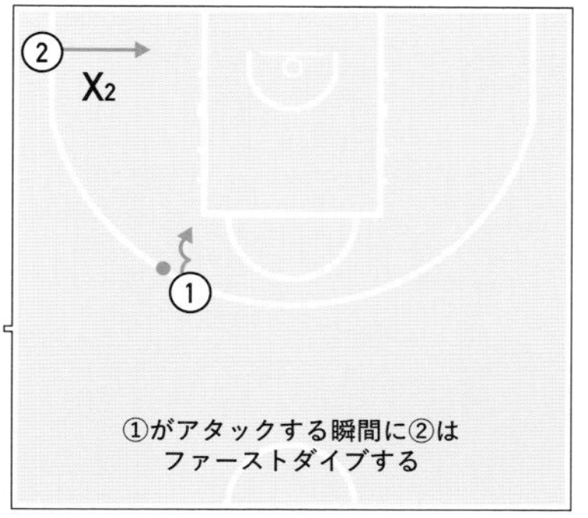

図6-40

図6-38のシチュエーションでは、①のドライブを優先するため、順序としては①のドライブの状況を見て②はダイブ（セカンドダイブ）を選択します。したがって、①がドライブする瞬間にダイブ（ファーストダイブ）するというのは、順序のルールを破ることになります（原則破り）。そのような場合に注意してほしいのは、②がファーストダイブすることが①に伝わっていなければトラブルになってしまうということです。①がドライブする瞬間に②は手を上げてボールを呼ぶなど、何らかの合図を出してコミュニケーシ

ョンをとる必要があります。

（4）リフト

①がブロックエリアまで侵入すると、ベースライン沿いのスペースは狭くなるので、②はコーナーからゴール下へのダイブ（バックカット）をしにくくなります。そのような場合、**図6-41**に示すように、②はサイドライン沿いにセンターライン方向へ移動するリフトという動きで、パスを受けることができるポジションに移動します。②が動きだすタイミングは、原則としてはボールマン①がジャンプストップしてからです。ジャンプストップする前にリフトしてしまうと、誰もいないコーナーへのパスミスにつながります。しかし、X_2がコーナーを一瞬見て視線を外すタイミングで②がリフトしていれば、そのままランナー（走りながらの状態）で①からパスを受けることができ、遅れてくるX_2に対してミドルドライブができます。

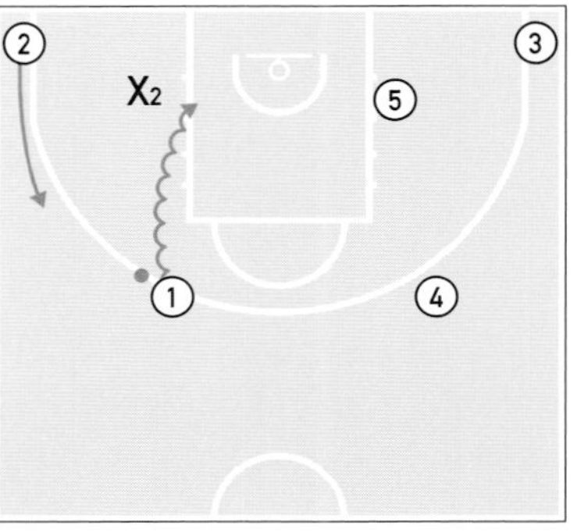

図6-41

ボールマンが止まったときのどのタイミングでオフボールプレーヤーが動きだすのかといったタイミングまでを原則にしておくことで、ミスを減らすことができます。

（5）ドリブルハンドオフ（DHO）

①がヘルプを受けてブロックエリアまで到達できず、ブロックの手前あたりで止められてしまった場合は、**図6-42**に示すように、ゴールに背中を向けて②とのドリブルハンドオフ（DHO）に入ります。そうすることで、①のアタックは行き詰まらなくて済み、背中を向けることでディフ

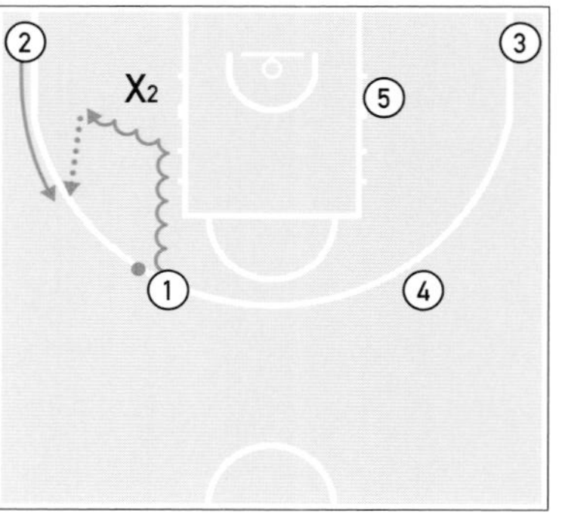

図6-42

ェンスのプレッシャーを避けることができ、プレーの継続性も維持できます。

ブレイク2（B2）

ブレイク２は、ペイントアタックをしかけているボールマンとオフボールプレーヤー２人の関係性におけるサポートです。ブレイク２においては原則的に、ボールマンのペイントアタックとオフボールプレーヤーによるペイントアタックがシンクロする展開を考えています。

❶ボールマンのベースラインドライブのシチュエーション

(1) スコアスプレー（ダブルギャップ）

図6-43は、左ウイングからボールマン①がベースラインドライブによる１対１でペイントアタックをしかけ、ヘルプサイドのコーナー（③）とヘルプサイドのウイング（④）にオフボールプレーヤーがポジショニングしているシチュエーションを示しています。このような状況で①にアタックのチャンスがあるのであれば、③と④はダブルギャップをとってその場所にとどまり、①はスコアスプレーのプレー展開に持ちこみます。

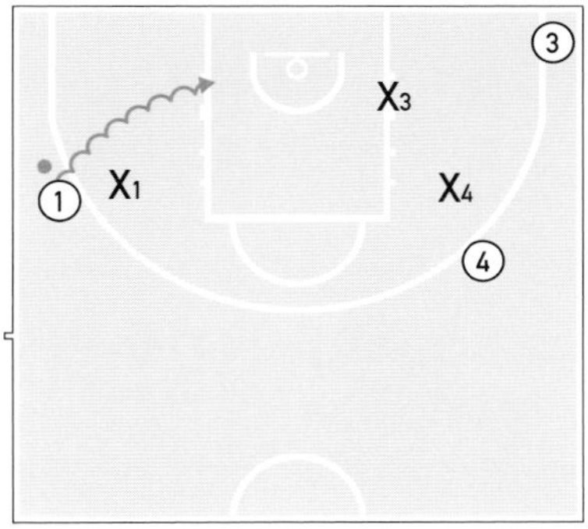

図6-43

(2) ダイブ（バックカット）

図6-43のような状況では通常、**図6-44**のように、コーナーにいる③のディフェンスX_3がヘルプに出る（場所を埋めるヘルプ：フィル）と同時に、X_4がローテーションダウン（ベースラインに下がるヘルプ：シンクダウン）で対応してきます（フィル＆シンク）。その場合、④にとっては自分とゴールを結んだラインから自分のディフェンス（X_4）が外れた瞬間がチャンスになります。そのタイミングを判断して④はゴールに向かってダイブします。**図6-45**のように、X_4がシンクダウンしなければ④はその場所にとどまり、ボールマン①がコーナーの③にパスをすれば３ポイントシュートが打てます。

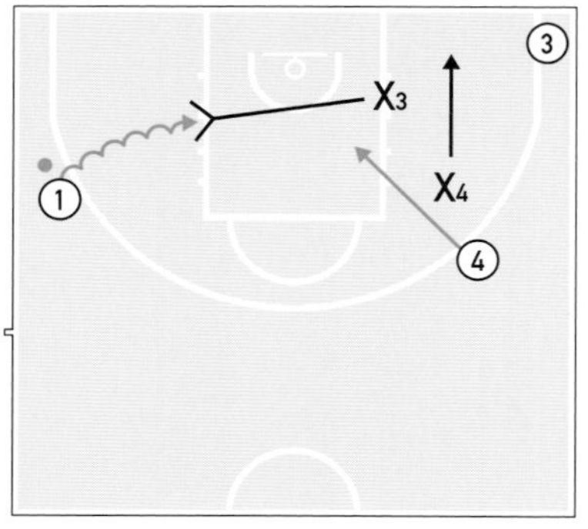

図6-44

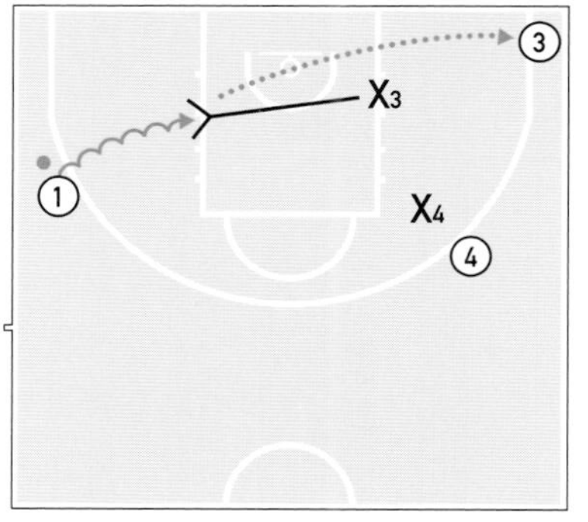

図6-45

④は自分のディフェンス（X_4）がどのような対応をするかによってダイブをするかしないかの判断をします。

❷ボールマンのミドルドライブのシチュエーション

第2部

（1）スコアスプレー（ダブルギャップ）

図6-46は、左ウイングからボールマン①がミドルドライブによる1対1でペイントアタックをしかけ、ヘルプサイドのコーナー（③）とヘルプサイドのウイング（④）にオフボールプレーヤーがポジショニングしているシチュエーションを示しています。このような状況では、ボールマンのベースラインドライブのシチュエーションと同様に、①にアタックのチャンスがあれば、③と④はダブルギャップをとってその場所にとどまり、①はスコアスプレーのプレー展開に持ちこみます。

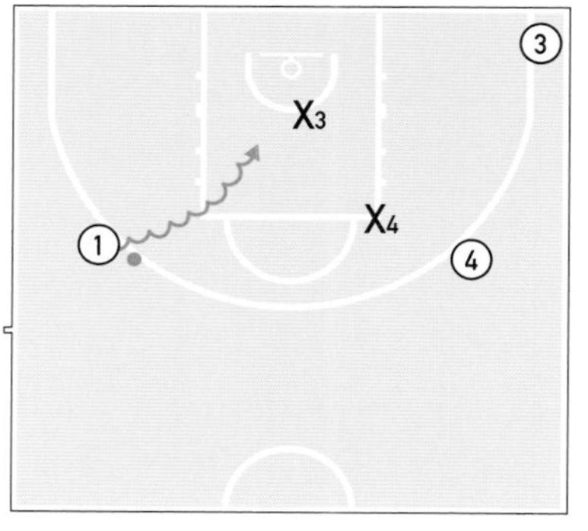

図6-46

（2）セカンドダイブまたはファーストダイブ

①がミドルドライブしてもX_1に守られて攻めきれず、またX_3とX_4のヘルプが来ない（X_4のギャップヘルプでウイング④へのパスもできない）場合、

図6-47に示すように、①がジャンプストップからパスフェイクしたタイミングでの④のセカンドダイブが効果的です。

あるいはX_4が巧妙にヘルプをして①の判断を惑わしている場合は、X_4に揺さぶりをかける意味でも、④はファーストダイブをしても構いません。そうすることで①がドライブの途中で不用意に捕まるのを助けることにもなります。

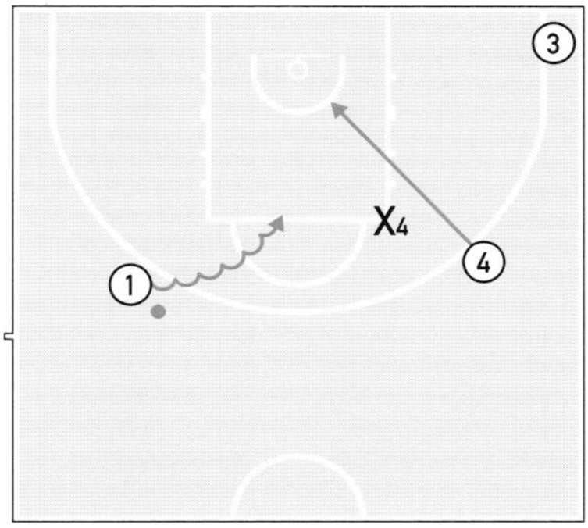

図6-47

また、この状況での④のファーストダイブは、パスが通ればレイアップをねらうことができるだけでなく、右コーナー③のディフェンスX_3に揺さぶりをかけることができ、それに応じて③はリフトからのカウンター1対1（レイアップ）をねらうことができます。さらにはそのカウンター1対1からは、ダイブして左サイドのコーナーに移動した④へのアーリースプレー（3P）にも展開できます。

このような展開は、相手に巧妙なディフェンスをされても、そのことが逆にチャンスにつながることを示しています。すなわち、④がウイングでシュートを打てずにコーナーへ移動しても、展開によってはコーナーからのシュートチャンスが巡ってくるということです。

（3）コーナーまたはウイングからのセカンドダイブ

図6-48に示すように、ボールマン①がミドルドライブでゴール下まで行ってもX_3がヘルプに来ないでコーナー③へのパスが出せない場合は、③がダイブ（セカンドダイブ）します。④と③のどちらがダイブするかという判断においては、①がジ

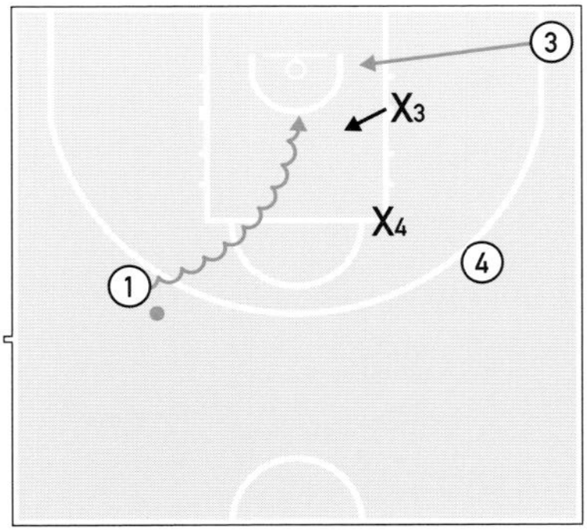

図6-48

第6章 5段階の原則：オフェンス編

ャンプストップしたときに視線を送ったほうのプレーヤーがダイブします。③がコーナーからダイブしたら④は空いたコーナーへドリフトし、また④がウイングからダイブしたら③が空いたウイングにリプレイス（リフトして場所を替える）します。ダイブが重ならないようにするためには、ファーストダイブをするプレーヤーは、必ずダイブする合図をボールマンに送るようにします。

❸B2ピックのシチュエーション

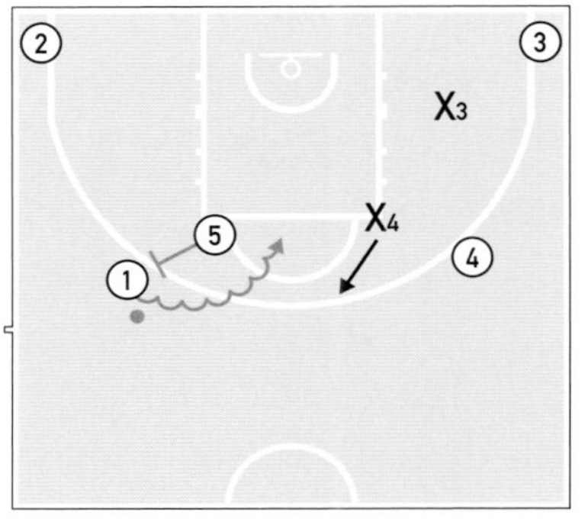

図6-49

図6-49は、左ウイングのボールマン①に⑤がサイドピックをセットしているシチュエーションです。この状況も、サイドピックを利用するボールマンとヘルプサイドのオフボールプレーヤー２人のブレイク２の関係です。この状況はピック＆ロール（PNR）を介したブレイク２ですが、これを「B2ピック」と呼びます。

(1) スコアスプレー（ダブルギャップ）とダイブ

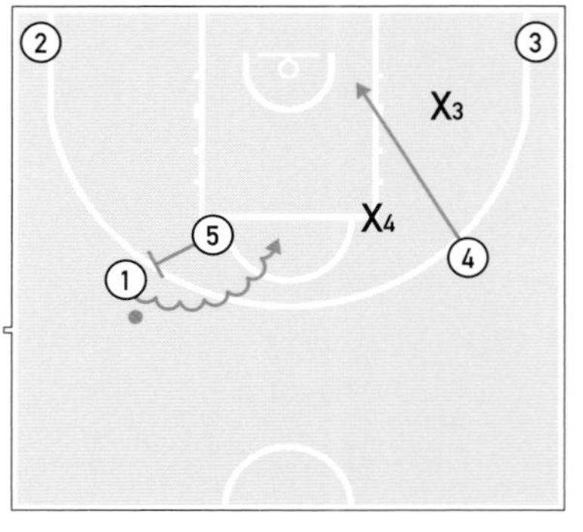

図6-50

B2ピックの展開は、ミドルドライブのシチュエーションと同様です。**図6-50**のように、ボールマン①は、ディフェンスX_4がヘルプに来ればウイングの④へパス（スプレー）を選択します。④はX_4のヘルプへの代償として、シュートができるときは3Pシュート（１対１）、シュートができないときはファーストダイブ（バックカット）を選択します。

(2) アウトサイドでポジションチェンジまたはバックスクリーンのセット

B2ピックのシチュエーションで、ハイサイドのピックをセットするまでに時間がかかりそうな状況では（ディフェンスが準備する余裕を与えていることになるので）、③と④はオフボールスクリーン（ポジションチェンジ）をおこなっても構いません。あるいはチャンスをねらうのであれば、**図6-51**のように、例えばPNRのユーザーのワンドリブル目のタイミングで③が④にバックスクリーンをセットできたら、コーナーへのパスチャンスが生まれます。しかしこの場合、PNRのユーザーのワンドリブル目にバックスクリーンがセットできないのであれば、パスのタイミングがずれたりスペーシングが崩れたりするので、そのまま待っていたほうが無難かもしれません。

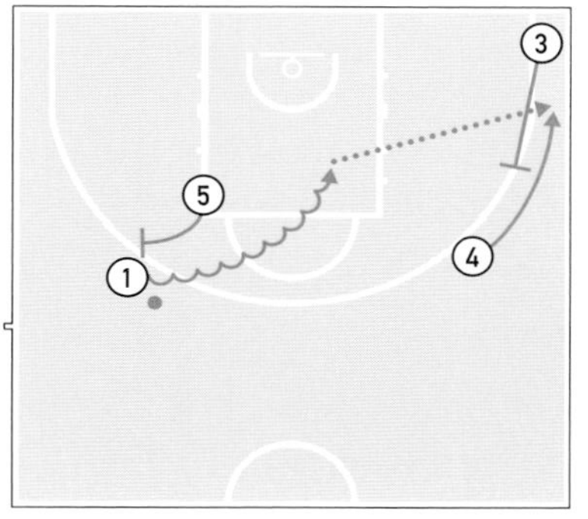

図6-51

ブレイク3イン（B3イン）

ブレイク3は、ペイントアタックをしかけているボールマンとオフボールプレーヤー3人の関係性におけるサポートです。ブレイク2と同様にブレイク3においても、原則的にはボールマンのペイントアタックとオフボールプレーヤーによるペイントアタックがシンクロできる展開が理想的です。そのためには、**図6-52**に示すように、アウトサイドはヘルプサイドのコーナーとウイングに1人ずつ、もう1人はインサイドのローポスト付近（ブロック）にポジショニングすべきだと考えています。このブレ

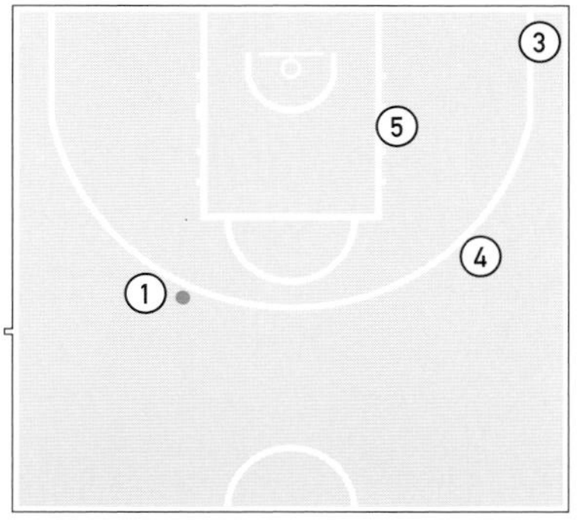

図6-52

イク３のポジショニングを「ブレイク３イン」と呼びます。ブロックにプレーヤーを配置することで、サポートする３人の距離をより広くとることができ、ディフェンスのヘルプローテーションがしにくくなる効果をねらっています。

ブレイク３インのインサイドのプレーヤーを「ジョーカー」と呼んでいます。「ジョーカー」という言葉には、例えば「強い」「悪い」など、いろいろなイメージがあると思いますが、ここでは「どんな役まわりにでも変化できる」「どのカードの代わりにもなる」という意味でこの言葉を使っています。つまりブレイク３インは、ブレイク２にジョーカーが加わる「ブレイク２＋ジョーカー」ととらえ、ブレイク２にインサイドのプレーヤーが加わることによる幅広い展開を期待しています。

（1）スコアスプレー

図6-53は、左ウイングからボールマン①がベースラインドライブでペイントアタックをしかけ、ヘルプサイドのコーナーに③、ウイングに④、ローポストにジョーカーとしての⑤がポジショニングしているシチュエーションです。①のドライブに対してX_5がヘルプに出て、それに合わせてブロックにいた⑤がインサイドにダイブ（サークルムーブ）をします。それに対してX_3はローテーションして⑤をカバーせざるを得なくなります。このようにディフェンスがローテーションを重ねることで、オフェンスにとってのノーマークが生まれやすくなります。ブレイク２の展開と同様に、③と④はダブルギャップをとってその場所にとどまり、①はスコアスプレーに持ち込みます。

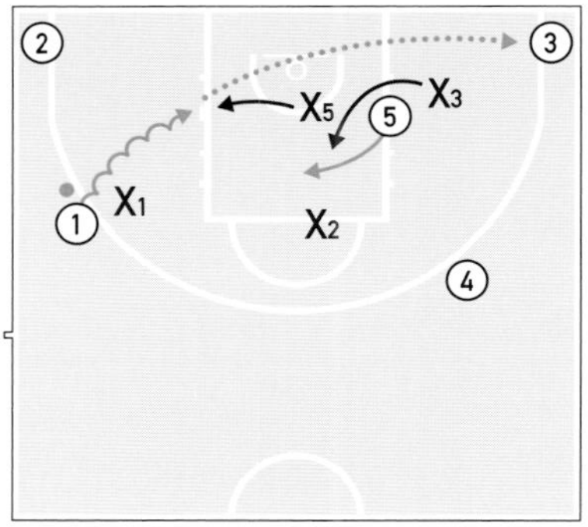

図6-53

（2）ジョーカーとしてのインサイドプレーヤーの役割

図6-54は、①がベースラインドライブをしかけたときのジョーカー⑤のプレーオプションを示しています。ディフェンスX_5が①のヘルプに行った

とき、ジョーカーとしての⑤には、(1)ゴール下に向かうサークルムーブ（シュートをねらう）、(2)コーナーからヘルプに寄っているX_3へのシール（シュートをねらう）、(3)X_3へのスクリーン（コーナーに戻れないように）、という３つのオプションがあります。しかしジョーカーの役割として強調したいのは、相手との駆け引きや状況に応じて、細かく対応を変化させるということです。ひとつのオプションをねらって動くのではなく、ディフェンスの位置によって自分が攻めるのか、あるいはディフェンスのローテーションやスクリーンの状況によって他のプレーヤーをいかすのか、といった臨機応変な対応で貢献できることが重要です。

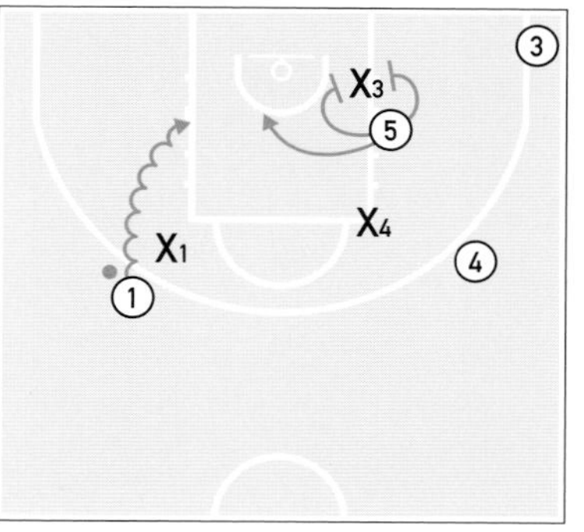

図6-54

ブレイク3（B3）

図6-55は、ボールマンの逆サイドのアウトサイドに３人がポジショニングしているブレイク３のシチュエーションを示しています。左サイドのスロットにボールマンがいて、ヘルプサイドのコーナーに③、ウイングに⑤、スロットに④がポジショニングしている状況です。

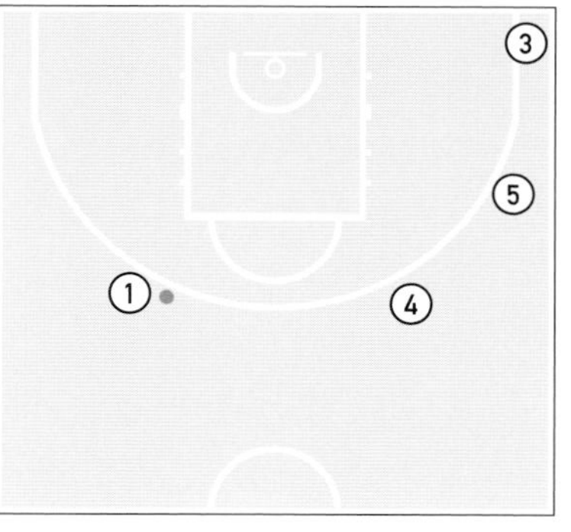

図6-55

ヘルプサイドのアウトサイドに３人がポジショニングするブレイク３は、**図6-56**に示すように、ボールマン①のドライブに対してコーナーのディフェンスX_3がヘルプに出て、右サイドが一時的に３対２の状態になったとしても、ウイングのディフェンスX_5がコーナーへ、スロットのディフェンスX_4がウイングへ追いつくことができます。さらには最初にボールマンのヘルプに出たコーナーのディフェンス（X_3）がスロットへローテーションすることで3対2から3対3へのマッチアップが容易にできてしまいます。すなわち、ハーフコートの縦半分のスペースでブレイク3のシチュエーションになったとしても、アウトサイドで3人が待つ3対2はディフェンスのローテーションが間に合ってしまうのです。

(1) ウイングからのファーストダイブ

アウトサイドに3人ポジショニングするブレイク3では、**図6-57**のように、ウイングがファーストダイブすれば、アウトサイドのマッチアップがしにくい状態になります。また、ダイブしたプレーヤーのディフェンスの判断（自分のマークかコーナーへのヘルプか）を迷わせ、プレッシャーを与えることもできます。ツーガードのポジションにいた④はウイングを埋めるように動きます。

ボールマン①のアタックがミドルドライブだった場合、**図6-58**のように、スロットのディフェンダーX_4はスロットエリアに背を向けてヘルプポジションをとります。そうすると⑤のファーストダイブによって空いたウイングエリアはスロットのヘルプディフェンスX_4にとってブ

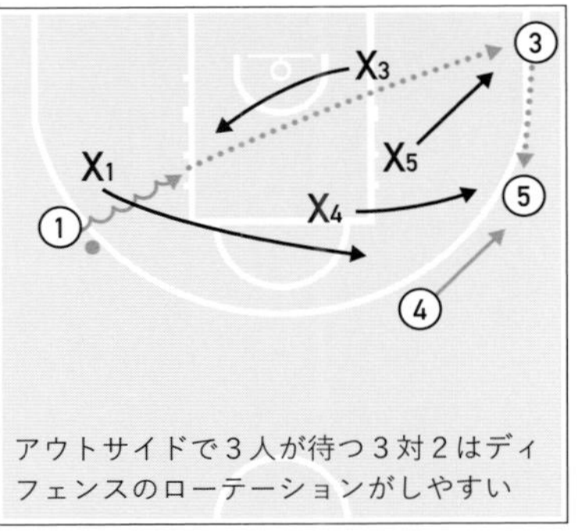

図6-56

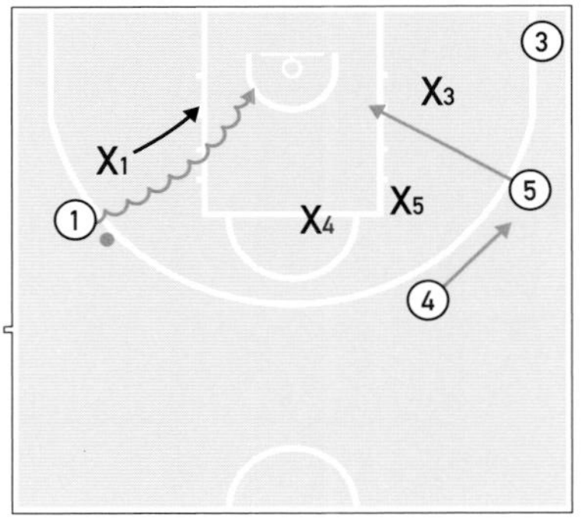

図6-57

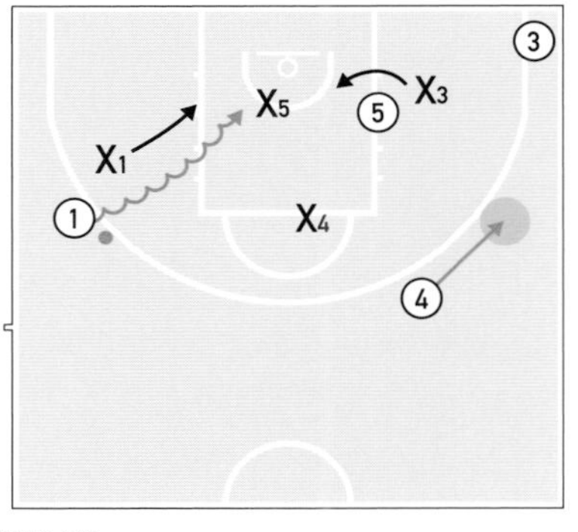

図6-58

第2部

ラインドとなり、④のスロットからウイングへのドリフトが効果的になります。そのような意味でも、アウトサイドに3人ポジショニングしているブレイク3におけるウイングのファーストダイブにはメリットがあり、重要だということです。

(2) ファーストダイブのコースの変更

このようなボールマンのアタックと同時にファーストダイブをおこなうブレイク3のことを「ファーストダイブ+ブレイク2」と呼んでいます。アウトサイドのマッチアップがしにくい状況をつくりだすメリットはあるのですが、ウイングからのミドルラインドライブとヘルプサイドウイングからのファーストダイブのタイミングが重なると、スペースが狭くなってしまう問題が発生します。そのような場合は、ボールマンのドライブが優先されますので、ボールマンのドライブのコースによってウイングのファーストダイブのコースは変えなければなりません。

フリースローラインの中心を「ネイル」と呼びますが、**図6-59**に示すように、ネイルよりもハイサイドに向かうようなドライブアタックに対しては、ウイングはダンカースポット（ショートコーナー）にダイブをします。ネイルよりもローサイドに向かうドライブアタックに対しては、ゴールに向かってダイブをします。

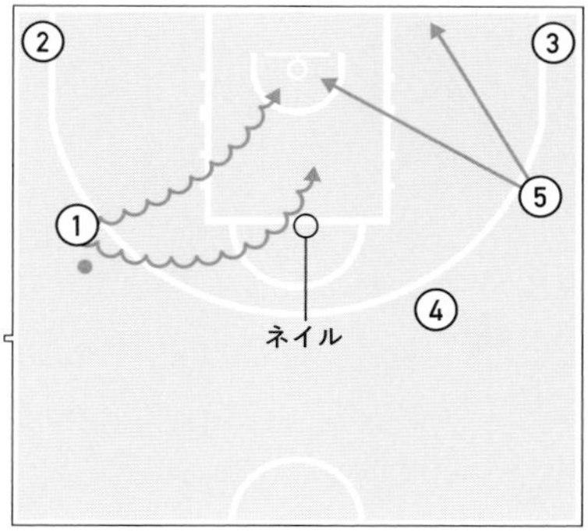

図6-59

ネイルに向かうドライブに対しては、トップのディフェンスが寄りがちになります。そのときにウイングのプレーヤーがダンカースポットにダイブすることで、ウイングのエリアがオープンになり、トップのポジションにいるプレーヤーがそのエリアを埋めると、3ポイントシュートが打ちやすくなります。

ブレイク4（B4）

ブレイク4は、ペイントアタックをしかけているボールマンとオフボールプレーヤー4人の関係性におけるサポートです。コーナーからのカウンター1対1の場合、オフボールプレーヤーのポジショニングは通常、ヘルプサイドのコーナー（③）、ヘルプサイドのウイング（②）、ヘルプサイドのローポスト（⑤）、トップ（④）となります。つまり、「ブレイク3イン＋トップ」ということです。

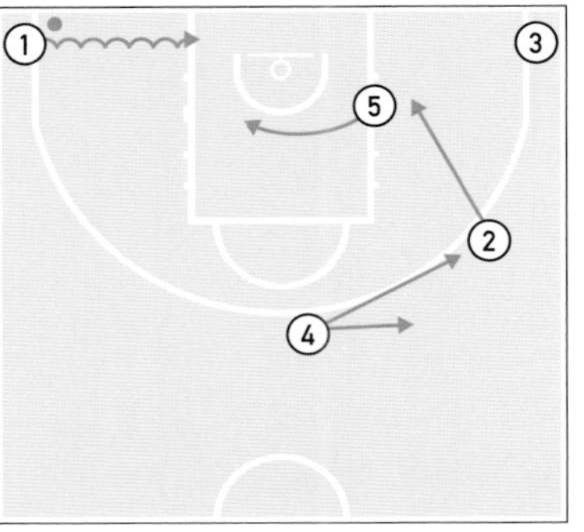

図6-60

図6-60のように、ボールマン①がカウンター1対1からベースラインドライブをした場合、まずヘルプサイドのローポストにいる⑤はミドル方向へのサークルムーブをします。同時にアウトサイドの3人のうち、ウイングにいる②はファーストダイブ、ガードポジションの④はドリフトしてウイングのポジションを埋めることでブレイク2のシチュエーションになります。

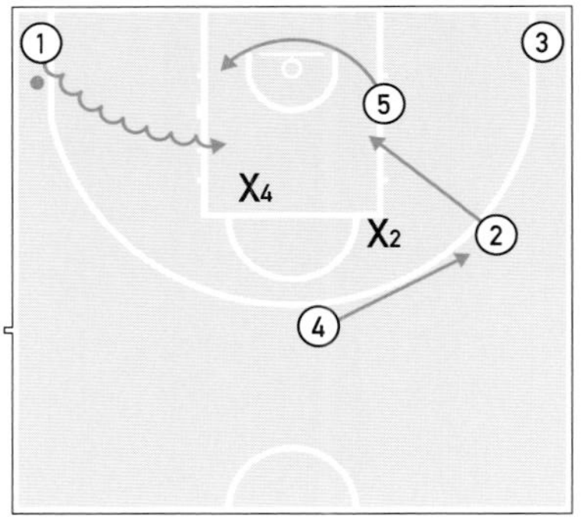

図6-61

図6-61のように、ボールマン①がカウンター1対1からミドルドライブをした場合、ヘルプサイドのローポストにいる⑤はベースライン方向へのサークルムーブをします。ウイングの②はファーストダイブをします。トップのポジションにいる④はウイングへ移動します。ミドルドライブの場合は、ウイング②のダイブが効果的です。①のドライブにX_4が寄れば、ウイングのディフェンスX_2は自分のマークマン（②）だけでなく、ウイングにいる④にも目を向けなければならないからです。

■ ■ ■

どのようにクリエイトするかはチームによって考えるべきことです。しかし、ブレイク１～４のサポートについては、バスケットボールをプレーするうえで共通しています。バスケットボールという競技だからこそできるシステムともいえます。

ブレイク１～４についてについてコート上の５人が瞬時に判断し、ボールマンが即興で選んだプレーに対して、まわりの４人が協力する状態を40分間維持し続けることができれば、かなり強力なオフェンスになると考えています。これまでは、連携したチームプレーについて「何をがんばるのか」については漠然としていましたが、解像度を上げて説明しようとすれば、それぞれの選手がここで紹介した「サポートをがんばる」ということになります。ボールを持っていないときの貢献がチームのパフォーマンスに大きな影響を与えるという実感を持たせることが重要です。

5　フィニッシュの段階

状況 ▶ シュートを打つ段階
目的 ▶ 期待値の高いシュートを選択する
▶ セカンドチャンスとトランジションディフェンスに備える

シュートを打つ段階のことです。いくらクリエイトして良いチャンスをつくっても、あるいはブレイクからサポートによるチャンスが生まれたとしても、そのチャンスをいかしきってシュートを決めることができなければ何にもなりません。ある選手が特定のエリアや距離、タイミングが整った完全なオープンの状況でなければシュートを決めきれないとすると、チャンスやブレイクの段階に大きな負荷がかかります。逆にわずかなチャンスでも取りきることができれば、ディフェンスは早いタイミングで人数をかけてヘルプしなければならず、その意味でも大きな負荷をかけることができます。

原則❶ 意図的にシュートを選択する

目的 ▶ 期待値の高いシュートを選択する

オフェンスでは期待値の高いシュートを打ちたいのですが、この段階で大切なことは、期待値を意識できているかどうかということです。

まずは期待値の最も高いペイントエリア内（ゴール付近）のシュートか、フリースローを積極的にねらっていきたいものです。前者はもちろんのこと、後者も積極的にペイントアタックをねらうことでフリースローを得る確率が上がります。

フィニッシュに持ちこむ理想の位置は、「トップ・オブ・ザ・リム」や「キラースポット」などと呼ばれる、ノーチャージセミサークルの頂点です。そこをめざしてアタックすることで、ゴールの幅を使ってフィニッシュができるため、ディフェンスはブロックしにくくなります。いっぽうで、ゴール下のシュートにこだわるあまり、タフなレイアップシュートをしているにもかかわらず攻めたつもりになっている選手も見かけます。難しいシュートは見送る、つまり、コンテストされるシュートは見送る意識を持ち、意図的にシュートを選択する習慣を身につけるようにします。また、自分のシュートエリア（フリーシューティングで70%以上入る距離）を熟知して、自分のシュートエリアでのシュートを選択させる意識づけも重要です。

► ペイントエリア内のドリブルは80%のスピードでおこなう

ペイントエリア内でドリブルを100%のスピードでおこなうと余裕がなくなってしまうので、80%のスピードに抑えるようにします。また、ドリブルをピックアップするときには必ず、スコアスプレーの判断をします。先の見通しを持たずにドリブルをやめないようにすることが大切です。

ヒットファーストとバトルアーリー

ペイントアタックをするときのコツは「ヒットファースト」、あるいは「バトルアーリー」という言葉に表わされます。ディフェンスに体をぶつけられる前に、高い位置で先に自分から当たってしかけ、自分の間合いを確保します。コンタクトをしかけて、相手が飛べない状態を確認してすかさずシュートを打つことができれば、多くのブロックショットを回避できます。

ゼロステップの駆け引き

フィニッシュに入る直前のボールをキャッチアップするとき、すなわちゼロステップのときに、ディフェンスにボールを見せる駆け引きをすると、先手が取れるのでブロックさせないようにもできます。

以前（30年くらい前）は、ディフェンスにボールを見せないように指導されていました。しかし現在はあえてディフェンスにボールを見せることで、ディフェンスが手を出してきたら、その分ディフェンスのバランスとタイミングを崩すことができると考えられています。またゼロステップのときにオフェンスからしかけることで、そのあとの２歩を選択してシュートにつなげることもできます。ゼロステップでのしかけに対してディフェンスが反応しなければ、１歩目でシュートを打つことも可能です。これはシュートフェイクとは異なります。大切なことは、ボールマンが自らの意思で駆け引きをする（しかける）ことです。ペイントエリア内のフィニッシュスキルとして習得するようにします。

原則❷ リバウンドでシュートの回数を増やすことを意識する

目的 ▶ セカンドチャンスとトランジションディフェンスに備える

リバウンドポジションをとるためには、ヒットファーストでポジションファイトをすることが大切です。ヒットファーストとは自分から先にコンタクトすることです。またポジションファイトとは占有エリアを取る戦いという意味です。シュートを打つ前に、オフェンスリバウンドのポジションファイト（ポジション争い）を始めることが重要です。

原則❸ タグアップでトランジションディフェンスに備える

目的 ▶ セカンドチャンスとトランジションディフェンスに備える

オフェンスからディフェンスへの移行をスムーズに、しかもシームレス（つなぎ目がない状態）におこなうことをめざします。

タグアップ戦術

オフェンスからディフェンスへの移行をシームレスにおこなうために、タグアップ戦術を取り入れることがあります。タグアップ戦術とは、**図6-62**のように、チームの５人がオフェンスリバウンドの際にディフェンスよりもインサイドのポジションをとろうとせず、ディフェンスを押しこむタグアップをしながらリバウンドに備えるという戦術です。相手にディフェンスリバウンドを取られても、**図6-63**のように、オフェンスからディフェンスに切り替わった時点で自チームのゴール側にポジションをとっていることになり、セーフティも必要なく、「攻撃から守備への局面」にスムーズに移行できます。この場合、次の「攻撃から守備への局面」においてチームのねらいがフルコ

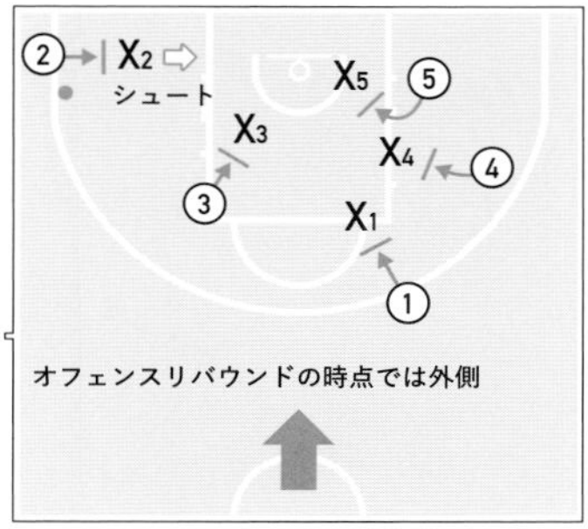

図6-62

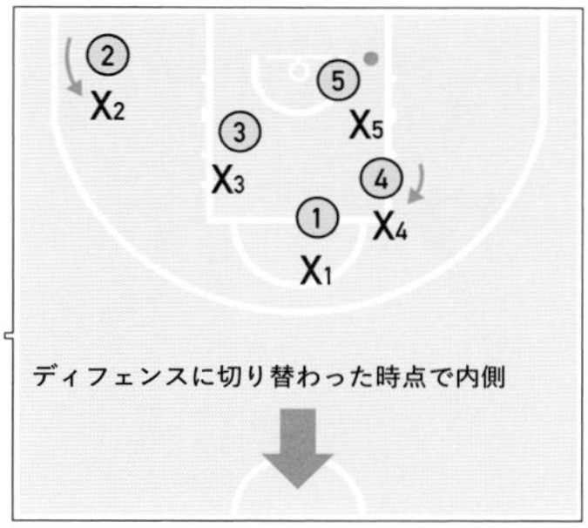

図6-63

ートのプレッシャーをかけることであれば、タグアップがより効果を発揮することになります。

ただし、ディフェンスがシュートコンテストをしたあとシューターに対してボックスアウトをせずにそのまま速攻に走りだすフライバイ＆リークアウトの動きをしてきた場合は、注意しなければなりません。タグアップをチームの原則に設定していたとしても、「失点をしない」というディフェンスの目的からすると、リークアウトするプレーヤーに対してはセーフティで備えることが優先されます。

第7章

ONZUKA METHOD | CHAPTER 7

5段階の原則：ディフェンス編

●ディフェンスの5段階と目的

ディフェンスの目的は「相手の得点を防ぐ」ことであり、「オフェンスに対して非効率なプレーを誘発し、期待値の低いシュートを選択させる」ことをめざします。心がけたいことは、ミスを誘うことです。それができない場合は、難しいシュートを打たせる、それも「1回の難しいシュート」で終わらせる」ことをめざします。難しいシュートとは、正しくコンテストされたシュートです（P.175参照）。当然ながら、期待値は低くなります。その悪い条件下でのシュートを、打たせるとしても1本だけ打たせて、ディフェンスリバウンドを確実に取る（セカンドチャンスを与えない、相手にオフェンスリバウンドを取らせない）、そのことがすなわち「相手（オフェンス）からボールを奪う」ことであり、ディフェンスにとって最も重要となってくるのです。

ただし、「シュートを打たせない」ことを目標にしてしまうと、打たれたときにその目的が達成されず、メンタル的にもダメージを受けてしまう場合があります。「シュートは打たれるものだから、ならば悪い条件下でのシュートを1回だけ打たせる」と考えたほうが効果的なディフェンスができるのではないかと考えます。

また、相手がどのような選手かによって、選択的にディフェンスをおこなう余裕を持つことも重要です。相手が何を得意としているのか、あるいは相手の不得意なプレーや非効率なプレーを誘発するにはどうしたらよいのか、といったことを瞬時に判断して選択することが大切になってきます。例えば相手がシュートを得意としない選手であれば、必要以上に間合いを詰めないという判断もあり得るのです。

ディフェンスの５段階とは以下の５つです。

1. キャスティングの段階　2. クリエイトの段階　3. チャンスの段階

4. ブレイクの段階　5. フィニッシュの段階

攻守は常に表と裏の関係にあるため、「ディフェンスの５段階」もオフェンスのそれと対となる段階設定にしています。

1　キャスティングの段階

状況 ▶ 攻防が切り替わって、ディフェンスをビルドアップする段階
目的 ▶ 攻防が切り替わったときにできるだけ早く、チームとしてビルドアップができていて、ボールマンにプレッシャーがかけられる状態をつくる

ディフェンスにおけるビルドアップとは、①ゴール下を守り、②ボールを守り、③マッチアップをすることです。この順番で守っていくことによって、すばやい配役でディフェンスを始めることができます。そうすることでオフェンスの選択を期待値の低いシュートに導けると考えます。

原則❶ マッチアップを確実におこなう

目的 ▶ 攻防が切り替わったときにできるだけ早く、チームとしてビルドアップができていて、ボールマンにプレッシャーがかけられる状態をつくる

オフェンスでボールを失った瞬間に、はじめの3歩をスプリントして、マッチアップする相手を、声を出してポイントアップ（指差し）します。

声を出してポイントアップすることは、プロアマを問わず、また年代を問わず、すべてのカテゴリーにおいて重要なことです。なぜなら、それをせずに失点したときのダメージがとても大きいからです。どれだけ得点を取るトレーニングを重ねても、この原則を欠かすことで失点を重ねてしまえば、得点を取るトレーニングの意味がなくなってしまいます。

原則❷ 横にプレーさせる

目的 ▶ 攻防が切り替わったときにできるだけ早く、チームとしてビルドアップができていて、ボールマンにプレッシャーがかけられる状態をつくる

相手にダウンヒルの勢いをもたらせないよう、ゴールに向かった縦方向にドリブルやパスをさせず、横にプレーさせることで、相手の攻撃を遅らせ、マッチアップしやすい状態にします。たとえ誰かが攻守の切り替えに遅れていたとしても、リカバリーができる時間を稼げます。

また相手が横にパスを出していると「攻めよう」という感覚にならない分、ボールマンにプレッシャーをかけやすくなります。オフボールプレーヤーのディフェンスも、適切なポジショニングをしやすくなります。

原則❸ ペイントエリア内を固めて守る（シェルメンタリティ）

目的 ▶ 攻防が切り替わったときにできるだけ早く、チームとしてビルドアップができていて、ボールマンにプレッシャーがかけられる状態をつくる

アウトナンバーなど形勢が不利だったら、ディフェンスの陣形を整えて、まずはペイントエリア内を固めます。それが「シェルメンタリティ」です。

具体的には以下の３つが挙げられます。

- ２対１ならノーチャージエリアに立つ（**図7-1**）
- ３対２ならトップとノーチャージエリアに立つ（**図7-2**）
- ４対３ならトライアングルをつくる（**図7-3**）

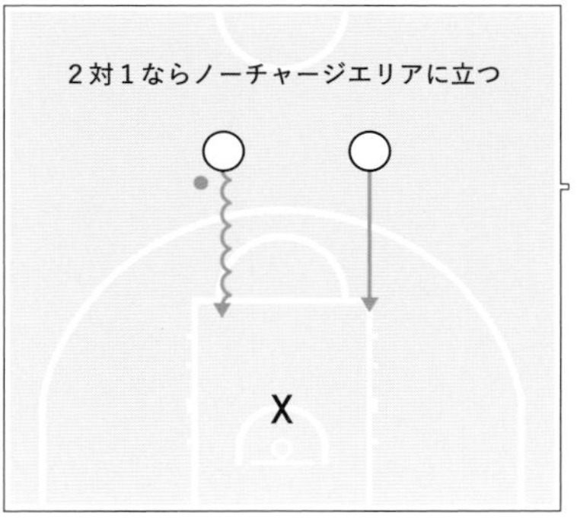

図7-1

相手に強力なポストアップのできるビッグマンがいたり、強烈なスラッシャーがいる場合は、ペイントエリアへの脅威が高まるため、ペイントエリア内を絞って守るポジショニングがより重要になってきます。

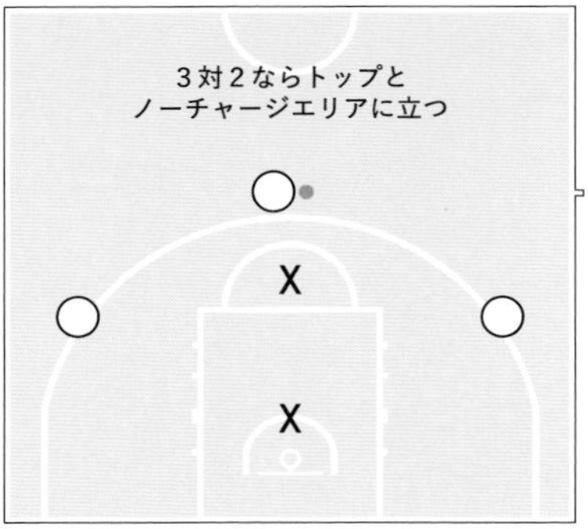

図7-2

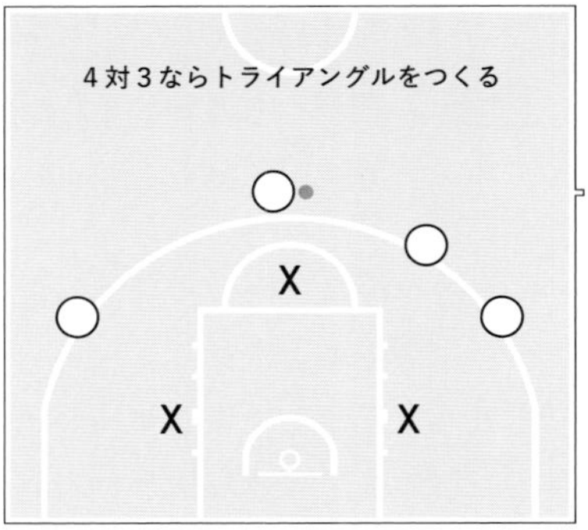

図7-3

形勢が有利な場合は常にボールにアプローチし、自分たちが主導権を握るチャンスを探すようにます。有利とは、ディフェンスのオーバーナンバーであり、イーブンナンバー（同数）でも相手が迷っていたり慌てていたりしている状態のことです。ただし、この場合のイーブンナンバーは、自分たちが相手に正対している状態であり、またオフェンスの状態がよくないという条件も加わります。オフェンスと同様にディフェンスも、段階における形勢（有利、不利）をしっかりと掴んでプレーすることが重要です。

トランジションにおけるアウトナンバーでのディフェンス

ここではトランジションディフェンスで起こりうるアウトナンバーの場面を抽出し、その場面における考え方を示します。

（1）2対1

「ホーム」（P.166参照）と呼ばれるノーチャージセミサークルの頂点に立って守ります。よく見かける失敗例として、フリースローラインあたりで2対1を守ろうとして、バウンスパスを通され、簡単なレイアップシュートを打たれることがあります。トランジションディフェンスで2対1の状況になったら、ホームに戻ってゴールを守るようにします。

（2）3対2

ホームとネイル（フリースローライン中央、P.166参照）を守ります。このときネイルを守るプレーヤーはトップの3ポイントシュートを消しながら守ることが重要です。失敗例として、ディフェンス２人が横に並んで守る場面を見かけます。それだとホームを守ることができません。３対２においてディフェンスが横に並んで守るということは、原則的にはあり得ません。ボールマンがその状況を見たら、２人のディフェンスの間を突破してレイアップをねらうからです。

（3）4対3

ディフェンス３人が手を広げて並んだ状態を「ウォール（壁）」といいます。ウォールをつくって「その先には行かせないぞ」と意思表示するようにして、ペイントエリアを絞って守るようにします（**図7-4**）。

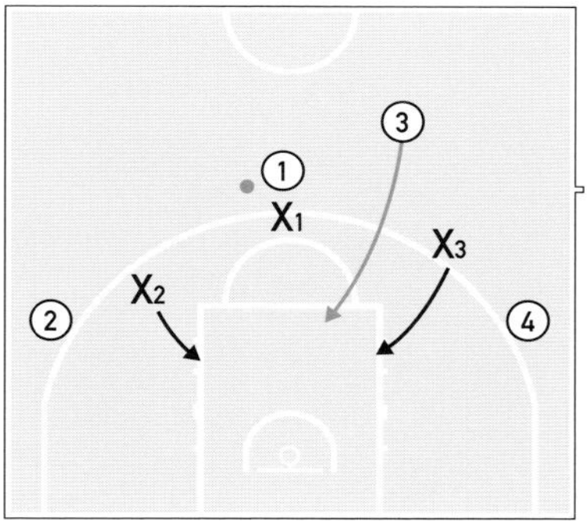

図7-4

相手のビッグマンがリムランをしていたら、両サイドは下がって、ペイントを守ります。ディフェンスが下がっているサイドのウイングにパスをされたら、下がっていたボールサイド側のディフェンスが出て、３人でローテーションをします（**図7-5**）。

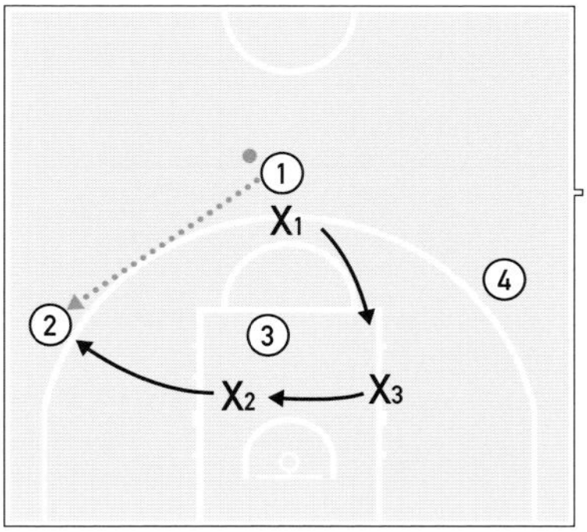

図7-5

遅れて戻ってきた４人目のディフェンスはトップのプレーヤー、もしくはヘルプサイドのウイングを守りに行きます。トップを守るのかあるいはウイングを守るのかは、そのときのマッチアップの状況によります。簡単な約束事を決めておくのであれば、ヘルプサイドから埋めていくようにします。

この状況では、ウイングにパスを出されたほうが守りやすくなります。トップのプレーヤーがボールを持っていて、インサイドへパスを入れる可能性があることのほうが守りにくいということです。ウイングにパスを出させておいて、ボールサイドに寄ることでボールサイドのディフェンスを厚くして、遅れて戻ってくるプレーヤーがヘルプサイドから埋めていけるようにします。まずはボールサイドを守り、遅れてヘルプサイドをリカバリーしていくという考え方です。

（4）5対4

ダイヤモンドで守ります。トップの３ポイントシュートを消して、かつダイブへのパスを絞ってウイングにパスを出させます。この状況でも、ボールサイドを埋めてからヘルプサイドをリカバーしていくという考え方は同じです。

2 クリエイトの段階

状況 ▶オフェンスとの間にズレや穴をつくらせないようにする段階
目的 ▶相手の戦術（クリエイト）を読んで、セカンドオプションを選択させる
▶出どころを苦しめる

オフェンスが意図を持ってチャンスをつくろうとしてくることを妨害する段階です。オフェンスのクリエイトに対して、そのクリエイトをどう妨害していくかを考えていきます。

原則❶ 相手の戦略を読み解き妨害する

目的 ▶相手の戦術（クリエイト）を読んで、セカンドオプションを選択させる

ディフェンスにおけるクリエイトについては、火事の対策を例にするとわかりやすいかもしれません。火事の対策には「防火」と「消火」があります。防火とは、火が出る前にそれを防ぐことで、消火は出た火を消すことです。それをバスケットに置き換えると、「防火」はエントリーパスをさせないなど「相手が戦術を遂行する前に止めること」です。「消火」はピック＆ロールの対応をトレーニングするなど、「相手の戦術の遂行を止めること」です。ディフェンスでは、この「防火」と「消火」をはっきり分けて考える必要があります。

こうした発想を持ってオフェンスにセカンドオプションを選択させるとき、構造そのものからセカンドオプションにさせるのか、戦術のセカンドオプションにさせるのかという視点も、同時に持つ必要があります。この２段構えで相手の戦術を消せると、ディフェンスが強いと言えるでしょう。防火をしておいて、消火もできるようにしておきます。戦術のセカンドオプションに

させるのは、そのほうが消火しやすいからです。セカンドオプションは文字どおりオフェンスにとって2番目の選択肢であり、メインではない分、得点する確率の低い戦術だと言えます。

例えば、相手はビッグマンの高さを活用して、ミスマッチで優位に立とうしているのか。それとも、そのビッグマンはおとりで、実はディフェンスの目をペイントエリアに向けておいて、シューターの3ポイントシュートを多用したいのか。それらをスカウティングで分析し、情報をチームで共有しておきます。相手のやりたいことに対して、それをピンポイントで妨害することによる質の高いプレッシャーディフェンスをめざします。

►コーチングのおもしろさは戦略へのアプローチにもある

相手の戦術の構造やその背景にある戦略を読み解くことがコーチングのおもしろさのひとつだと考えています。スカウティングをするときに相手が「何をやっているのか？」よりも、相手が「どのような考えでこの戦術を使っているのか？」を読むのです。つまり戦術だけを読むのではなく、思い描いている戦略までの読み合いができるようになると、コーチングのおもしろさが広がっていきます。また、コーチがそのような視点を持つことができれば、選手たちも「こういう目的だから、この戦術を使うのか」といった戦術的理解が上がると考えています。

原則❷ 戦術を予測してポジショニングをする

目的 ▶ 相手の戦術（クリエイト）を読んで、セカンドオプションを選択させる

まず、相手のオフェンスが1対1でクリエイトして、オフェンスにおける個の優位性を発揮しようとしているときには、その対処として、ボールマンがドライブするスペースを隣の選手が絞ります。このことで、1対1のスペースがなくなり、ペイントアタックが難しくなります。効果的なポジショニングによって、個の戦いから総力戦に持ちこむイメージです。

■ ■ ■

▶オフボールプレーヤーのディフェンスはボールマンの意図を読みギャップヘルプをおこなう

オフボールプレーヤーのディフェンスは、まずボールマンの意図を読みます。ボールマンに脅威があるときはドライブが予測されるので、ギャップヘルプをおこないます。ただし、パスを選択するようであれば、すばやくディナイに移行します。つまり、相手にとって何が一番嫌かをすばやく判断して、行動に移すことが重要です。

ギャップヘルプ

ギャップヘルプとは、**図7-6**に示すように、ワンパスアウェイの位置(P.196参照)で守っているディフェンスが、自分のマークするオフェンスとボールマンを結んだラインから50センチほどの位置に立ち、ドライブコースとスピードのパスを阻止するディフェンスです。すべてのボールの移動に対して、チーム全体としても、拳のような塊として連動し、小さく守る陣形をとることが大切です。ボールマンがワンパスアウェイの位置にいてドライブをしようとしているなら、ギャップヘルプのポジションに立つべきです。

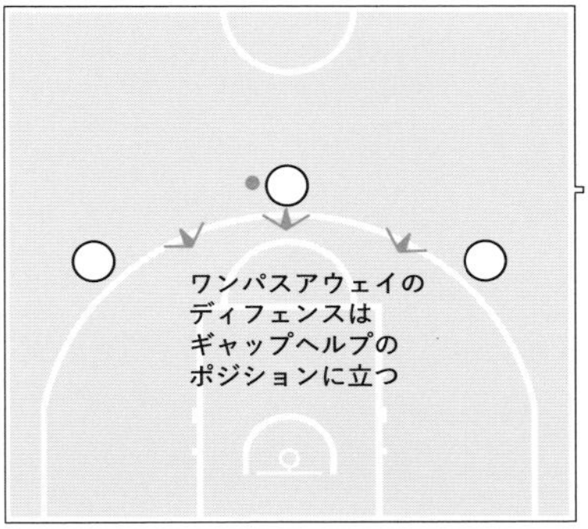
ワンパスアウェイのディフェンスはギャップヘルプのポジションに立つ
図7-6

実際にドライブをしかけてきたら、ヘジテーション(P.233参照)をして、ドライブコースに手を入れてヘルプをねらいます。インライン(ゴールライン、P.246参照)にパッと手を出して、ヘルプに行くぞと見せかけるのです。それでボールマンがドライブをやめてくれたら好都合です。このとき胸までインラインに入れてしまうと、キックアウトパスを出されて不利な状況になるので、ギャップヘルプではヘジテーションをうまく使うようにします。ボールマンにドライブの脅威がないときは、パスに対する準備に重きを置きます。

ネイルとホーム

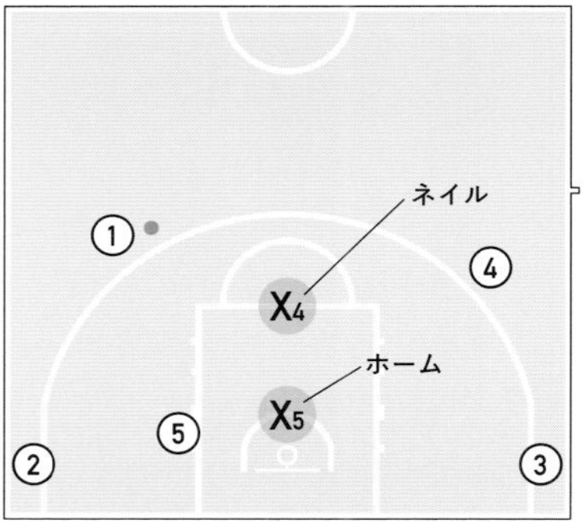

図7-7

ヘルプサイドのディフェンスのポジショニングについて説明します。相手のクリエイトに対してヘルプサイドのディフェンスは原則として、**図7-7**に示す「ネイル」と呼ばれるフリースローラインの中央のポジションと「ホーム」と呼ばれるノーチャージセミサークルの頂点のポジションを埋めます。相手のペイントアタックを阻止するためにも、ローテーションするためにも、このネイルとホームを埋めておくことが重要です。相手の戦術であるペイントアタックの強みを消してセカンドオプションにさせるためにも、効果的なポジショニングです。

ボールがどちらか一方のサイドにあり、このとき一般に「３線」などと呼ばれるツーパスアウェイ（P.196参照）にいるディフェンスについては、ペイントアタックが起こりそうなときは、相手のクリエイトが１対１であろうがピック＆ロールであろうが、原則的には高い位置を守っているディフェンスがネイルを埋め、低い位置を守っているディフェンスがホームを埋めます。

ネイルとホームにポジショニングするタイミングが、ヘルプをするときではなく、相手のクリエイトが始まる段階です。少なくとも片足はネイルとホームに入れておく必要があります。このオフボールプラーヤーのポジショニングは、相手のクリエイトに気づけるかどうか、つまり戦術的理解力が問われるものであり、そのためには、ポジショニングの姿勢や目線（視野）の正確さも求められます。ネイルとホームを埋めることによって、チャンスの段階に入ったと思っていたオフェンスが次の選択肢としてコーナーなどにスキップパスを飛ばして、カウンター１対１をしようとすることがあります。しかしそれは、オフェンスにとってのサードオプション（第三選択肢）と言えます。つまり、ディフェンスが主導権を握っていることを意味します。なぜなら、ディフェンスは相手がコーナーからねらおうとしているカウンター1対1に集中することができるからです。

ディフェンスは、ネイルとホームを埋めたことで、相手がコーナーにスキップパスを飛ばすであろうことを事前に理解しておけば、コーナーからのカウンター1対1を守る準備にスムーズに入ることができます。それは絶対にここに来る（例えばコーナーにパスが来る）とわかっているところを5人で守ることになるので、有利な状態で守ることができます。

ディフェンスがねらいを持って守ることによって、相手のスキップパスが必ずしもナイスパスにはならなくなります。そう考えると、クリエイトの段階でネイルとホームを埋めておくことは、非常に効果的と言えます。ディフェンスで使う「プレッシャー」という言葉には、オフェンスのねらいに対して、オフェンスの望まない影響を与えることも含まれているのです。

原則❸ ボールマンは先手を取ってボールに対してプレーする

目的 ▶ 出どころを苦しめる

「原則❶ 相手の戦略を読み解き妨害する」「原則❷ 戦術を予測してポジショニングをする」の2つの原則を理解したうえで、ボールマンディフェンスは先手を取ります。

▶ボールマンには一方の手でボールに、もう一方の手でパスに対応する

具体的には、ボールの上に蓋をするようなイメージでボールに手を当てておけば、相手はシュートフェイクができません。そうなるとパスかドリブルのうちのひとつを守ればよいという考えになります。例えば、ドリブルに対してはボディアップ（相手に接近するディフェンス）で相手にプレッシャーをかけ、厳しくアプローチをします。パスに対してはもう一方の手をコースに出して、受け手のディフェンスがディナイを強めて、パスコースをさらに狭めます。ボールに手を当てて守らないと、パスとドリブルに加えてシュートまで守らなければいけなくなり、選択肢が3択に増える分、ディフェンスが難しくなります。相手のボールに手を当てて守ることで先手を取り、プレーの選択肢を狭めることをめざします。

3　チャンスの段階

状況 ▶シュートエリアにいるボールマンに対して、空間またはサイズなどのズレをできるだけ最小限に抑える段階

目的 ▶オフェンスのチャンスの穴を埋める

▶チームでペイントエリアを絞る

オフェンスのチャンスをすばやく予測して、先手を取って、そのチャンスを埋めにいきます。さらに、そのチャンスをいかそうとする攻撃に対して総力戦に持ちこみ、５人で協力して守れる状態をつくることも、この段階での目的になります。そのうえで、以下に示す３つの穴を理解し、その予兆を感じ、プロアクティブに（先を見越して）チームで厚く守ることが大切になります。

原則❶ カウンター１対１に対しては３ポイントシュートを打たせない

目的 ▶オフェンスのチャンスの穴を埋める

１つ目の穴は、オフェンスがカウンター１対１をしかけてくるときです。このときのディフェンスの原則は「ノースリー」、すなわち３ポイントシュートを打たせないことです。３ポイントシュートを打たせないようにすると、ドライブをされるリスクが高まりますが、それに対してはチームでカバーします。できればコンテストをしたあと、ドリブルからのロングツー（長い距離の２ポイントシュート）を打たせたいところです。「３ポイントシュートはボールマンのディフェンスしか守れない、だからその責任はボールマンのディフェンスが果たそう！」とチームで共有することが重要です。

原則❷ ミスマッチに対してはレイアップシュートを打たせない

目的 ▶ オフェンスのチャンスの穴を埋める

２つ目の穴は、ミスマッチです。これはスクリーンなどのセットプレーだけでなく、トランジションディフェンスのときにも起こります。ミスマッチには「ビッグ対スモール」と「スモール対ビッグ」がありますが、いずれにもディフェンスの原則はレイアップシュートを打たせないことです。

オフェンスが大きくディフェンスが小さい（ビッグ対スモール）の場合、ディフェンスはトラップもしくはヘジテーションを使って、簡単なレイアップシュートを許さないようにします。オフェンスが小さくてディフェンスが大きい（スモール対ビッグ）の場合、ディフェンスはヘルプとローテーションの準備を厚くしておきます。ヘルプディフェンスが「ホーム」「ヘルプ」の声を出すことで、ビッグマンはヘルプがいることを自覚して３ポイントシュートに対してもプレッシャーをかけやすくなります。

原則❸ スクリーンプレーからのリカバリーに対してはチームで守る

目的 ▶ チームでペイントエリアを絞る

３つ目の穴は、スクリーンプレーによって生まれるスクリーナーのチャンスです。オフェンスのオンボールスクリーンに対する原則として、ボールマンを止めるのはスクリーナーのディフェンスの責任です。スクリーナーの動きを守るのはチームの責任です。このように原則をチーム内で整理しておくことによって、スクリーナーがスクリーンのあとに生まれたチャンスを得たとき、そのチャンスをチームで守ることができます。また、スクリーナーのディフェンスもボールマンを守る責任を迷わず果たすことができます。

ディフェンスにおけるチャンスの段階は、クリエイトの段階と密接に関わっています。クリエイトの段階で予測・準備をしておくことで、オフェンスのチャンスをすばやく、適切に摘むことができます。

4 ブレイクの段階

状況 ▶ **ボールマンがペイントにアタックしてきている段階**
目的 ▶ **ディフェンスの優先順位を考えながらゴールを守る**

ボールマンがペイントエリアへのアタックをねらっているとき、チームで合理的に守りきることを目指します。ディフェンスの優先順位を考えながらペイントエリア内のシュートと、3ポイントシュートを消しにいきます。そのためのスペースを消し、選手間の適切な距離を保ち、位置的優位をつくっていきます。

原則❶ ペイントエリアを守る

目的 ▶ **ディフェンスの優先順位を考えながらゴールを守る**

まずはペイントエリア内を固めて、レイアップシュートを打たせないようにします。優先的に守るべきエリアは、まずゴール下であり、そのうえで3ポイントラインの外側（3ポイントシュート）になります。ボールマンがアタックを始める前に、ギャップ、ネイル、ホームに適切にポジショニングできていることが重要です。

原則❷ 相手の強みを守る

目的 ▶ **ディフェンスの優先順位を考えながらゴールを守る**

ローテーションをするときは、相手の特徴に応じて間合いを変えます。つまり、人を守るということです。女子バスケットボール日本代表では「シャツ」と「パンツ」と呼んでいます。シャツは3ポイントシューター、パンツはスラッシャーです。「彼女はシャツね」と言えば「3ポイントシュートを打たせないようにしよう」の意味です。「彼女はパンツね」であれば「スラッシャーだからクローズアウト後の間合いは長めにとろう」となります。相手に得意なことをさせないことが重要です。焦ることなく、この意識を持ってプレーし続けるように導きましょう。

原則③ クローズアウトは１人

目的 ▶ ディフェンスの優先順位を考えながらゴールを守る

ローテーションしてクローズアウトでボールマンを守りにいくときは、大きく３回「ボール」と声を出します。そうすることで２人のディフェンスがボールマンに出ていく重なりを避けます。

原則④ ギャップを絞る

目的 ▶ ディフェンスの優先順位を考えながらゴールを守る

図7-8のように、クローズアウトに出たディフェンスX_2の隣のディフェンスのX_1やX_4はギャップを絞っておく必要があります。なぜなら、ボールマン②がカウンター１対１でドライブをねらってくるからです。より強いギャップヘルプの意識を持っておきます。またクローズアウトしたディフェンスX_2も、ボールマンがドライブを選択せず、パスを出したときには、すぐにジャンプトゥザボール（jump to the ball, P.240参照）をしてギャップを絞ります。

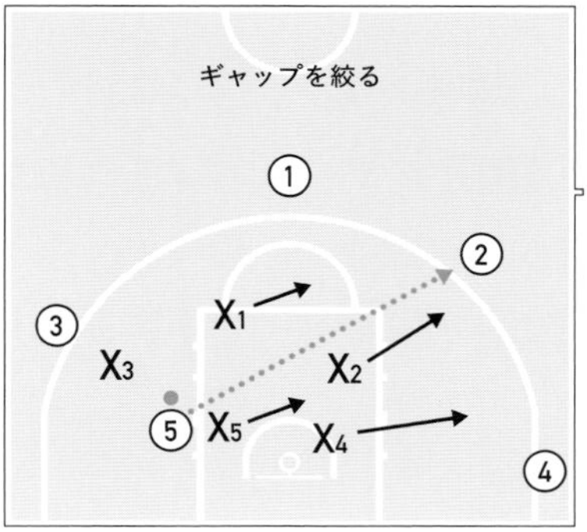

図7-8

よくある失敗例としては、**図7-9**のようにクローズアウトしたX_2がコーナーにパスを出されたことで安心して一瞬休んでしまうことです。コーナーから１対１で攻める④に対してX_2がギャップを絞るタイミングが遅れ、ヘル

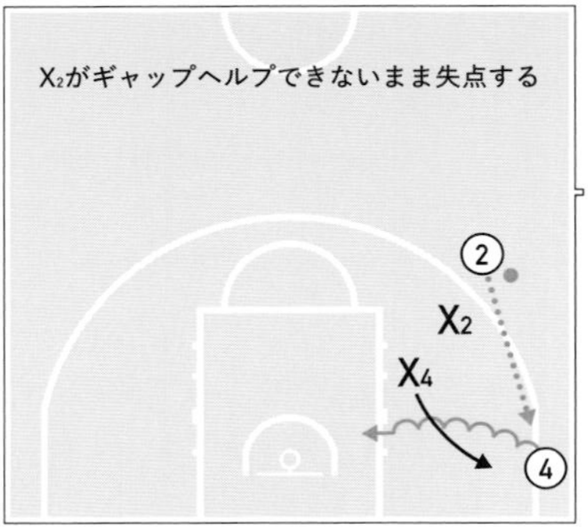

図7-9

図7-10

プができないまま失点してしまうようなケースがよく起こります。

図7-10は、②がボールを持ったときに、X_4が適切なギャップポジションに立たないことで、②のペイントアタックを許すか、低い位置から遅れてヘルプしようとして（ツーウェイクローズアウト）、④にパスをされて3ポイントシュートを許すケースです。

第2部

原則⑤ ビッグマンはローテーションに参加しない

目的 ▶ ディフェンスの優先順位を考えながらゴールを守る

オフェンスのドライブに対しては、チームとしてヘルプとローテーションで守ります。このときビッグマンはローテーションに加わらず、ペイントエリアに残ることが原則です。

スイッチローテーション

ビッグマンが抜かれて、サイズの小さいプレーヤーがヘルプに出てパスを出された場合は、ヘルプに出たサイズの小さいプレーヤーが続けてローテーションに加わります。「スイッチローテーション」や「エックスアウト（X-out）ローテーション」などと呼ばれているローテーションです（**図7-11**）。

ヘルプリカバーローテーション

図7-12に示すように、サイズの大きいプレーヤーが抜かれて、サイズの小さいプレーヤーがヘルプに出てパスを出された場合は、サイズの小さいプレーヤーがローテーションに加わります。「ヘルプリカバーローテーション」と呼ばれています。サイズの小さいプレーヤーがペイントエリアに残るとゴール下でミスマッチが起こったり、シュート後のリバウンドが取れなくなってしまう可能性があるからです。**図7-13**はヘルプリカバーローテーションですが、この場合、X_5のほうが①には近いのですが、X_5をペイントに残すために、X_2がローテーションします。

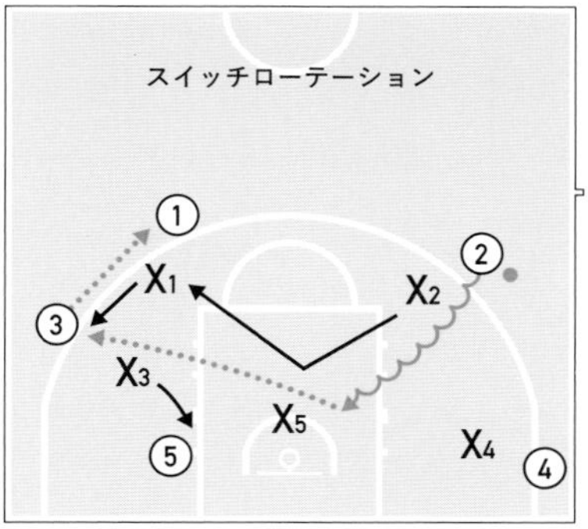

図7-11

ブレイクの段階は、攻守いずれにおいても、チャンスとフィニッシュのつなぎ目になります。余白ともいえるつなぎ目をマネジメントしておくことで、よりよい成果を出すことができます。

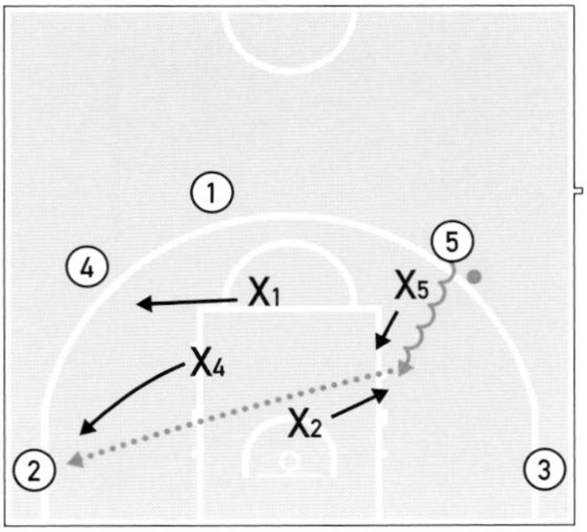

図7-12

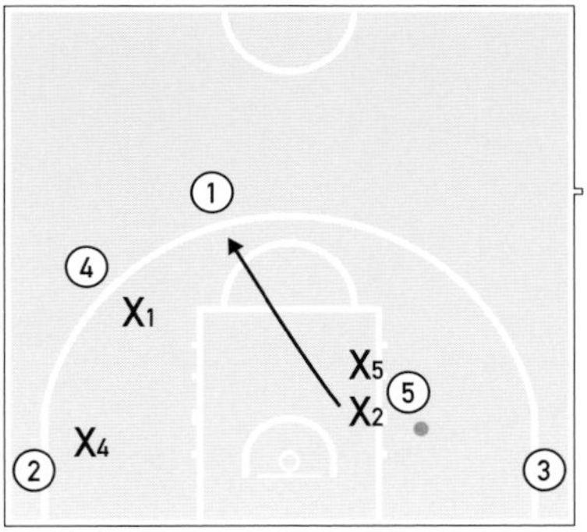

図7-13

►抜かれたディフェンスは必ず追いかける

カウンターなどでボールマンに抜かれたディフェンスは、抜かれてもボールマンを追いかけなければなりません。なぜなら、抜かれたあとについていかなければ、ボールマンにプルアップやフローター、ユーロステップなど、ヘルプディフェンスをかわすためのスキルを発揮するスペースを与えてしまうからです。抜かれても追いかけていき、ヘルプディフェンスとの距離が近くなって完全に受け渡せる状況になったら、ローテーションをおこなっていきます。

5　フィニッシュの段階

状況 ▶ **オフェンスが選択するシュートを少しでも狂わせる段階**
目的 ▶ **期待値の高いシュートを打たせない**
▶ **セカンドチャンスを許さない**

最後の詰めの段階です。相手に良いシュートチャンスを与えないために、最後の最後まで妨害できるかが特に拮抗した試合での差になります。ある意味、執念が問われる段階といってもよいと考えています。

以下に示す原則をしっかりと遂行できるかどうかが勝負の別れ目です。そのためには、どんな練習をするときでも、徹底的にこだわることをお勧めします。

原則❶ シュートコンテストをする

目的 ▶ **期待値の高いシュートを打たせない**

必ずシュートコンテストをします。シュートコンテストは、ファウルをせずに、シューターに「シュートブロックをされるかもしれない」といった最大限のプレッシャーをかけることを目的とします。たとえ遅れて間に合わない状況であっても、コンテストに行くべきです。なぜなら、相手に対して、「あいつは諦めずに戦ってくるやつだ」と刷りこむことにもなるからです。

シュートコンテストには効果的なやり方があります。シュートを打とうとするオフェンスに正対して、肩から指先までをまっすぐ伸ばし、シュートのボールがその指先を超えていくようにプレッシャーをかけることです。相手の前に立っていない状態や、単に手を上げているだけではシュートコンテストになりません。このとき、シュートに対してファウルをしないことが重要です。なぜなら、期待値の高いフリースローを相手に与えることになるからです。

原則❷ 5人でリバウンドを取る

目的 ▶ セカンドチャンスを許さない

リバウンドにつながるボックスアウトは、ステップアウト→ヒットファースト→ステップスルー（P.78参照）の順番でおこないます。足を動かし続けながらおこなうことと、チームでリバウンドエリアをカバーすることが重要です。

ここで大事にしたいのが「カムバック・リバウンド」という考え方です。簡単に言えば3人がボックスアウトをして、リバウンドに飛びこんでこないセーフティ（オフェンス）のディフェンスがリバウンドに飛びこむということです。カムバック・リバウンドは1人の場合もあるし、2人の場合もあります。

第8章

ONZUKA METHOD | CHAPTER 8

チームプレーの原則：オフェンス編

チームプレーの原則は、得点を取るために、5人が「同じページの上でプレーできるようになる」（セイムページ）、そして5人が「同じ方向を見る」という目的のために設定しています。大切なのは5人の現在地を同じにすることです。5人が同じ現在地に立ったうえで、そこからで何をするのかを決めていくことが重要です。同じ方向を見ていたとしても、現在地が異なれば原則も変わる可能性があるからです。同じページの上でプレーする感覚をチームで共有していくようにします。

●チームオフェンスの原則

得点を取るためには、チームオフェンスの原則をいかすようにします。チームオフェンスの原則とは、５人が協力して得点を取るために、どんなときに、何を優先してプレーするべきかを明確にするために設定されたものです。チームオフェンスの原則をいかすためには、個々のプレーヤーが自分の強みや役割を認識することが必要です。そうすることで優先順位、ポジショニング、ムーブメント、サポート、優位性といった視点でチームオフェンスをコントロールしながら攻めることができるようになるからです。

チームオフェンスの原則は以下の５つの視点で設定しています。

１．アタックエリアの優先順位　２．ポジショニング　３．ボールとプレーヤーのムーブメント　４．サポート　５．個の優位性

1　アタックエリアの優先順位

状況 ▶ 攻めの目的から逆算したプレーの優先順位を決める状況
目的 ▶ 攻めの目的から逆算したプレーをおこなう

「効率よく期待値の高いシュートを打つ」というオフェンスの目的から逆算して、ねらうべきエリアの優先順位に着目した原則です。アタックエリアの特徴を意識しながらチームとしてアタックします。

原則❶ 期待値の高いシュートエリアをねらう

目的 ▶ 攻めの目的から逆算したプレーをおこなう

第2部

図8-1は、期待値の高いシュートエリアを示しています。

(1) キラースポット

ノーチャージセミサークルの頂点を「キラースポット」と呼びます。このキラースポットをめがけてアタックをすると期待値の高いシュートが選択しやすく、またフリースローも得やすくなります。ゴールの左右に幅もあるため、ブロックもされにくいというメリットもあります。

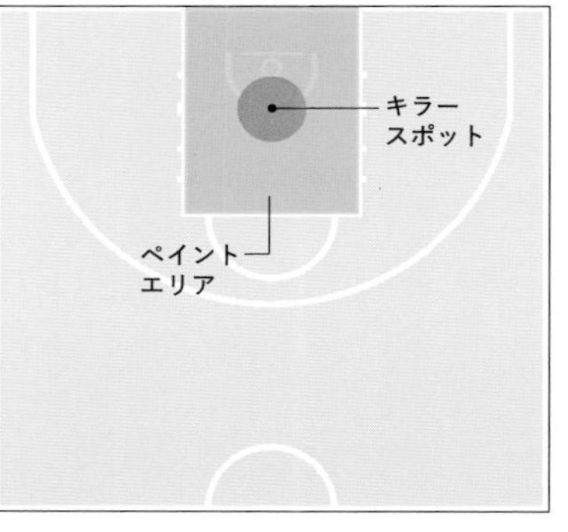

図8-1

(2) ペイントエリア

ペイントエリア全体も期待値の高いシュートが選択しやすく、フリースローも得やすくなります。

原則❷ オフェンスの要になるエリアをねらう

目的 ▶ 攻めの目的から逆算したプレーをおこなう

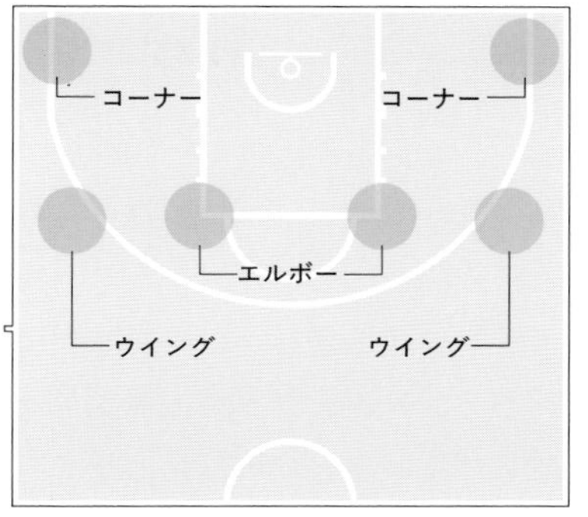

図8-2

図8-2は、オフェンスの基点や要になるエリアを示しています。

(1) エルボー

フリースローラインの両端（エルボー）は攻撃の起点になるスポットです。ゴールに向かって縦のドライブも強くできます。また360度どこにでもパスを出せて、そのあとのアクションにも移行しやすいので、攻撃の起点として有利なポジションといえます。

(2) ウイング

オフェンスのエントリーはウイングポジションから入ることが多くなります。なぜなら、１対１もでき、アクションにも移行しやすく、さらにローポストへのパスも入れやすいスポットだからです。

(3) コーナー

ディフェンスがペイントエリア内に寄ったとき、シュートチャンスをつくりやすいのがコーナーであり、3ポイントシュートを打つチャンスをねらうスポットになります。しかし、コーナーへのパスは、3ポイントシュート以外は積極的にしないほうがよいと考えます。なぜなら、スペースが狭く、またコーナーからのスキップパスはインターセプトされるリスクがあるため、それを回避するためにウイングに一度パスを戻す必要があるからです。

原則❸ オフェンスをリセットするエリアを利用する

目的 ▶ 攻めの目的から逆算したプレーをおこなう

(1) トップ

トップ（またはトップオブザキー）とは、ゴールとエルボー（フリースローラインの両端）を結んだ仮想線の延長線上にある「スロット」あたりのエリアを含み、ボールを保持してオフェンスを組み立てる起点にします。スロットから縦にドライブする「スロットドライブ」は効果的な攻めになります。

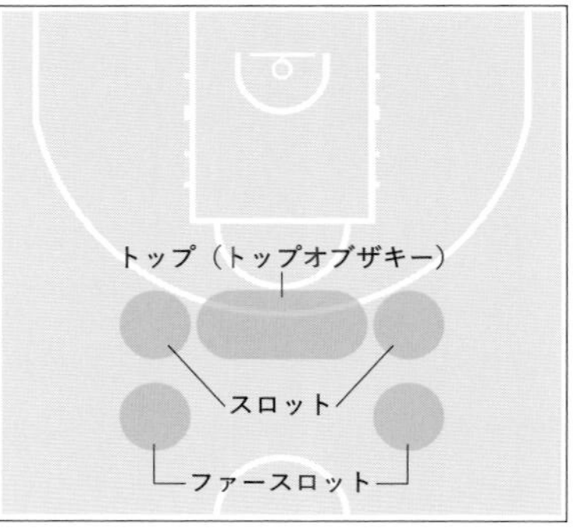

図8-3

(2) ファースロット

攻撃のリセットをするスペースです。

■ ■ ■

コーナーの利用価値

前述しているように、私の考えでは「コーナーにボールを落とそう」という感覚はありません。コーナーにパスをするときは、もはやシュートかカウンター１対１のときだけです。ボールまわしのためだけにコーナーにボールを落とすことは、さほど大きな意味を持たないと考えています。

コーナーにボールを落としても、ボールを展開しようと思えば、ウイングに戻さなければならず、時間がかかってしまいます。それを打開するためにスキップパスをねらうという考え方もありますが、インターセプトをされたら、そのままファストブレイクに持ちこまれてしまうリスクが高くなります。そのため、コーナーよりもエルボーやウイングを優先順位で上位にしています。また、ボールムーブの一環としてコーナーにボールを落とすだけなら、コーナーとトップの優先順位はあまり変わりません。

ただし、コーナーのディフェンスがヘルプに寄ったときに、そのディフェンスに代償を支払わせるべく、シュートを打たせるためのパスをするのであれば、コーナーのほうが戦術的に優先順位も高くなります。つまり、ボールムーブを目的とすること以外では、コーナーのディフェンスがポジションを絞っていることが多い分、戦術的でもあります。戦術的視点ではトップよりもコーナーを上位に位置づけています。ただし、コーナーにパスをするには技術も必要になることに注意する必要があります。

►コーナーからの3ポイントシュート

2011年のFIBA（国際バスケットボール連盟）によるルール改正により、3ポイントラインの距離が現行のものになった結果として、コーナーからの3ポイントシュートを積極的に取り入れようという考え方が出てきたようです。

同じ3ポイントシュートでも、コーナーはトップやウイングに比べて距離が少し短いということもありますが、コーナーからの3ポイントシュートを積極的にねらうのは、ディフェンスのローテーションの関係で、シュートのオープン率（ノーマークになる確率）が高くなるのがおもな理由です。

トップやウイングなどでキックアウトパスを受けても、近くにいるディフェンスがローテーションで間に合うことがあります。しかし、コーナーを利用したオフェンスでは、ディフェンスが間に合わないようにデザインされていることが多く、コーナーの3ポイントシュートはオープンで打つことが多くなります。

ディフェンスはチャンスのエリアやスポットに対応して、そこを塞ぎに来ます。そうしたせめぎ合いからゲームが展開していくことが、バスケットボールというゲームの特質でもあることを理解してほしいと思っています。

2 ポジショニング

状況 ▶ **チームで有利にプレーするために適切なポジショニングを決める状況**

目的 ▶ **ポジションの優位性のためにスペースをつくり、プレーヤー間の適切な距離を保ち、位置的優位性をつくる**

チームで有利にプレーするためのスペースをつくり、プレーヤー間の適切な距離を保つためのポジショニングの原則です。

チームオフェンスにおける適切なポジショニングとは、オフェンスからすると連携しやすく、ディフェンスからするとヘルプしにくいポジションを意味します。いっぽうでディフェンスにとってヘルプしにくいポジションとは、ボールマンのアタックをヘルプしたときに、リカバーができない（自分のマークマンへの戻りが間に合わない）距離のことで、またヘルプしたことへの代償を払わなければならない距離のことでもあります。

原則❶ ボールマンがチャンスのときはダブルギャップをとる

目的 ▶ **ポジションの優位性のためにスペースをつくり、プレーヤー間の適切な距離を保ち、位置的優位性をつくる**

ボールマンがドリブルでアタックしようとするときはダブルギャップをとります。ボールマンがパスまたはアクション（グループ戦術）を選択するときはシングルギャップをとります。プレーヤーはすばやく判断し、ポジショニングでの連携がとれるようにします。

原則❷ ボールマンがチャンスではない（またはイーブン）のときはシングルギャップをとる

目的 ▶ ポジションの優位性のためにスペースをつくり、プレーヤー間の適切な距離を保ち、位置的優位性をつくる

ボールマンがチャンスではない（またはイーブン）のときはシングルギャップをとります。ボールマンがプレッシャーリリース（プレッシャーを回避するスキル）をするためです。短く安全なパスを出せるポイントをつくります。シングルギャップのポジションでパスを受けることをねらいますが、パスを受けることができなければハンドオフにいくなど、確実にボールをつなぐことを意識しながらポジショニングすることが重要です。

■ ■ ■

►必ずコーナーに1人配置する

私はアライメントを決めるとき、必ずコーナーに１人配置すると決めています。どんなアライメントであっても、ヘルプサイドのコーナーには必ず1人がポジショニングしていることが前提です。サポートするプレーヤーもヘルプサイドのコーナーを埋める意識を持つことにつながります。

ヘルプサイドのコーナーに配置する理由は、ボールマンの意思とは関係なく、必ずそこにいられるからです。ボールサイドのコーナーは狭いときがあり、プレー（ボールと人の動き）の邪魔になることもあります。しかしヘルプサイドのコーナーであれば、ボールがどこにあろうが、邪魔になりません。

ヘルプサイドのウイングとコーナーとでは、ボールとの距離（ギャップ）からすると、コーナーにいたほうが効果的と考えます。そのコーナーにいるべきプレーヤーが中途半端にポジションで浮いてくると、他のプレーヤーとのスペースが重なってしまうリスクがあるので注意する必要があります。

コーナーの選手は自分をマークするディフェンスがペイントでヘルプポジションをとっているときはボールを呼びこむようにします。ペイントに入らず自分をマークしているときは、死角をついてゴール下に飛び込んだり、ウイングの選手にフレアースクリーンをセットするようにします。

3　ボールとプレーヤーのムーブメント

状況 ▶チームで有利にプレーするためのボールとプレーヤーの動きを決める状況
目的 ▶ディフェンスのバランスを崩し、チャンスをつくる

チームで有利にプレーするためのプレーヤーとボールのムーブメント（動き）の原則です。ボールとプレーヤーがテンポよく、しかも広範囲で、深く動くことによってクリエイトし、ディフェンスのバランスを崩して、ズレや穴などのチャンスをつくりだしていくことをめざします。

原則❶ ペイントエリアにボールを入れる

目的 ▶ディフェンスのバランスを崩し、チャンスをつくる

チームオフェンスを展開するときに、まずペイントエリアにペネトレートパスを入れることをねらいます。ペイントエリアにディフェンスが寄ることでアウトサイドへの展開が見込めるからです。

１回の攻めで１度はペイントタッチすることをめざします。カッティングやポストアップしたプレーヤーへのパス、ドリブルドライブなど、チームにとって最適な手段でトライします。

原則❷ カウンター1対1をねらう

目的 ▶ディフェンスのバランスを崩し、チャンスをつくる

特に「カウンター1対1」を見逃さないことが大切です。そのためには一人ひとりのメンタルスピードを上げて、ボールを受ける前に文脈を読んでおくことが重要になります。ボールを受けるときには、すでに次のプレーが決まっている、つまり、攻める決断をしていて、あとはディフェンスを読んで相手をどうやっつけるかということに意識を向けます。攻めるかどうか迷いながらディフェンスを読むことは非常に困難です。

カウンター1対1のチャンスを見逃すと、チームのリズムが崩れてきます。なぜなら、攻めるサポートとつなぐサポートは異なるからです。チャンスができているのにリズムがつかめず、プレーが合わなくなるのは、このチャンスを見逃していることが原因かもしれません。

►最も重要なプレーは「ネクストプレーだ」

「コーチＫ」として知られる、デューク大学の前ヘッドコーチ、マイク・シャシェフスキー氏は、バスケットボールで最も重要なプレーは何かと問われて、「ネクストプレーだ」と答えています。これから起こるプレー以上に重要なプレーはない、ということです。

パスしたあとやスクリーンをかけたあとにすぐサポートをするなどして、次から次へと変化する状況に応じた適切なポジショニングができ、パスがつながっていく展開が理想的です。

超一流プレーヤーの視界

►ボールを受けてから次の行動を考えるのでは遅い

カウンター1対1のチャンスがあったとしても、ボールを受けてから次の行動を考えるのでは遅いと考えています。

「二流選手ほどボールを見ている。一流選手は自分のディフェンスを見ている」というように一流選手は自分をマークしているディフェンスを見ているから、次のプレーへの決断が早くできるのです。しかし、この言葉は「超一流選手は他の選手がどこにいるかまで見ている」と続きます。カウンター1対1をしかけるときには、基本的には自分のディフェンスを軸にして見るのですが、超一流選手はヘルプサイドのディフェンスはどこにいるのか、ヘルプサイドのオフェンスがどこにいるのかまでを見ています。ヘルプディフェンスについては位置だけでなく、スタンスや視野までを意識して見て把握しているのが超一流選手です。これは相手がマンツーマンディフェンスでも、ゾーンディフェンスでも当てはまることです。

►マヌ・ジノビリの視線

2006年、世界選手権（現ワールドカップ）が日本でおこなわれたとき、私はコートサイドでアルゼンチン代表として出場していたマヌ・ジノビリ選手を見ていました。彼はゴールを見ません。ゴールを見るのはシュートを打つときと、シュートフェイクをするときだけでした。それ以外でゴールを見る必要はなく、彼はずっと周りを見ていて、ボールを受ける前にカウンター１対１を読み、カウンター１対１で抜こうとする瞬間に他の選手がどこにいるのかを見て、コート上のすべてを把握しているようでした。

原則③ サイドチェンジで相手をゆさぶる

目的 ▶ ディフェンスのバランスを崩し、チャンスをつくる

サイドチェンジ（横のボールムーブ）によってディフェンスがポジションを変えなければならない状態をつくることがねらいです。ボールを止めないメンタリティ（0.5秒のメンタリティ）が必要になってきます。

原則④ １対１で個の優位性が見出せないときはボールを展開する

目的 ▶ ディフェンスのバランスを崩し、チャンスをつくる

イーブンの1対1で個の優位性が見出せないのであれば、ボールを展開する必要があります。すばやくボールを展開してサイドチェンジすることで、相手を揺さぶることをめざします。ひとつの行き詰まりが、すばやいサイドチェンジをねらうスイッチになると考えることです。ボールを展開する場合、レシーバーはボールを受けてから次の行動を考えるのでは遅いです。ここでも、ボールを受ける前に文脈を読み、ボールを受けるときにはすでに次のプレーが決まっているようにします。

■ ■ ■

動き（ムーブメント）の意図

►動きには意図を持つ

いろいろなコーチに「どんなバスケットがしたいですか？」と聞くと、多くの場合「人とボールが動くバスケットがしたい」と答えます。しかし、プレーとは「目的を達成するための行動」であり、人とボールが動いたからといって、すべてが成果につながるわけではありません。動きをつくって結果的にうまくいったとしても、再現性がないことを理解しておく必要があります。

意図（目的意識）を持たない、あるいは明確な勝ち筋が見えていないパスやカッティングは、ギャンブル的になりがちです。チームにおけるポジショニング、ボールのムーブメント、プレーヤーのムーブメントを関連させながら、戦術的に整理しておくことが重要です。

►パス&ランの有効性

パス＆ランについて考えてみます。パス＆ランは「何となく良い」と見られがちです。確かにパス＆ランをすることでダイナミックなオフェンスが展開されることはあります。しかし最も大事なことは、それが相手にとって嫌なプレーかどうかです。戦術になっているかどうかです。

戦術とは、戦うための力を高めるものです。つまり、戦う相手に対して嫌な動きになっているのか、その手応えを持つことが大切になってきます。

パス＆ランでボールと人を動かしてダイナミックさを生み出したいと考えても、その動きのなかに再現性という規律がなければ、意図を持たずにただ動いているだけということになります。動きのなかでもっと効果的で、即興的に良い選択をするという意識がないと、人とボールはよく動いているのに、結果的にダイナミックさに欠けてしまいます。

戦術を含め、プレーとしての動きには一つひとつ意味があります。選手にそれを意識させることが重要です。パス＆ランを選択する場合、以下のような質問を戦術に落としこんでいくようにします。

- ◆どんな成果を得ようとしているのか
- ◆相手にとって嫌なところはどこか

◆再現性はあるか
◆カウンター的な即興がスムーズかつしなやかにできる仕組みはあるか
◆パスフェイクからドライブしたときに合理的なサポートができているか

動き（ムーブメント）のダイナミックさ

►選手が持つダイナミックさを導くために

私もオフェンスをつくるうえで動きにダイナミックさを出したいと考えています。そのダイナミックさを出すために、原則で「こういうときはこう動くよね」とすぐに気づいて手を打つことができ、また行き詰まりそうなときはそのカウンターをセットとして持ち合わせるようにしています。そこには原則という裏づけもあるので、ボールマン以外の4人がボールマンの動きに対して同じページ上でシンクロできるという利点もあり、それをチームオフェンスの強みにしようと考えています。これまでのバスケットボールは、こうしたことを暗黙知としてやろうとしていたように思います。

►ダイナミックスさが失われてしまう行動原理を追究する

よく「足が止まって負けました」、「自分たちらしく走れませんでした」といった反省を耳にします。走りたいのに、走れない。そこには必ず理由や行動原理があるはずです。つまり、ダイナミックさを出すための方法を教えこむのではなく、もともと選手たちはダイナミックにプレーしようとしているのですから、ダイナミックさが失われてしまう行動原理を、心理的に、戦術的に、あるいはその両面から取り除いて、次のプレーにつなげていくことが重要だと考えています。ダイナミックスさすなわち躍動感があるときは高いパフォーマンスが発揮できています。

ダイナミックな動きができていないときにセットプレーを増やしたり、選手がダメだと怒り始めるコーチを見かけることがありますが、よくあるコーチングの間違いとして認識しておくことです。私は選手を鍛えようとは思っていません。選手が行き詰まるところを解決する手伝いをしてあげたいと考えています。ボールマンがプレッシャーをかけられていて、受けてもディナイされていれば、恐らくそこがボトルネックです。「走れ！」では解決しない問題だと考えています。

4　サポート

状況 ▶ 味方をサポートする状況

目的 ▶ 味方プレーヤーにとってメリットになり、相手にとってデメリットになるサポートをおこなう

攻撃の目的を達成するためにボールマンの意図やそれに付随する状況を読み、味方をサポートする原則です。サポートとは、味方が喜ぶことをすることであり、また、相手が困ることをすることです。相手チームに協力させないようにすることもサポートに入ります。

原則❶ ボールマンを優先的にサポートする

目的 ▶ 味方プレーヤーにとってメリットになり、相手にとってデメリットになるサポートをおこなう

特にボールマンを優先的にサポートしていきます。このとき点（個）で動くのではなく、線（味方との連携）で動くことが大事です。線とは、目的のある動きのことで、線の先に味方の喜ぶことがあるかどうかが重要です。「私はこう思って動きました」というような自分本位ではなく、味方が喜ぶかどうかという視点で考えます。味方が喜ばなければ、それはサポートになっていないということです。

原則❷ ヘルプサイドでは相手のヘルプローテーションを阻止するサポートをおこなう

目的 ▶ 味方プレーヤーにとってメリットになり、相手にとってデメリットになるサポートをおこなう

ヘルプサイドのオフボールプレーヤーは、クリエイトやチャンスの段階ではダブルギャップをとりますが、ディフェンスにヘルプローテーションをさせないようにカッティングやフレアーのようなアクションを使ってボールマンをサポートします。また、ボールマンが行き詰まったときにはボールマンを助けるサポートも必要です。サポートに対して相手がヘルプした場合は、それに続くカウンター1対1をおこなうなどして、ヘルプに対する代償を払わせるようにします。

原則③ 味方の行き詰まりを解消するポジショニングをおこなう

目的 ▶ 味方プレーヤーにとってメリットになり、相手にとってデメリットになるサポートをおこなう

チャンスをうまく攻められない場合は、シングルギャップでボールを確実につなぐか、アクションを用いてリクリエイトできるようなポジショニングをおこないます。そうすることで行き詰ったボールマンを喜ばすことができ、また次のチャンスをクリエイトできるのです。

効果的なサポートは、状況によって刻一刻と変化することを理解しておきます。例えば、カウンター1対1に対してダブルギャップをとったとします。そこで、自分をマークしているディフェンスはヘルプしていない状態だったとしても、ボールマンがタフなレイアップシュートを打ってしまったらそのオフェンスは失敗です。「自分のマークマンにヘルプさせなかったからOK」という考え方は間違いです。オフェンスの目的は、期待値の高いシュートを打つことです。こういうケースに対しては、カウンター1対1に対してダブルギャップをとったあと、ヘルプしない相手ディフェンスに対してカッティングやスクリーンをしかけ、ノーマークをつくることが重要です。相手がノーヘルプでボールマンにタフなレイアップシュートを打たせるねらいがあるときは、特にこうしたサポートのアジャストを心がける必要があります。

5 個の優位性

状況 ▶ 相手に対する個人プレーの優位性を利用する状況
目的 ▶ 優位性を発揮できるプレーをチームで協力してしかける

相手に対して優位性の高い選手を意図的に使って攻めるようにします。これまでチームの原則を強調してきましたが、個人の力を否定するものではありません。クリエイトをする際に、個人の力をいかすことはチームにとっても大きな強みになります。個の優位性はスキルのほか、フィジカル（パワーやスピード）やサイズにも見出すことができます。自チームと相手チームを正しく評価して、個の優位性を発揮できるポイントを掴んでいかすようにします。近年のNBAプレーオフでは、サイズに関係なく、ピック＆ロールをしかけてスキル・フィジカル・サイズのどれかで相手とのミスマッチをつくり、ひたすらそこから攻める戦術が多用されています。

原則❶ スキルの優位性が高いプレーヤーが意図的に攻める

目的 ▶ 優位性を発揮できるプレーをチームで協力してしかける

スキル（おもに1対1のスキル）の優位性に着目した攻めをおこないます。おもにドリブル１対１が強い選手をトップまたはスロットで勝負させます。ピック＆ロールなどで相手にスイッチをさせてからそのエリアから勝負をしかけます。

原則❷ フィジカル・サイズの優位性が高いプレーヤーが意図的に攻める

目的 ▶ 優位性を発揮できるプレーをチームで協力してしかける

フィジカルの優位性に着目した攻めをおこないます。おもにポストプレーがこれにあたります。トランジションで相手チームのディフェンスが不十分なとき、あるいはスクリーンプレーでスイッチが起こったときなどのシチュエーションで積極的に勝負をしかけます。オフェンスリバウンドのタグアップも積極的にねらうようにします。

■ ■ ■

優位性の高いプレーヤーを使うと見せかけてディフェンスがそこに寄ったところで裏を突く（カウンター）、あるいはPOA（ポイント・オブ・アタック）でディフェンスが厚くなった状況を利用する、つまり守備の薄くなったところに焦点を切り替えることで、より効果的に攻めることができます。期待値の高いシュートを打つ目的のために、スキル、フィジカル、サイズにおける優位性をゲーム中に見つけだしながら、効率的かつ効果的に個の優位性を戦術の中に落としこんでいくことがコーチングの力です。また選手自身もコーチに言われてやるのではなく、それを原則として習得しておくことで、自ら反応することもできます。

繰り返しになりますが、このとき「攻めなければいけない」といったマインドではなく、「攻めたほうが有利だ」と主体的なマインドで原則を自ら選択できるようになることです。やらなければいけないと思うと、力んでミスを犯しがちです。また守備の薄くなったところを見逃してしまうこともあります。優位な気持ちでプレーすることによってミスが軽減されるのです。

第9章

ONZUKA METHOD | CHAPTER 9

チームプレーの原則：ディフェンス編

●チームディフェンスの原則

チームディフェンスの目的は、相手に得点を取られないために力を合わせることです。チームディフェンスの優先順位を考えながら、ゴールを守ることが大切です。そのうえでボールを奪うか、期待値の低いシュートを打たせることをめざします。そのためにはチームとして適切にポジションをとり続けることが大切です。

チームディフェンスの原則は以下の5つ視点で設定しています。

1．ディフェンスの優先順位　2．ポジショニング　3．バランス
4．プレッシャーディフェンスとトラップ　5．個の優位性

1　ディフェンスの優先順位

状況 ▶ディフェンスの目的から逆算したディフェンス対応の優先順位を決める状況

目的 ▶期待値の低い状況でシュートを選択させる

ディフェンスの目的から逆算したディフェンス対応の優先順位の原則です。失点をしないために、ボールを奪うか、期待値の低い状況や場所でシュートを選択させることをめざします。

原則❶ 期待値の低いシュートを選択させる

目的 ▶期待値の低い状況でシュートを選択させる

ディフェンスの目的は相手に得点させないことですので、ディフェンスとしてはまず、期待値の高いシュートを打たせないことを最優先にします。考え方としては、シュートをゼロにするのは不可能ですので、打たせるとしても、期待値の低いシュート（バッドショット）、すなわち、コンテストされたロングツー（長い距離の２ポイントシュート）を１本にとどめます（column | 10）。

原則❷ ゲームの流れにおける形勢を見極めて適切なプレッシャーをかける

目的 ▶期待値の低い状況でシュートを選択させる

ディフェンスの優先順位を考える際に重要なのは、ゲームの流れにおける形勢が自チームに有利か、相手チームに有利かということです。そのことを見極めたうえでディフェンスをしていくことが大切です。

column 10

バッドショット

NCAA・ノースカロライナ大学の伝説的コーチ、ディーン・スミス氏は、ディフェンスの立場からの「バッドショット（bad shot）」を「シュートの成功・失敗は問わず、ディフェンスの頭の上、ハンズアップした手の上を通過させるシュート」と定義しました。すなわち、シューターのディフェンスに対して、①シューターの正面に位置している（自分の頭上を通過するシュート）、②シューターに接近している（距離を詰めていることがプレッシャーの基本）、③シューティングハンド（ワンハンドショットをするときのボールを放りだす側の手）にプレッシャーをかけている（ハンズアップした手の上を通過するシュート）、という３つの要件を明確に提示しました。そして、相手には１回の攻撃のなかで、１回のバッドショットしか打たせない（すなわちオフェンスリバウンドは絶対に阻止する）ということをプレーヤーに要求し、ディフェンスの目標を簡潔に表現しました。

ディフェンスから見て自チームが有利であれば、積極的にプレッシャーをかけることを優先します。ディナイを強く意識したり、チャンスを見計らってトラップをかけるなどです。相手チームが有利であれば、ボールマンにプレッシャーをかけながらも、ペイントエリアを固めることを優先します。重点を置くスポットはネイルとホームです。また、オフボールプレーヤーはその周辺エリアをギャップヘルプでカバーします。

2　ポジショニング

状況 ▶チームとしてのディフェンス対応ができるポジショニングを決める状況
目的 ▶機能的なチームディフェンスをする

チーム力を発揮したディフェンス対応ができるポジショニングについての原則です。オフェンスのスペースを消し、ボールとの位置関係（サイド）に応じて適切なポジショニングをすることをめざします。

ボールマンに対するディフェンスのポジショニングと役割

ボールマンに対するディフェンスのポジショニングと役割は、以下の３つだと考えます。

（1）ボールマンディフェンス

ボールマンのディフェンスです。ボールマンの正面でプレッシャーをかけます。片腕の距離のポジショニングをワンアーム、肘を曲げて前腕をボールマンの体に当てることができる距離をハーフアーム、ワンアームの２倍の距離をツーアームといいます。ディフェンスとの距離がワンアーム以内になると、ボールマンにより強いプレッシャーをかけることができます。

（2）ワンパスアウェイのディフェンス

ボールマンの隣にポジショニングするディフェンスです。１つのパスの距離（ワンパス）もしくはシングルギャップに位置するプレーヤーのディフェンスです。ボールマンに間接的にプレッシャーをかけます。

（3）ツーパスアウェイのディフェンス

ボールマンの隣の隣にポジショニングするディフェンスです。２つのパスの距離（ツーパス）もしくはダブルギャップに位置するプレーヤーのディフェンスです。ペイントアタックに対するヘルプと、ヘルプに対するローテーションをおこないます。

チームディフェンスにおけるアタックサイドとヘルプサイド

図9-1のように、従来はミドルラインに線を引き、「ボールサイド」と「ヘルプサイド」で分けていました。アタックがおこなわれるボールサイドに対して反対サイドはヘルプの準備をするという意味です。ただし、オフェンスがツーガードポジションでミドルライン側にドライブで攻めた場合、ボールサイドとヘルプサイドの意味合いが混乱してしまいます。そのようなことからチームディフェンスでは、ボールマンが攻撃をしかけようとしているサイドをアタックサイド（**図9-2**）、ボールマンが攻撃をしかけようとしている反対側のサイドをヘルプサイド（**図9-3**）と呼び、区別して考えることとします。

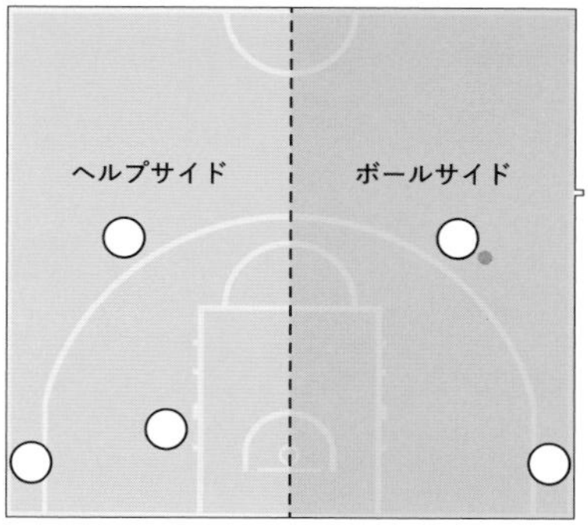

図9-1

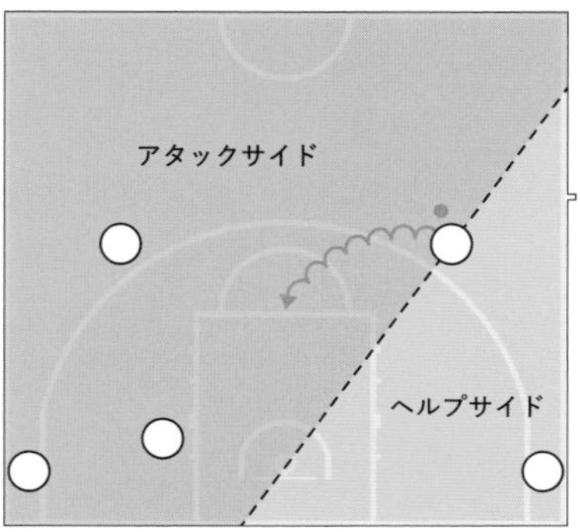

図9-2

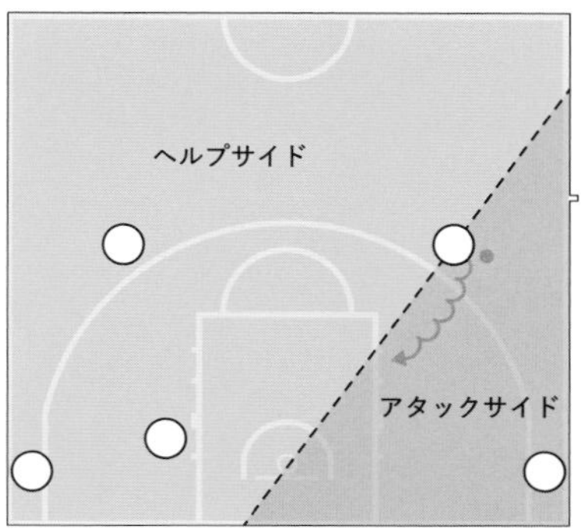

図9-3

原則❶ アタックサイドでボールマンが有利なときは壁をつくり、ギャップヘルプで対応する

目的 ▶ 機能的なチームディフェンスをする

アタックサイドのディフェンスは、ボールマンの状態や形勢に応じてポジションを変える必要があります。

アタックサイドでボールマンが有利な状態とは、オフェンスに個の優位性がある、あるいは有利な状況（カウンターやミスマッチ）がある状態を指します。有利なときにオフェンスがクリエイトとチャンスの段階で１対１をベースとしたアクションをしかけてきた場合は、ウォール（壁）をつくって対応します。あるいはドライブコースを絞ってアタックを制限します。また、ドリブルに対してはワンパスアウェイからギャップヘルプをすることでボールをピックアップさせ（ボールを保持させて）、アタックを止めます。レイアップシュートに対してはギャップヘルプからボールを守るためにピックアップさせて、踏み切りの位置がなるべく遠くなるようにポジショニングします。

原則❷ アタックサイドでボールマンが不利なときはディナイする

目的 ▶ 機能的なチームディフェンスをする

アタックサイドでボールマンが不利な状態とは、ボールマンがドリブルを終えた（ドリブルがない）状態、あるいは攻め気がない状態です。その場合はパスを選択する可能性が高いため、ワンパスアウェイのディフェンスはディナイをします。あるいはアクションからクリエイトできないように自分がマークする相手に体をぶつけて動きを妨害しながら、間合いを詰めたポジショニングをします。場合によってはトラップをねらいます。

原則③ ヘルプサイドではローピングで対応する

目的 ▶ 機能的なチームディフェンスをする

ヘルプサイドのディフェンスは、有利・不利に関係なくローピングで対応します。ローピングの人数は２人もしくは３人です（１人ではありません）。

ローピング

一定のエリアを常にカバーするために、２人のディフェンスプレーヤーが紐でつながっているように同じ距離（間隔）を維持しながらポジショニングをすることをローピングといいます。２人のプレーヤーが連携を強く意識するようにします。原則的には、ネイルとホームでポジションをとっていたときの間隔を保ったまま、ヘルプとローテーションダウンをしていきます。２つの点（ネイルとホーム）がロープで結ばれていて、そのロープが張られたまま回転するイメージです。

図9-4のように、ウイングのディフェンスがクローズアウトをすると同時に、ヘルプサイドのディフェンスはすばやくネイルとホームのポジションをとっておきます。もし、ウイングのディフェンスがカウンター１対１で抜かれたら、**図9-5**のように、ホームにいたディフェンスがヘルプに出て、同時にネイルにいたディフェンスはローテーションダウンし、２人のオフェンスを守ります。

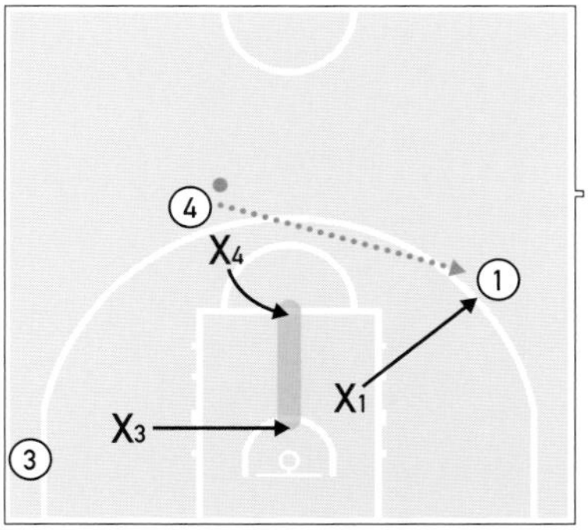

図9-4

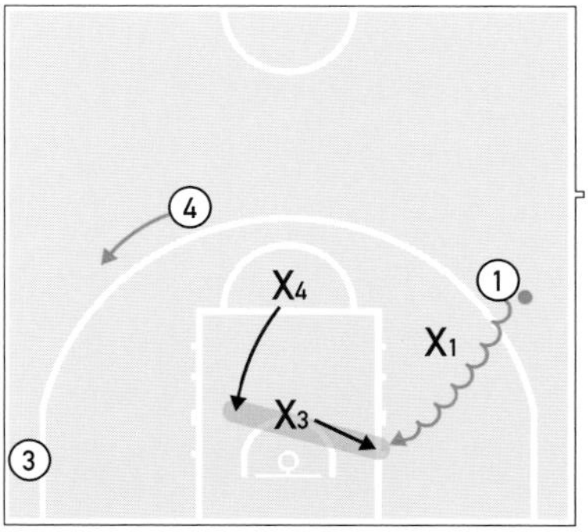

図9-5

3 バランス

状況 ▶ オフェンスに有利なスペースを与えない位置的なバランスをとる状況

目的 ▶ ペイントエリア（ネイルとホーム）を重点的にカバーする

5人の選手が適切なポジションを保ち続けて、位置的なバランスをとるための原則です。ペイントエリア（ネイルとホーム）を重点的にカバーしてオフェンスに有利なスペースを与えず、また自由にさせないようにします。

原則❶ ネイルとホームをカバーする

目的 ▶ ペイントエリア（ネイルとホーム）を重点的にカバーする

ディフェンスの目的は相手に得点を与えないことですから、ペイントエリアを厚く守って、相手に攻撃しやすいスペースを与えないことが重要です。最重要カバーエリアはネイルとホームです。

ヘルプのタイミング

ヘルプサイドのディフェンスがヘルプに寄るタイミングは、クリエイトとチャンスの段階です。ブレイクの段階、つまりオフェンスが1対1で突破し始めてからでは遅いのです。クリエイトおよびチャンスの段階でプロアクティブにヘルプの準備としてネイルとホームにポジショニングします。そのためには、オフェンスのクリエイトやチャンスを見極め、それらの段階に入る細かな動き出しや意図を感じとることができなければなりません。

原則❷ ペイントエリアはトライアングルのポジショニングで対応する

目的 ▶ ペイントエリア（ネイルとホーム）を重点的にカバーする

トライアングルのポジショニング

ペイントエリアにおいて、ビッグマンのローポストアタックに脅威があるときには、ネイル、ホーム、ブロック（フリースローレーンの塗りつぶされている部分）でトライアングルを形成しておきます（**図9-6**）。実際にローポストにボールが入ったとき、ホームのディフェンスがダブルチームに行けばブロックのプレーヤーがウイングからのダイブを守り、ネイルのプレーヤーがアウトサイドにいる２人のオフェンスを守りに出られるポジショニングをします。トライアングルのローピングでは、ホームが動いた瞬間に、ローピングされた他の２人もサークルディフェンスを実行することがポイントになります（**図9-7**）。

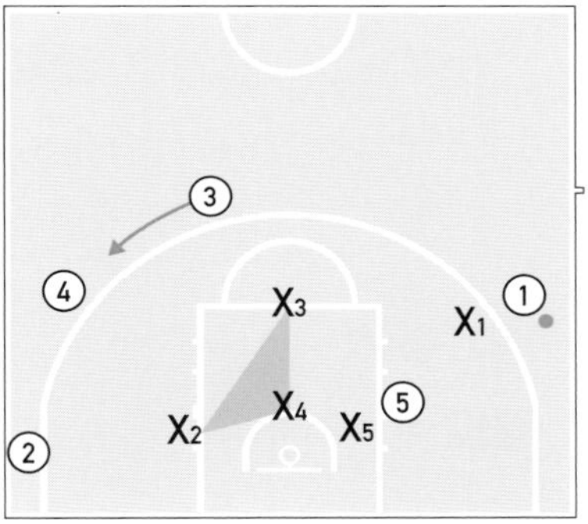

図9-6

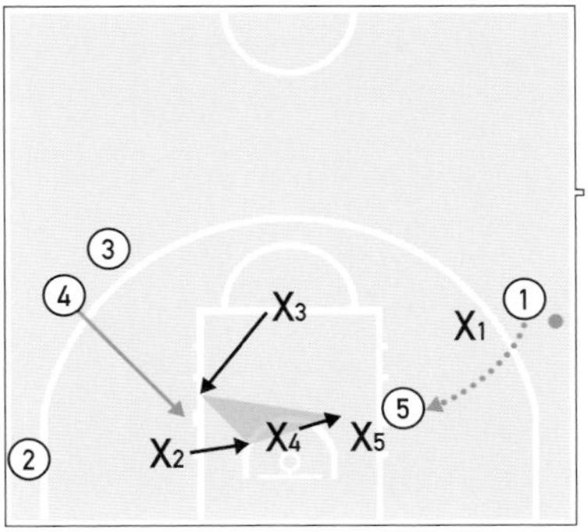

図9-7

ここで注意したいのは、ホームのディフェンスがダブルチームに行ったとき、ヘルプサイドのウイングがダイブをしてきたら、前述したようなディフェンスになりますが、そもそもウイングがダイブをしてこなければ、ヘルプサイドのオフェンス３人を、ブロックとネイルの２人で守ることになります。

次の展開として、ローポストからヘルプサイドのコーナーにボールを飛ばされて、ローテーションダウンをしていたディフェンスX_3が守りに出たとします。このときヘルプサイドのウイングへのエクストラパスを誰が守りに行くのかまで、チームで整理しておきます。

ヘルプとローテーションは異なります。ヘルプは文字どおり、ボールマンを守っているチームメイトを助けることです。ローテーションとは、言わば「穴埋め」です。ヘルプに動いたことで空いた穴を埋めにいきます。ローテーションの準備をしていなくて、ヘルプしかいないときには、チームディフェンスにズレが生じます。だからこそ、ヘルプサイドのディフェンスはローピングをしておく必要があるのです。

原則③ ローテーションでヘルプのリカバリーをおこなう

目的 ▶ ペイントエリア（ネイルとホーム）を重点的にカバーする

ローテーションをしながらヘルプのリカバリーをおこないます。

3つのローテーション

ローテーションにはおもに3つの考え方があります。ウイングから突破されたプレーを例にして説明します。

ウイングのドライブに対して、ヘルプサイドのコーナーのディフェンスがヘルプして、ヘルプサイドのウイングのディフェンスがローテーションダウンをしたとします。ボールマンがコーナーにパスをしたとき、ローテーションダウンをしたディフェンスがボールマンを守りに行ったとき、誰がそのマークマン（ヘルプサイドのウイング）をローテーションで守りに出るかという問題があります。そこでの対応は以下の3つになります。

（1）スイッチローテーション（エックスアウトローテーション）

最初のドライブで抜かれたディフェンスがスイッチして守りに出ていくローテーションです（P.172参照）。

（2）ヘルプリカバーローテーション

ヘルプに出たディフェンスがそのまま守りに出ていくローテーションです

（P.173参照）。

スイッチローテーションとヘルプ・リカバーローテーションの２つはすでに説明していますが、使い分けるポイントは、ビッグマンのディフェンスをペイントに残すことです。上記の例でいえば、ヘルプをしたディフェンスがビッグマンなら「スイッチローテーション」を選択し、ミスマッチなどで抜かれてヘルプをしてもらったディフェンスがビッグマンなら「ヘルプ・リカバーローテーション」を選択します。

（3）ノーヘルプローテーション

リカバリーが難しいときのエックスアウトです。ヘルプディフェンスがヘルプに行く前に、カウンター的にパスを飛ばされて（アーリースプレー）、リカバリー（元の位置に戻ること）が難しいときは、ヘルプサイドのディフェンス（ここではX_4）がローピングをしていることによって、スムーズにエックスアウトができます（**図9-8、図9-9**）。

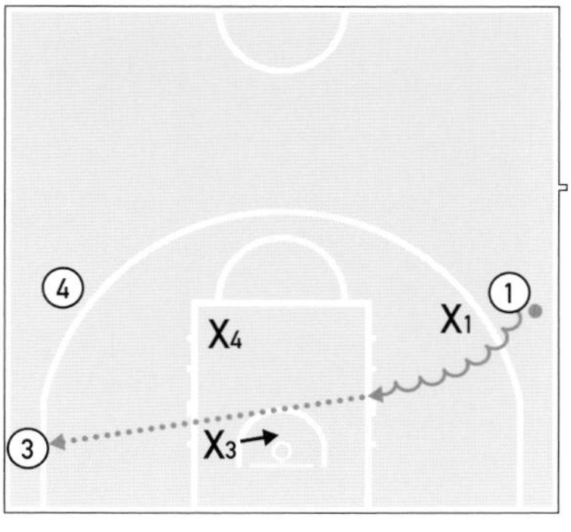

図9-8

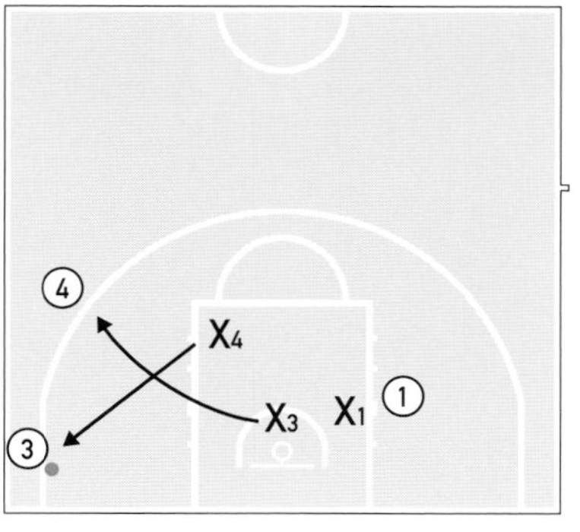

図9-9

4 プレッシャーディフェンスとトラップ

状況 ▶相手のボールを奪うためにプレッシャーをかける状況
目的 ▶時間とエリアの優位性を利用して相手のボールを奪う

ショットクロック（時間）とエリアの優位性を利用してプレッシャーをかけながら相手のボールを奪うための原則です。

原則❶ サイドラインとベースラインを利用してプレッシャーをかける

目的 ▶ 時間とエリアの優位性を利用して相手のボールを奪う

ディフェンスでは、ラインを超えることによるバイオレーションを利用して、アドバンテージのあるエリアにオフェンスを追い込むことができます。アウトオブバウンズのバイオレーションの観点からはサイドラインとベースライン（エンドライン）で形成されるコーナー、バックパスのバイオレーションの観点からはセンターラインとサイドラインによるコフィンコーナーが、オフェンスを追い込む目標のエリアになります。

原則❷ ショットクロックの残り時間やチームとしてのタイミングを見計らってトラップをしかける

目的 ▶ 時間とエリアの優位性を利用して相手のボールを奪う

トラップとは、ボールマンに対して２人でプレッシャーをかけることです。ショットクロックの残り時間やチームとしてのタイミングを見計らってトラップをしかけるようにします。個人の判断基準としてしかけるパターンと、チームとしてのタイミングがあります。

トラップのポジショニング

トラップをしかけるときはチーム全体でリンクしてボールを奪いにいくことが必要です。このときディフェンスは「2 - 2 - 1」のポジショニングをとることがポイントです（**図9-10**）。2 - 2 - 1のポジショニングに対してオフェンスが1 － 2 － 2のポジショニングで対応してきたら、ボールマンに2人のディフェンスが強いプレッシャーをかけます。そうするとボールマンは遠くにいる味方にパスを出すことができません。2列目のディフェンスがディナイをすることで、近い味方にもパスが出せなくなります。

このようなプレッシャーディフェンスに対するオフェンスの基本的な対策としては、1 - 3 - 1のポジションをとることがポイントになります（**図9-11**）。しかし、この1 - 3 - 1に対してもディフェンスは2 - 2 - 1で対応できます。た

図9-10

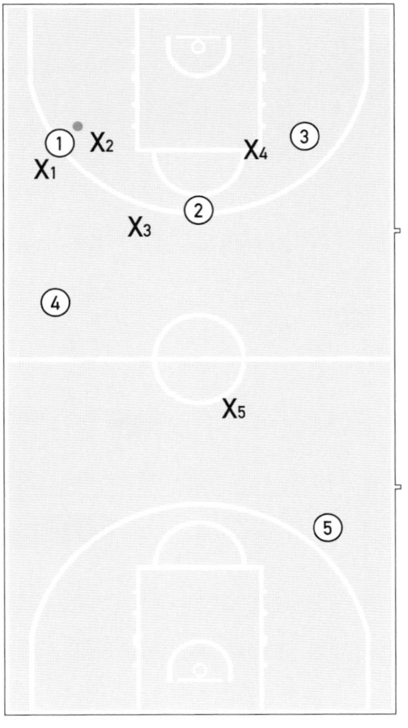

図9-11

だし２列目の２人のディフェンスは、ボールマンが向いている方向によって、ポジショニングを変える必要があります。オフェンスの２列目は３人なので、ボールマンが向いているサイドのプレーヤーと、中央のプレーヤーを２列目のディフェンス２人がディナイします。３列目のディフェンスはゴール下にパスされないよう、状況に応じたポジショニングをします。２列目のディフェンスがディナイをしているにもかかわらず、ボールマンが向いている方向のオフェンスにパスをされたら、トラップをしていた２人のうち、パスコンテストをしていないプレーヤーが下がって（ローテーション）、空いているオフェンスをマークします。パスコンテストをしていたプレーヤーはそのままパスをしたプレーヤーをマークします。「クイックリカバー」と呼ばれる効率的な守り方です。これはフルコートに限らず、ハーフコートのトラップでも同じ原則になります。

トラップをしかけるタイミング

►個人の判断基準でトラップをしかける

個人の判断基準でしかけるときは、オフェンスのドリブルやパスのスキルが低く、ディフェンスの迫力に気圧され、視野が狭くなっているところでしかけにいきます。また、オフェンスのサポートの質が低いときもしかけるタイミングです。例えば、パスをしたあとにボールを見ずに走っていったり、チームとして積極的にサポートする規律がないときにしかけます。パスの質が低いチーム（パスのスピードが遅いなど）にもしかけやすくなります。

►チームのタイミングでトラップをしかける

チームとしてのタイミングは、相手がドリブルダウンをしているときにコフィンコーナーに向かい、同時にスローインしたプレーヤーがボールの後ろをゆっくり来ているようなときにしかけます。そのときはボールマンのディフェンスとスローインしたプレーヤーのディフェンスが、コフィンコーナーでトラップをします。

また、パスエントリーでボールがウイングもしくはコーナーに落ちた瞬間にトラップをしかける方法もあります。オフェンスのクリエイト時、例えばローポストでのクリエイトや、ピック＆ロールのクリエイトのところですばやくトラップをしかけるのもよいでしょう。

5　個の優位性

状況 ▶ 優位性のある選手に対して戦略的に守ることをねらう状況
目的 ▶ 優位性のあるオフェンスプレーヤーを抑える

相手に対するマッチアップの優位性の原則です。優位性のあるオフェンスプレーヤーをいかに抑えることができるかが焦点になります。

原則❶ オフェンス力のあるプレーヤーに対してディフェンス力のあるプレーヤーがマッチアップする

目的 ▶ 優位性のあるオフェンスプレーヤーを抑える

力関係を効率的に使う戦術でもあります。簡単に言えば、ディフェンス力のあるプレーヤーが得点力のあるボールマンを守るということです。たとえポジションが違ったとしても、この原則を使って相手のキーマンを封じこめることができれば、相手の強みを消して大きな優位性を得られることになります。例えばNBAでも、レブロン・ジェームズがポジションの違うセンターのパウ・ガソルにマッチアップするなどのように、いたるところで個の優位性の原則が使われています。

原則❷ オフェンス力のあるプレーヤーにはボールを持たせない

目的 ▶ 優位性のあるオフェンスプレーヤーを抑える

オフェンスが個の優位性を発揮しようと力のあるプレーヤーにボールを持たせようとした場合には、ボールを持たせないようにします。このほうが相手の攻撃を停滞させたり、セカンドオプションにさせたりすることが期待できます。厄介なプレーヤーにはボールを持たせないことが一番であり、効率よくディフェンスできると考えています。

トップロック

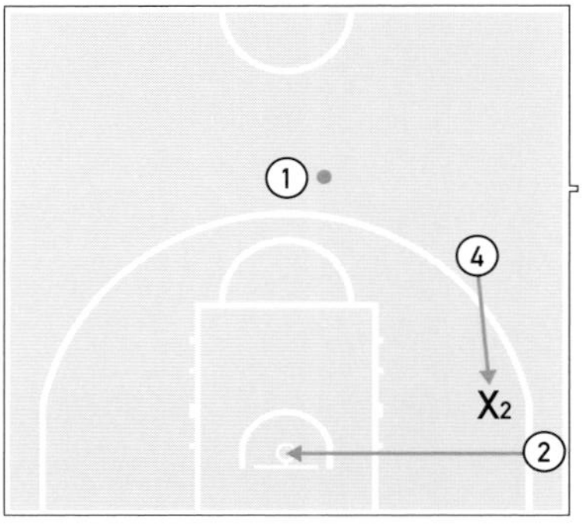

図9-12

ワンパスアウェイのプレーヤーにボールを持たせない守りにはディナイがありますが、そのようなシチュエーション以外でも、さまざまな方法を使って力のあるプレーヤーにボールを持たせないようにします。**図9-12**のように、オフェンスがコーナーにいるプレーヤー②にダウンスクリーンをしかけて高い位置でボールを受けさせようとしているとき、そのオフェンス（ユーザー）を守っているディフェンスX_2が先に高い位置にポジショニングし、ボールを受けられないようにしてスクリーンを形骸化させることを「トップロック」といいます。トップロックもボールを持たせない守りのひとつです。

トップロックに対して、ボールを受けたかったオフェンスがバックカットをするようであれば、ヘルプサイドのディフェンスがその動きを見ておきます。

►緩いトラップをしかける

相手がクリエイトもできる圧倒的な力を持っているプレーヤーであれば、そのプレーヤーがボールを持ったときに、あえてトラップに行く方法もありますが、その場合のポイントは、緩くトラップに行くことです。思い切りトラップに行くと、そのあとのチームディフェンスが難しくなります。実際には緩いトラップなのですが、トラップに行こうとすることで圧倒的な力を持つボールマンはチームメイトにパスを出します。そのパスが出た瞬間、緩くトラップに行ったディフェンスのマークマン（オフェンス）を他のディフェ

第2部

ンスが守りに出て、全体のローテーションのなかで、緩くトラップに行ったディフェンスは一番遠い距離のオフェンスを守りにいきます。そうすることで、相手の個の優位性を消しにいくようにします。

►シューターではないプレーヤーにシュートを打たせる

自分のマークマンがシューターではないディフェンスがトラップに行き、圧倒的な力を持つプレーヤーからボールを離させて、フリーになった、シューターではないプレーヤーにシュートを打たせるという戦術もあります。いわゆるマインドゲームをしかけるということです。NBAではプレーオフになると特に、あからさまに相手を選別してディフェンスするシーンが見られます。これも相手の個の優位性を消すディフェンスであり、いっぽうで個の優位性をいかすディフェンスとも言えます。

ONZUKA METHOD | CHAPTER 10

第10章 個人とグループの原則：オフェンス編

この章では、チームとしての目的を達成するために、個人として、または２人もしくは３人のグループとして「いつ、どこで、どのようにプレーすれば、目的を効率的に達成できるか」を整理しておきます。そのための「プレーの基準」「プレーを決断していくための材料」を「個人とグループの原則」としてまとめています。

●プレーの構成要素

プレーとは「目的を達成するための運動」です。例えば、言われたとおりに何も考えず走る（ニュアンスとして「やらされる」）のは単なる運動です。目的を達成するために走ることが、単に「走る」という運動を「プレー」にします。バスケットボールにおいて、ただ走ることはプレーではありません。これらの違いをはっきりと認識しておく必要があると考えています。

プレーは以下の４つの要素から成り立っていると考えています。これらの要素がそれぞれ支えになって良いプレーが生まれます。

（1）判断

周囲を観察し、情報を収集して判断をすることです。ただし、ゲームモデルにもとづいてプレーを判断することが大事になります。個人の主観でおこなうものではありません。

（2）インテリジェンス

プレーの意図（目的意識）を持ち、その意図を隠す工夫をすることです。

(3) テクニック

ボール操作や身体動作を正確にすばやくおこなうことです。テクニックは判断を伴わないため、「クローズドスキル」とも言われています。

(4) リレーション

オフボールプレーヤーが、ボールを受ける前から次のプレーに向けた準備をしておくことです。この要素を身につけることによって、チームとしてシームレスなプレーをめざすことができます。そのためには文脈の理解が欠かせません。プレーの前後には文脈があり、それを予測できることで判断の精度が上がり、余裕のあるプレーにつながります。

●文脈を読まずに動くことは単なるテクニックの披露にすぎない

文脈を読まずに動くことは単なるテクニックの披露にすぎず、次にどんなテクニックを出すのかを準備しているかどうかで、テクニックを発揮する難易度も変わってきます。例えば、オフェンスにおけるフィニッシュスキルはゴール近辺で発揮されます。しかし、ゴール近辺より手前で質の高いスキルを発揮することで、ゴール近辺で発揮するスキル、この例でいえばフィニッシュスキルの難易度が下がります。例えば、体の寄せ方やギャップヘルプに対するボールの守り方、ヘルプディフェンスの読み方を適切におこなうことで、ゴール下でおこなうプレーが容易になります。こうしたつながりも大事にとらえていくようにします。

●オフェンスの個人とグループの原則

オフェンスの原則にもとづいて、チームとして組織的に攻撃するなかで、一人ひとりの選手が個人としてあるいはグループとしてどのようにプレーするべきかを示します。オフェンスに関する個人とグループの原則は以下の9つ視点で設定しています。

1. 認知　2. パスと動きの優先順位　3. ポジショニング　4. サポート
5. マークを外す動き　6. ボールの保持　7. ドリブル　8. シュート
9. 駆け引き（インテリジェンス）

1　認知

状況 ▶ **オフェンスとして良い選択をするために情報を収集する状況**
目的 ▶ **チームとして得点にかかわる、より良い選択をするためのゲーム状況を観察すること**

より良い選択をするために、状況を観察して分析するための情報を収集する原則です。プレーヤーがオフェンスの状況判断をするうえでどのように情報を収集するかということです。

原則❶ ボールマンはゴールラインにディフェンスの体があるかどうかを見る

目的 ▶ **チームとして得点にかかわる、より良い選択をするためのゲーム状況を観察すること**

ボールマンはゴールラインを軸にして自分のディフェンスがどのようなポジションをとっているかを見るようにします。ゴールラインとは、ボールマンが保持しているボールとバスケット（ゴール）を結んだラインです。ゴールラインに対する自分のディフェンスの胸の位置（体の中心）を感じとるようにします。ドライブを選択するうえでは、ゴールライン上にディフェンスの胸があるかどうか、あるいはその奥にヘルプディフェンスがいるかどうかが判断指標になります。注意すべきは、ゴールを見るのではない、ということです。ゴールの位置は見なくても常に把握しておくべきです。ゴールを見るのはシュートを打つときと、シュートフェイクのときだけです。その代わりに、周辺に目を向けてディフェンスの立ち位置、姿勢、目線などを含め、攻撃のための情報を収集します。自分のパフォーマンスに影響がある情報にアンテナを立てることができるようトレーニングする必要があります。

原則❷ オフボールプレーヤーはボールマンの意図と形勢を見る

目的 ▶ チームとして得点にかかわる、より良い選択をするためのゲーム状況を観察すること

オフボールプレーヤーは、首を振りながら周囲の状況を把握し、ボールマンと自分のディフェンスが視野に入るようにしながら、ボールマンのねらいを感じとるようにします。

ボールマンに対しては、アタックをねらっているのか、パスをねらっているのか、といったボールマンのねらい（意図）に応じた動き（サポート）ができるようにします。例えば、ディフェンスにクローズアウトされたボールマンのプレー選択はシュートかドライブ、あるいはボールマンがシュートやドライブが選択できないイーブンな状況であればアクションもしくはパスの選択といった想定をして、それらのプレーに応じたサポートの準備をします。

自分のディフェンスに対しては、先手を取って動けるように相手の間合いや動きを予測します。そうすることで、例えばパスをキャッチする瞬間には、次のプレー（シュートあるいはドライブ）の選択がしやすくなります。

■ ■ ■

►状況を見て判断するのでは遅い

オフボールプレーヤーは、ボールマンがボールを受ける直前までに、ボールマンと自分のディフェンスの状況を把握してプレーの判断ができるようにしておきます。ただし、状況を見て判断するのでは遅いと考えています。見た時点では次に何をすべきか、すでにわかっているべきです。そのためには、「俯瞰する」という感覚が重要です。高いところからコート全体を見渡すと、自然と進むべき道が見えるイメージです。それができれば、考えてプレーしようというよりも、自然と体が動くフローな状態になるはずです。つまり高い視座に立とうとすることが大切なのです。文脈や形勢（有利か不利か）、あるいは局面や段階といったバスケットボールの構造を理解することで、高い視座に立つことができるようになるのです。

2　パスと動きの優先順位

状況 ▶ パスと動きの優先順位を決める状況

目的 ▶ 得点を取ることから逆算して、合理的にパスと動きを選択する

パスと動きを選択するための原則です。プレーヤーは流れをつくろうとして動きをつくりますが、やみくもに動くということではありません。「パスをしたら動きなさい」というコーチの言葉がけも一考すべきです。結果的に動きとパスによって「目的＝得点を取る」が達成できているのかを確認する必要があります。オフェンスの形勢によってこの優先順位が変わることを理解して、状況に応じた原則を遂行できるようになることをめざします。

原則❶ ペイントエリアへのパス（ペネトレートパス）をねらう

目的 ▶ 得点を取ることから逆算して、合理的にパスと動きを選択する

パスでペイントエリア内にボールを入れることをねらいます。ペイントエリアにボールを集めることでディフェンスの構造を崩すことができます。ディフェンスは確率のよいシュートを阻止するためにペイントエリアに寄らなければならなくなるからです。そういったパスを「ガットパス（えぐるパス）」、あるいは「ペネトレートパス」などと呼びます。

これはパスの中でも最も難しいスキルになります。なぜなら、狭いエリアでボールマンディフェンスとレシーバーのディフェンスの２人をかわすパスになるからです。またペイントエリアを絞っている３人目、４人目のディフェンスもいる可能性が高いことから、このパスの難易度は上がります。

それを打破するために、ペイントエリア内へのパスは「あと出しジャンケン」のようにパスを出します。あえてディフェンスにボールを見せておいて、

相手の反応に応じて逆を突くわけです。ボールを見せると、相手はそれを阻止しようと動き出します。その動きが止まった瞬間は次の動作へと移りにくいので、その瞬間に逆を突くようなパスを出すと、ディフェンスはそのパスを守りにくくなります。このようなスキルをフェイク・メイクと言ったりします。

レシーバーとボールマンがゴールライン上に立つことで、ディフェンスがパスコースに覆い被さるようにディナイできないようにすることも有効です。

原則❷ 3ポイントシュートをねらう

目的 ▶ 得点を取ることから逆算して、合理的にパスと動きを選択する

ヘルプしているディフェンスに代償を払わせるため、期待値の高い3ポイントシュートをねらいます。

代償を払わせるための3ポイントシュートを打つには、パスモーションからレシーブするまでの時間をできるだけ短くすることです。

ボールマンはパスモーションをすばやくし、ボールのスピードを速めます。パスのスピードを速くするだけでなく、パスモーション（動作）も速くすることが大切です。レシーバーのシューティングポケットに正確なパスを出すことも重要です。そうすることで、シュートの確率が大きく上がります。

またヘルプサイドにいるディフェンスの隙を突くという発想を持っておくことも大切です。なぜなら近年、ディフェンスのペイントエリア内をカバーする意識が高まってきているため、代償を払わせるための高い感覚も併せ持っておくことが重要なのです。

原則❸ アクションへ移行する

目的 ▶ 得点を取ることから逆算して、合理的にパスと動きを選択する

クリエイトをするときにハイポストもしくはウイングにパスをすることで、アクションに入りやすくなります。それらのパスを優先的にねらうようにします。

まずはペイントタッチをねらい、期待値の高いシュートチャンスが生まれれば、すばやくそこにパスを出します。しかし、ディフェンスがそれをさせないように守ってくるのであれば、アクションで剥がしていきます。その導入となるパスは重要です。アクションの入り口となるパスなので、できるだけねらいどおりの位置でレシーブできるよう、プレーヤーそれぞれが逆算してプレーをすることが大切です。

原則④ リスクを回避する

目的 ▶ 得点を取ることから逆算して、合理的にパスと動きを選択する

危険を回避するには「ファースロット」と呼ばれるエリア（P.180参照）にパスを安全・確実に出していきます。

ポイントはアイコンタクトです。レシーバーが「こっち！」とアイコンタクトをした状態でレシーブの意思、すなわちボールを受けたい場所をはっきりとボールマンに示すことが重要です。そうすることでボールマンは落ちついてパスを出すことができます。

レシーバーがそれをせずにボールを受けようとすると、ボールマンが慌ててパスを出すことになり、結果的にスティールをされる可能性が高まります。また何となくボールを呼ぶこともミスにつながる可能性があります。レシーバーとボールマンがしっかりとアイコンタクトをすることでパスを成功させ、危険を回避するようにします。

3　ポジショニング

状況 ▶ポジショニングを決める状況
目的 ▶5人が共通理解を持って位置的優位性を持ち続けること

グループで有利にプレーするためのポジショニングの原則です。ポイントはオフボールプレーヤーがボールマンの意図を読んで有利なポジショニングができるかどうかです。5人が同じページの上で（共通理解を持って）プレーしていくことが重要です。

ボールマンの意図によって、他の4人のオフボールプレーヤーがポジショニングを変化させることで、位置的優位性を発揮する意識を保ちます。ボールマンの意図は、攻撃の意図か、あるいは攻撃を建て直す意図か、その2つに分かれます。攻撃の意図とは、自分が攻めるかパスで攻めるかです。後者の代表例としてはインサイドへのパスがあります。攻撃を立て直す意図とは、安全にボールを展開することです。

原則❶ ボールマンが有利なとき、オフボールプレーヤーはダブルギャップのポジショニングをする

目的 ▶ 5人が共通理解を持って位置的優位性を持ち続けること

ボールマンは有利であればドライブで攻めることができます。その場合、オフボールプレーヤーはダブルギャップをとって、自分のマークマンにヘルプにさせないようなポジショニングをします。自分のマークマンがヘルプに動いたら、そのマークマンが戻りにくい場所に移動して代償を払わせるようにします。

原則❷ ボールマンが有利な状態でポストを使って攻めるとき、オフボールプレーヤーはシングルギャップでパスアングルを変えるポジショニングをする

目的 ▶ 5人が共通理解を持って位置的優位性を持ち続けること

ボールマンが有利な状態でポストを使って攻めようとするときには、**図10-1**のように、オフボールプレーヤーはパスアングルを変えることができるポジション（シングルギャップ）をとります。このときポストアップするプレーヤーはディフェンスがパスコースに入らないようにシールする必要があります。

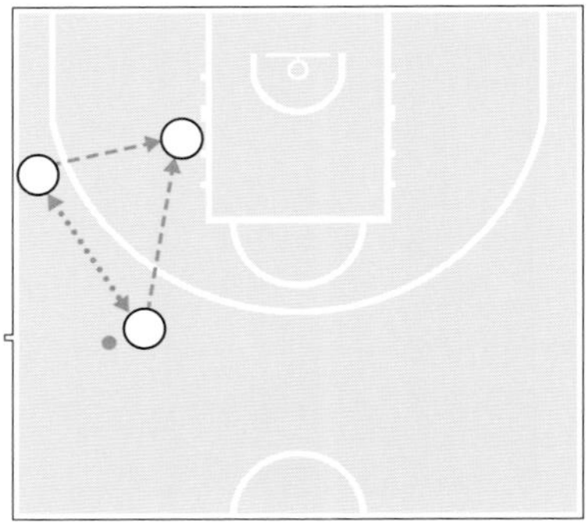

図10-1

第2部

原則❸ ボールマンが不利なとき、オフボールプレーヤーはシングルギャップのポジショニングをする

目的 ▶ 5人が共通理解を持って位置的優位性を持ち続けること

ボールマンが不利な状態のとき、オフボールプレーヤーはシングルギャップをとります。**図10-2**に示すように、２人のオフボールプレーヤーがボールマンを挟んで両サイドに位置するトライアングルポジション、あるいは**図10-3**に示すようなトライアングルポジションのボールマンのゴールライン上にもう１人加わるダイヤモンドポジションに立ちます。

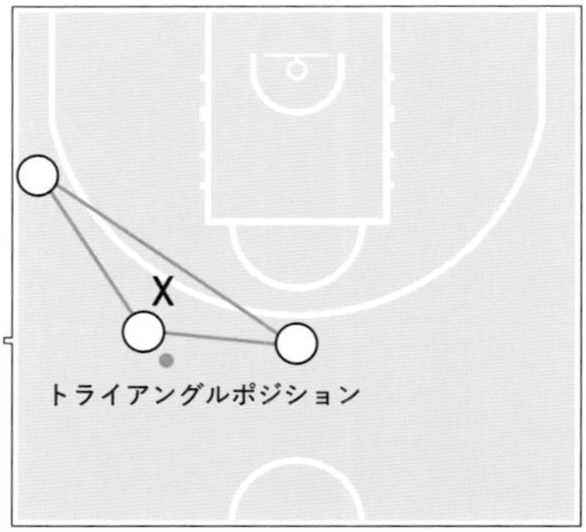

図10-2

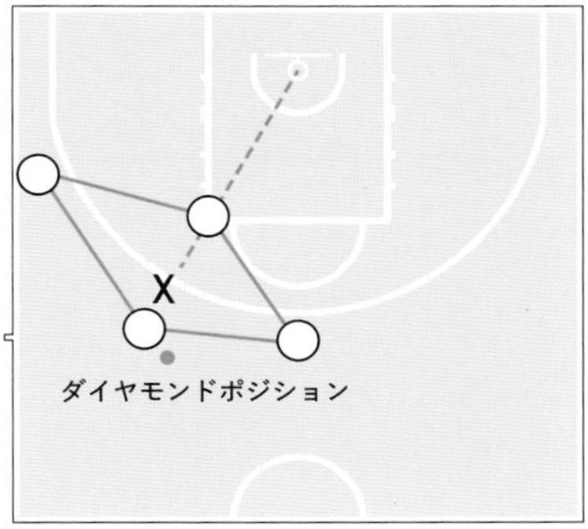

図10-3

原則④ ボールマンが特に不利なとき、オフボールプレーヤーはダイヤモンドポジションをとる

目的 ▶ 5人が共通理解を持って位置的優位性を持ち続けること

ボールマンが特に不利な状態であれば、オフボールプレーヤーはダイヤモンドポジションをとるようにします。センターがゴールライン上のポジションに向かってフラッシュすることで、ボール・レシーバー・ゴールが一直線上に並びます。この状況でのディフェンスはセンターをディナイしにくいばかりでなく（ディナイをすれば裏のスペースが空きます）、センターの左右どちらかにしか立てません。そうするとディフェンスのいないほうのサイドに確実にパスを通しやすくなります。また、フラッシュしたセンターにパスを入れることで、バックドアプレーなどにプレーを展開させることもできます。

4 サポート

状況 ▶ サポートをする状況
目的 ▶ ボールマンの助けになるようにサポートすること

オフボールプレーヤーがボールマンの状況やボールマンの意図から判断して、攻撃の目的を達成するためのサポートができるかどうかです。

オフボールプレーヤーはボールマンの状況に応じてサポート方法を変えることが大切です。具体的には、

◆パスを受ける
◆スペースをとる
◆スクリーンをかける
◆スクリーンを受けて、ボールを受けられるようにする（オフボール）

といったプレーでチームに貢献することを指します。

サポートは意図的におこなうことが重要です。チームメイトにプレゼントするような気持ちでプレーすると、質の高いサポートになります。

原則❶ 意図的にサポートする

目的 ▶ ボールマンの助けになるようにサポートすること

意図的にサポートをすることについては、さらに以下の3つに分けることができます。

（1）緊急のサポート（リクリエイトのサポート）

ボールマンがプレッシャーを受けて不利な状況のとき、ボールを失わずに攻撃をやり直すためのサポートです。パスを受けられる位置に顔を出して、ボールマンを安心させるようにして助けることが重要です。

「顔を出す」とは、しっかりと相手の顔をのぞき込んで、パスを受ける（サ

ポートできる）体勢を示してあげることです。アイコンタクトだけでなく、また手を上げてパスを要求するだけでもありません。思いやりを持って顔を出すようにします。

助けてもらったボールマンは、今度は自分がすぐにサポーターになるための行動をとることが重要になります。パスを出して不利な状況を脱したと安心せず、パスを出したらサポーターになります。残りのチームメイトが４対５では攻めにくくなるからです。

（2）クリエイトのサポート

攻撃をしかけてチャンスをつくりだすためにおこなうサポートのことです。オンボールスクリーンやオフボールスクリーン、カッティング、パスアングルを変えるサポートなどがあります。特にインサイドにパスを入れたいときには、トライアングルをつくることが、パスを入れやすいサポートということになります。

（3）ブレイクのサポート

ブレイクの段階でおこなうサポートです。ディフェンスがヘルプしにくくするサポート、つまりはスペースをとることです。ボールマンが攻撃をしかけようとしているときに、ボールマンにスペースを与える動きをすれば、ボールマンが攻撃しやすくなります。これがサポートです。

ブレイク３でも説明したように、外に３人が立っているとディフェンスにローテーションされやすくなってしまいます。このような場合は、ローテーションをさせにくくするためにカッティングを使います。カッティングを入れることで、ディフェンスは動いているプレーヤーに対してローテーションをおこなわなければいけなくなります。アウトサイドで立っているだけのプレーヤーにローテーションをするよりも、マッチアップが難しくなります。つまり、３対２から３対３をつくるよりも、２対１から２対２をつくるほうがローテーションの移動負荷を高めることができ、ボールマンのアタックに対してもよりスペースを確保できるのです。

原則❷ 状況に応じてサポートの意図を変える

目的 ▶ ボールマンの助けになるようにサポートすること

ブレイクのサポートをしようとしていても、ボールマンのアタックがディフェンスに止められてしまえば、リクリエイトの段階になります。パスコースに顔を出してパスを受けることもサポートになりますし、リクリエイトのサポートも必要になります。

また、スクリーンでクリエイトのサポートが終わったら、次はブレイクのサポートになります。レシーバーになる意識を持つことも、状況に応じたサポートの意図の変化です。例えば、ピック＆ロールでダイブをするときのような場合です。スクリーンでボールマンをノーマークにするというクリエイト（サポート）をして、ボールマンにチャンスを与えるようにします。しかし、その直後に自分がパスを受けられるようにサポートしなければ、自分のディフェンスがボールマンを止めたとき、ボールマンが行き詰まってしまいます。ピック＆ロールは、サポートの意図の変化によって成り立つプレーとも言えます。

このように状況に応じて、サポートの意図をすばやく変化させられるチームは、よりシームレスに攻撃的なプレーを展開できます。これこそが「アジリティ」です。

▶NBA選手でも「ピックしたらダイブしろ!」という指示を受けている

数年前、男子アメリカ代表のスタッフに話を聞いたとき、ミーティングでコーチが「ピックしたらすぐにダイブしろ」という話をしていたそうです。当たり前のように思える動きを、NBAのトッププレーヤーたちに対して告げていたのは、それだけ「次のサポート」を忘れがちだからです。

5　ボールの保持

状況 ▶ ボールマンがボールをコントロールする状況
目的 ▶ 攻撃的にかつ安全にプレーするためにボールをコントロールすること

より効果的にボールをコントロールし、また安全にボールを保持するための原則です。ディフェンスのプレッシャーに対応できるかどうかがポイントです。まずはボールを失わないことが重要です。

原則❶ シュートをするためにボールをコントロールする

目的 ▶ 攻撃的にかつ安全にプレーするためにボールをコントロールすること

キャッチの瞬間にすぐシューティングポケットにボールを入れるようにします。そうすることでオフェンスは先手を取れます。ディフェンスの手が上がったら、ディフェンスのバランスは崩れている証拠です。あるいはクローズアウトのように手を上げながら足も出してくると、ディフェンスが前に出している足から抜きやすくなります。ストップショット（シュートのキャンセル）からドライブするようにします。

このプレーができるチャンスがあるのに、多くの選手はキャッチの瞬間にボールを下げてしまいがちです。キャッチの瞬間、ボールを下げて前のめりの姿勢をとっているのです。その姿勢だとオフェンスの優位性が失われ、またディフェンスはドライブを読んでしまいます。ディフェンスの手を上げさせたり、足を出させたりして、ディフェンスの姿勢を崩さないと、簡単には抜くことができません。また、ボールを下げてしまうと、ディフェンスがそのボールの上に手を置いたとき、シュートを打つことはもちろんのこと、シュートフェイクもできなくなります。

原則❷ ピボット1対1のためにボールをコントロールする

目的 ▶ 攻撃的にかつ安全にプレーするためにボールをコントロールすること

ジャブステップなど、ボールをポケット（腰）の位置に入れるときのボールコントロールです。このときボールをピボットフット（軸足）のポケットで保持をすることがポイントです。そのボールとゴールを結ぶラインを意識し、同時にフリーフットをディフェンスの足の外側に出せるかどうかを試します。もし、ボールとゴールの間にディフェンスの体がない、つまりディフェンスがフリーフットを守っているようであれば、ピボットフット側から直線的なドライブでディフェンスを抜けます。

ディフェンスがボールとゴールの間に体を入れていても、オフェンスがフリーフットをディフェンスの外側に動かせるのであれば、そちら側をドライブします。つまり、ピボットフット側のポケットにあるボールを起点に、ゴールまでのラインをつくり、フリーフットで抜けるかを試しながら、空いているラインから攻めていくわけです。

■ ■ ■

► ディフェンスを抜くときの工夫

正対した1対1をするときに、以下の2つのうち、どちらかの状態をつくれたときに、ボールマンはディフェンスを抜きやすくなります。

1）ディフェンスの体の横にボールを落とす（ドリブルを突く）

2）フリーフットをディフェンスの足の外側に落とす

► 1対1のフリーフットとピボットフット

フリーフット側でボールを持たせるコーチもいます。しかしそれをすると、同じ側にあるボールとフリーフットをディフェンスの両足の間に入れられたとき、オフェンスはそのディフェンスを抜くことができなくなります。そこで間合いを詰められ、プレッシャーをかけられると、のけぞるような姿勢になり、さらに不利な状況になります。当然、攻撃も行き詰まります。それを打開するためには、ボールはピボットフットのポケットで保持することがよいと考えています。

ちなみに、NBA選手の多くはピボットフットを左足にしています。なぜなら右利きの選手が多く、右利きであれば、左足でより強く蹴りやすいので、ので、左足を利き足にしているのです。

原則③ プレッシャーに対してボールをコントロールする

目的 ▶ 攻撃的にかつ安全にプレーするためにボールをコントロールすること

ボールマンディフェンスによるプレッシャーを受けても、ボールを失わないよう、ボールを守りながらコントロールします。このときに使うスキルを「ヒップスイッチ」と言います。

ディフェンスに対して、ピボットフット（軸足）側の足で壁をつくっておきながら、体の外側、つまりディフェンスから遠いところにボールを置いてコントロールします。このときピボットフットの上に肩を置いて、差し込まれないようにすることが大切です。フリーフットを引いたり、前に出したりしてディフェンスを揺さぶります。ディフェンスが過度に反応したり、反応せずに攻めるコースが生まれたら、そちら側から抜いていきます。

これら3つのボールコントロールに共通して言えることとして、自分のディフェンスと、周りのスペースや味方の位置に応じて、ボールコントロールの意図を選択することが大切です。

6　マークを外す動き

状況 ▶ **オフボールのプレーヤーが意図した場所やタイミングでボールを受ける状況**

目的 ▶ **オフボールのプレーヤーがディフェンスを振りきってボールを受けること**

オフボールプレーヤーが、自分のマーク（ディフェンス）を外して、フリーでボールを受けるための原則です。ディフェンスの強度が上がれば上がるほど、努力してマークを外し、フリーでパスを受けられるようにする必要があります。この原則は３つのポイントで構成されています。以下の３つのポイントを用いて、マークを外すという目的達成をめざすようにします。ダイヤモンドポジションを活用することが鍵です。

原則❶ ゴールラインに立ち、ディフェンスをどちらかに寄せる

目的 ▶ **オフボールのプレーヤーがディフェンスを振りきってボールを受けること**

ゴールラインに立っていると、ディフェンスは左右どちらか一方しか守れないので、最も安全にパスを受けられやすくなります。ダイヤモンドポジションでいえば、ボールマンの対面に位置する選手です。

ダイヤモンドポジションにおけるシングルギャップのゴールライン上のポジションがボールを受ける目標になります。ゴールライン上のポジションでは通常、ディフェンスはオフェンスプレーヤーの左右どちらか一方のサイドにしかポジショニングできないので、あるいはボールマンに向かってフラッシュすればディフェンスを背中にまわすことができるので、パスを受けるた

めの優位な状態になります。このとき、パスコースにディフェンスが入らないようにうまくシールすれば、安全にパスを受けることができます。ボールマンから距離が離れるとインターセプトの危険性が出てくるので、シングルギャップを距離の目安とします。

原則❷ ボールマンに正対して、身体の幅を使う

目的 ▶ オフボールのプレーヤーがディフェンスを振りきってボールを受けること

ボールマンに正対して低く広く構えることで、レシーブポイントをつくります。ボールマンに正対する理由は、ディフェンスをターゲットハンドの反対側に位置させてシールすることでパスのコースを生み出すためです。そのときに、ディフェンス側の足を相手の股の間に位置させたり、あるいはディフェンス側の前腕を相手の胸に位置させるなどして、パスコースにディフェンスが入ってこられないようにします。さらに相手のディナイする手をディフェンスの胸に当てている手で払うようにしておけば、ボールに触られるリスクを下げることができます。ボールをスティールするのはディフェンスの手なので、その手を意識することです。

原則❸ 面で受けられないときはバックカットで裏を突く

目的 ▶ オフボールのプレーヤーがディフェンスを振りきってボールを受けること

ディフェンスのオーバーガードに対して裏のスペースを突く動きを「バックカット」と呼びます。バックカットをねらうことで、ディフェンスに代償を払わせます。「バックドアプレー」とも言います。ダイヤモンドポジションのスペースでは、ボールマンとは反対側のトップのプレーヤー（おもにセンター）を経由して、サイドのプレーヤーがバックカットをする「ブラインド・ピグ」もあります。

7　ドリブル

状況 ▶ボールマンがドリブルする状況
目的 ▶ボールを自ら運ぶことで局面を有利にすること

ボールをキープし、局面を有利に展開するためのドリブルに関する原則です。ボールを運ぶという観点ではパスよりもドリブルのほうが時間を要するということを基本的に理解したうえで、以下の３つの効果を発揮できるようにドリブルを使用します。

- ◆相手を引きつけることができる
- ◆ゴールに向かってボールを進めることができる
- ◆ボールを守りながら攻撃を継続することができる

原則❶ 選択肢を持ち続けられるようにドリブルをする

目的 ▶ ボールを自ら運ぶことで局面を有利にすること

ドリブルをすることで起こる変化を観察します。例えば１対１で突破したあと、ヘルプディフェンスが来るのか来ないのかをドリブルを続けながら判断できるようになると、ディフェンスは非常に難しくなります。これがヘルプディフェンスとの「駆け引き」です。

ピック＆ロールでも、ボールマンがすぐにボールをピックアップ（保持）しないことが原則です。たとえジャンプシュートを選択するにしても、ボールが腰の高さまで上がってきたところでキャッチをしてシュートを打つスキルを発揮することで、ピックアップフェイクから再度アタックを選択できます。もちろんピックアップからのシュートやパスも選択できます。つまり、ボールをピックアップする位置を高くすることで、プレーを選択する時間が増えるわけです。このように選択肢を残しながらゴールに向かってドリブルできることで大きな優位性を得られます。

原則② 目的を持って意図的にドリブルをする

目的 ▶ ボールを自ら運ぶことで局面を有利にすること

意図を含んだドリブルには以下の3つがあります。

（1）ドライブ

ディフェンスを突破するときのドリブルのことです。スピードに緩急をつける「チェンジオブペース」や、ドリブルする方向を変える「チェンジオブディレクション」などでドリブルに変化をつけて、ディフェンスを突破します。また個人の打開によってスムーズにディフェンスを突破できると、オフェンスの効率が高まり、より生産的なオフェンスになります。ドライブを有効に使うようにします。

（2）プロテクト

ディフェンスのプレッシャーからボールを守ることです。ディフェンスをドリブル方向に引きつけて、逆方向にドリブルを切り返したり、ドリブルからパスを展開して、ディフェンスを揺さぶります。プレッシャーリリースとして使うようにします。ボールとディフェンスの間に自分の身体を位置させるとディフェンスのプレッシャーを回避しやすくなります。

（3）ポジショニングを整える

フロアバランスを整えるために、トップやスロットにドリブルで上がり、オフェンスを立て直すために使います。

8　シュート

状況 ▶ボールマンがシュートする状況
目的 ▶チャンスを掴んでシュートすること

シュートに関する原則です。チャンスを逃さずに打つことができるかどうか、あるいは打ったシュートを決めきることができるかどうかです。

原則❶ シュートの機会を取りきる

目的 ▶チャンスを掴んでシュートすること

これに言及する背景として、シュートの機会損失がとても多いことが挙げられます。まるで「シュートが一番大事である」ことを忘れているかのようにプレーしている場面をよく見かけます。勝負は一瞬です。その一瞬を不意にして、あとで行き詰まるケースがあまりにも多いので、それがどれほどの損失かを理解して、対策を考えるべきです。

機会損失が多くなる原因として考えられるのは、目的意識の欠如です。わかりやすい例を示せば、セットプレーの遂行を優先しすぎて、パスばかりを考えている場面です。

また、自信の欠如も機会損失の原因と言えます。自信がない、もしくはセルフイメージが下がっているために、チャンスが見えていない、あるいはチャンスに気がつけていない精神状態になっているのです。気づいたときにはもうシュートが打てない状況になっています。シュートチャンスを自らが見失っているのです。

シュートの機会損失を防ぐためには、心を整えておくことが大切です。コーチは、選手の心を整えるサポートが必要で、それもコーチの大きな仕事であると認識する必要があります。

原則❷ 選択的に期待値の高いシュートを打つ

目的 ▶ チャンスを掴んでシュートすること

期待値の高いシュートとは、フリースロー➡ペイントショット➡３ポイントシュート➡キーショットの順に並びます。キーショットとは、チーム戦術で発生パターンが多いシュートのことです。例えば、ピック＆ロールでのエルボージャンプシュートなどで、これらは意識してトレーニングをしておくべきシュートです。

２番目に期待値の高いペイントショット（ゴール近辺のシュート）は、あと出しジャンケンの要領で、ブロッカーのタイミングをずらすことが大事です。１歩目でわざとボールを見せる動き（ボールショウ）をして、ディフェンスが反応するかどうかを見ます。そのうえでシュートを打つかどうかを判断するようにします。

次に、キーショットはチームとして定め、特別にトレーニングすることで確率を高めることが必要です。

9　インテリジェンス（駆け引き）

状況 ▶相手との駆け引きをする状況
目的 ▶意図を持ってプレーし、意図を隠してプレーすること

インテリジェンスとは「整理された情報」を意味します。整理された情報をもとに、プレーの意図を持って、プレーの意図を隠すための原則です。プレーヤーがプレーの意図を相手に予測させないようにできるか、あるいは相手との駆け引きにおいて優位性をいかに発揮できるかということです。

得点をねらうために相手をかわしてシュートを打とうとするオフェンスに対して、ディフェンスはそうさせないように動き、あるいはオフェンスの動きを先取りして対応します。そこにはお互いの動きや対応を予測して対処する「駆け引き」が生じます。オフェンスが原則に沿ってプレーしたとしても、ディフェンスも原則どおりに対応してくるのであれば簡単に優位性を獲得できず、さらなる駆け引きが必要になってきます。

原則❶ 相手に予測させないように進行方向やリズムを変える

目的 ▶ 意図を持ってプレーし、意図を隠してプレーすること

相手にプレーの予測をさせないためには、以下の３つを考えてプレーすると効果的です。

- ◆予測の対象になる動作をしない
- ◆意図するプレーではないプレーに反応させる（誤認させる）
- ◆意図するプレーとは違うプレーに見えるようにする（だます）

型が決まった動きやプレーではないので、状況や相手に合わせた対応になります。

ヘジテーション

ドライブからのキックアウトパスにおいては、ドリブルの進行方向へのパスは、ヘルプディフェンスに読まれてスティールされやすくなります。このような状況では、一度アタックの動きを止める、もしくはスピードダウンをする（ただし、ボールはキャッチしない）などのヘジテーション（相手に躊躇させるような動き）を使って、あるいは視線をパスの方向とは異なるほうに向けるなどしてヘルプディフェンスを惑わせ、簡単に予測させないようにします。ヘジテーションに対してヘルプディフェンスが自分のマークマンのところへ戻った瞬間にもう一度ボールマンがアタックをしかけると、そのヘルプディフェンスは再びボールマンをヘルプしに来なければならなくなり、そのタイミングでパスを出せば、ヘルパーは慌ただしく自分のマークマンのところへ戻らなくてはなりません。つまり、ヘルプに出てから自分のマークマンに戻るという２段階のクローズアウト（ツーウェイクローズアウト）になるのです。ワンウェイクローズアウトを原則としているディフェンスに対してのヘジテーションのアタックは駆け引きにおいて有効なのです。

原則❷ 相手に予測させてその裏を突く

目的 ▶ 意図を持ってプレーし、意図を隠してプレーすること

相手に予測させて裏を突くには、意図するプレーではないプレーに反応させたうえで意図したプレーをおこなう（だます）、意図するプレーに対応されたときの次のオプションを準備しておく、といったプレーや動きが効果的です。システムの裏のカウンターの動きです。

► 3メンピック&ロールの3メンスイッチに対応する

相手に予測させてその裏を突くプレーを説明します。**図10-4**に示すように、右サイドのハイピック＆ロールのスクリナーのダイブに合わせて、左サイドのローポストにいるビッグマンがリフトをします。このプレーを３メンピック＆ロールと呼びます。**図10-5**は、ボールマンに対してダイバー（スクリナー）のディフェンスがスイッチ、ダイバーに対してリフトするビックマンのディフェンスがスイッチ、リフトするビックマンに対してボールマンのディフェンスがスイッチしているところを示しています。これを３メンピック＆ロールの３メンスイッチと呼びます。

このような３メンスイッチディフェンスに対して、**図10-6**に示すように、ビッグマンがリフトせずに裏を突いてバックカットをすることで空いたゴール下を攻めます。つまり、オフェンスとしては、ディフェンスにピック＆ロールからリフトをすると予測させておいて、その裏を突く選択（リフトをしないでバックカット）をするのです。

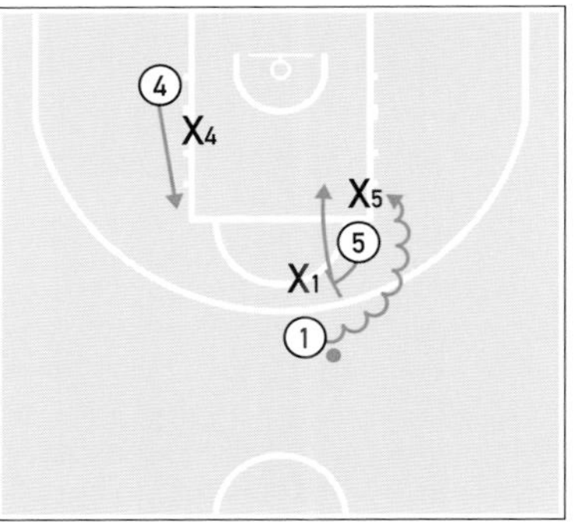

図10-4

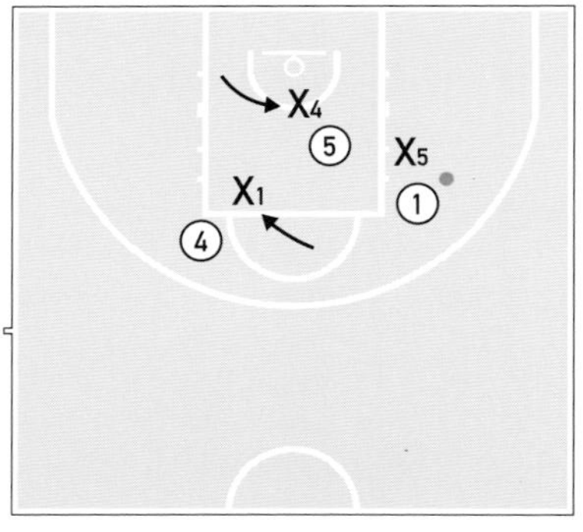

図10-5

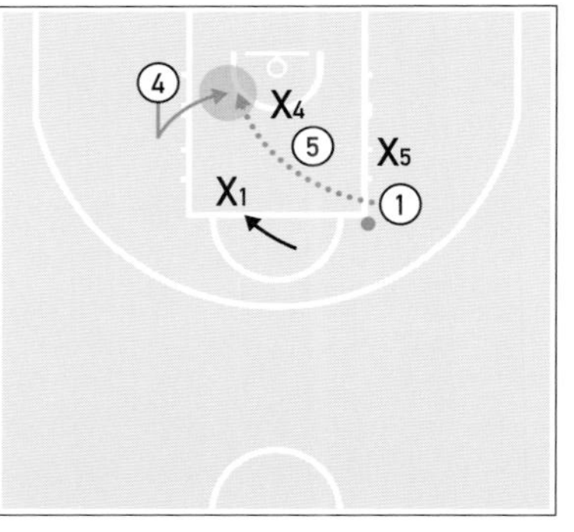

図10-6

第
11
章

ONZUKA METHOD | CHAPTER 11

個人とグループの原則：ディフェンス編

●ディフェンスの個人とグループの原則

ディフェンスの原則にもとづいて、チームとして組織的にディフェンスするなかで、一人ひとりのプレーヤーが個人としてあるいはグループとしてどのようにプレーするべきかを示します。ディフェンスに関する個人とグループの原則は以下の７つの視点で設定しています。

1. 認知　2. パスコースを消す優先順位　3. マーク　4. クローズアウト
5. ヘルプ＆クローズアウト　6. 1対１の対応
7. インテリジェンス（駆け引き）

1 認知

状況 ▶ディフェンスとして良い選択をするために情報を収集する状況
目的 ▶チームとして失点を防ぐうえで良い選択をするためのゲーム状況を観察すること

原則❶ ボールマンはボールマンの形勢や意図を読むことに集中する

目的 ▶チームとして失点を防ぐうえで良い選択をするためのゲーム状況を観察すること

第2部

ボールマンのディフェンスは原則的にボールマンを見ておきます。オンボールスクリーンへの対応は、周りを見るタイミングがあれば、瞬間的に周りをすばやく見て、距離や方向、角度を確認しますが、基本的にはスクリナーのディフェンスとのコミュニケーションで、どちらのサイドから来ているのかを把握して解決します。

原則❷ オフボールプレーヤーはボールマンの意図と形勢に注意しながらマイマンを守る

目的 ▶チームとして失点を防ぐうえで良い選択をするためのゲーム状況を観察すること

オフボールプレーヤーのディフェンスは、ボールの移動に合わせて体の向きや位置を常に調整し、ボールとマークマンを同時に視野にとらえることができるフラットトライアングルのポジションをとりながら（P.241参照）、相手の攻撃の意図や形勢を読むようにします。特にパスやドリブルが起こるごとにどのような意図にもとづいて攻撃をしようとしているのか、味方（ディフェンス）の状態や守備に穴がないか、あるいはスクリーンの対応において味方と声をかけ合うときの状況などを把握しておくようにします。

■ ■ ■

►事前のスカウティングでしっかりと情報を把握する

ディフェンスでは、相手チームを詳細に把握しておくことで、想定内の対応ができるようになり、よりすばやく、より力強くディフェンスをしかけることができます。相手チームのシステムを理解するうえでも、相手チームの戦うスクリプト（台本）を、相手の立場に立って考えておくことが大切です。相手チームは自分たちのストロングポイントをどのように発揮しようとしてくるのか。あるいはウィークポイントをどのようにカバーしてこようとしてくるのか。それらを事前のスカウティングなどでしっかりと把握するようにします。相手を知ることで予測ができます。作戦盤を使った動きの説明だけでなく、「相手はセンターのポストプレーが強いからそれを軸に攻めてきそうだ。だからペイントエリアを絞っておいて、アウトサイドへのクローズアウト１対１で勝負しよう」といった戦略を導き出すことができます。このような戦略を機能させるためにも、常に味方どうしが助け合うマインドで、お互いにチームの意図を発揮するための指示を出し合って、チーム力を高めてくれる選手を評価していくとよいでしょう。

►ボールから目を離さず、かつ周りの状況もしっかりと把握する

高い視座から状況を判断するうえでも、やはり文脈を読むことが重要になってきます。ただしオフェンスと違うのは、相手の中にボールを持ったプレーヤー（ボールマン）がいるということです。周りばかりを見ていてボールから目を離すと、ボールマンのディフェンスはボールマンにドリブルで抜かれ、シュートを打たれてしまいます。オフボールプレーヤーのディフェンスもパスを出されたときの次の動作への対応が遅れてしまいます。いっぽうでボールばかりを見ていると、ボールマンのディフェンスはスクリーンへの対応が遅れてしまいますし、オフボールプレーヤーのディフェンスも自分のマークマンに裏をとられるなど、出し抜かれる要因になります。

2　パスコースを消す優先順位

状況 ▶ **優先順位に応じてパスコースを消す状況**
目的 ▶ **パスコースを消しながら、相手にプレッシャーをかけやすくすること**

パスコースを消すための原則です。パスコースを消しながら相手の攻撃を予測できるような状態にし、ボールマンにプレッシャーをかけることをねらいます。これはチームプレーとしての側面もありますが、個人としても実行すべき原則です。オフェンスの「パスと動きの優先順位」に対応することになります。

原則❶ ペイントタッチをねらうパスを消しにいく

目的 ▶ **パスコースを消しながら、相手にプレッシャーをかけやすくすること**

期待値の最も高いシュートに直結するペイントエリアへのパスコースを消します。わかりやすく言えば、積極的なフィジカルコンタクトで、オフェンスが優位になるポジションを与えないようにディナイをします。相手が望む有利な位置で、簡単にボールを持たせないというマインドセットが重要です。

原則❷ 3ポイントシュートをねらうパスを消す

目的 ▶ **パスコースを消しながら、相手にプレッシャーをかけやすくすること**

ボールマンのアタックに対してギャップヘルプをしたことで、簡単な3ポイントシュートを許さないことが大事です。そのためにはギャップポジションを高くして、フラットトライアングル（P.241参照）の位置を高く保ちます。手を前に出したときに、パスコースに手が入るくらいの位置でギャップポジションをとるようにします（ハングザロープ）。

通常のギャップディフェンスでは、ドライブに対してケアしながらストレートパスを出されると、すぐには１対１のポジションに戻れません。フラットトライアングルでは手を自然と前に出したらパスがひっかけられるくらいの高さにいることが大事です。

■ ■ ■

► 意識的にディフェンスの手を避けるようなパスをさせる

ボールマンがパスをするときに、意識的にディフェンスの手を避けるようなパス、例えばロブパスやバウンスパス、ミートアウトパスなどをさせることで、リカバーする時間を稼ぎます。

バックカットをねらわれる恐れを感じるかもしれませんが、バックカットをさせてもよいと考えます。なぜなら、ボールマンがアタックしようとしている段階で、ヘルプサイドのディフェンスがホームポジションにいるからです。バックカットに対してパスが入れば、ホームのディフェンスがローテーションで守ります。それよりもドライブからクイックパスを出されて、すぐに３ポイントシュートを打たれたら守ることが難しくなります。まずは高い位置でポジションをとることが大切です。

原則③ アクションへの導入のパスを消す

目的 ▶ パスコースを消しながら、相手にプレッシャーをかけやすくすること

スムーズにアクションに入らせないことで、相手チームのリズムやタイミングを崩すことができます。わかりやすい例としてはエントリーパスのディナイです。ディナイをすることで相手が焦ったり、エントリーしたい位置よりも高い位置、つまりゴールから遠い位置でプレーさせることができたら、アクションの優位性を消すことをねらえます。

3　マーク

状況 ▶ **オフボールの状態から自分のマークマンにボールが渡った状況**

目的 ▶ **自分のマークマンがボールを持つ瞬間に自分が有利な状態をつくること**

オフボールのディフェンスプレーヤーが自分のマークマンにボールが渡った瞬間に相手の意図を読んで有利なポジショニングをするための原則です。有利に守ることができるポジションをとりながら準備します。

原則❶ ボールが移動するたびにジャンプトゥザボールで連動する

目的 ▶ **自分のマークマンがボールを持つ瞬間に自分が有利な状態をつくること**

第2部

ボールが移動するたびに適切なポジションに移動する「ジャンプトゥザボール」ですばやく連動することによって、相手にプレッシャーをかけ続けることができます（**図11-1**）。強調したいのは「ジャンプトゥザボールに判断は不要」ということです。「この状況ではジャンプトゥザボールが必要」、「ここでは必要がない」と判断しようとすることがディフェンスのミスを誘発します。適切なポジションをとることができなくなる典型で、致命的なミスです。やり損ねないためのポイントは、ジャンプトゥ

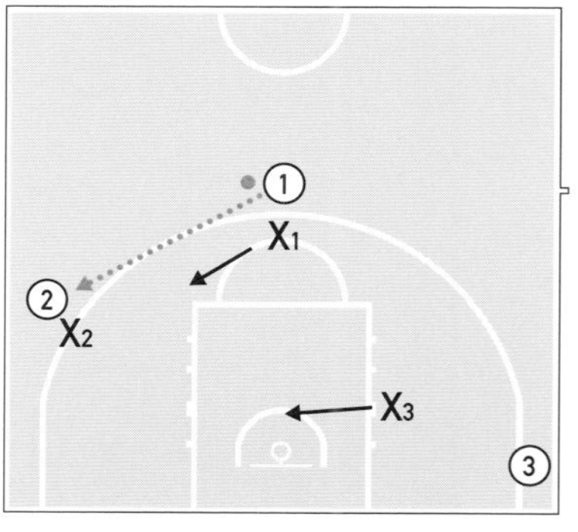

図11-1

ザボールをする必要があるのかなどと考えずに、ボールの移動と同時にすばやくおこなうことです「ジャンプトゥザボールは判断しない。ただやる」です。

原則❷ フラットトライアングルのポジションをとる

目的 ▶ 自分のマークマンがボールを持つ瞬間に自分が有利な状態をつくること

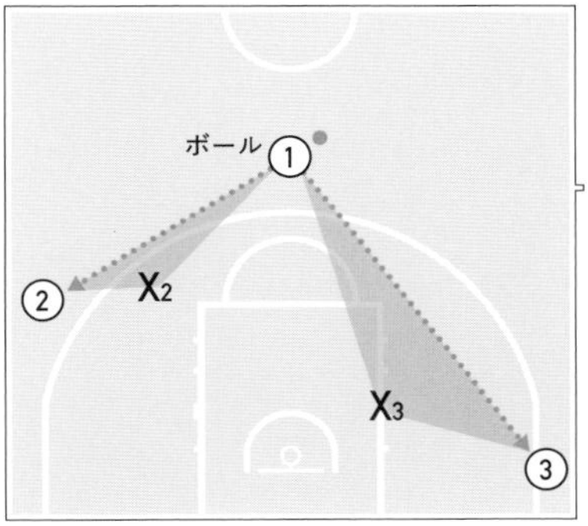

図11-2

ボールと自分のマークマンを同時に見ることができるフラットトライアングルのポジションをとります（**図11-2**）。ボールと自分のマークマンをポイントアップし、基本的にボールマンの攻撃をヘルプします。ゴールラインに対してギャップヘルプができる位置で、自分のマークマンにパスが出されるときにマッチアップできる位置であることも意識します。リカバーする際はワンウェイで戻り、パスコースに手が入る（ハングザロープ）位置でストレートパスをさせないことをめざします。

原則❸ アタックサイドではディナイかギャップヘルプのポジションをとる

目的 ▶ 自分のマークマンがボールを持つ瞬間に自分が有利な状態をつくること

アタックサイドでは、ディナイかギャップヘルプかをいち早く判断します。ボールマンが不利だと判断してパスを選択しようとしているなら、ディナイのポジションをとります。逆にボールマンが有利だと判断してドライブを選択しようとしているならギャップヘルプをします。

4 クローズアウト

状況 ▶クローズアウトする状況
目的 ▶クローズアウトしてシュートやパスを妨害すること

ボールを受けたプレーヤーに対してクローズアウトでシュートやパスを消し、さらにプレッシャーをかける原則です。ボールマンが自分のマークマンにパスを出す判断を変えられなくなった瞬間にスタートを切って、ボールが空中にある間に、マッチアップできるようにしておくことが重要です。このときボールマンにゴールへまっすぐ、最短距離で向かわせるのではなく、横方向に動かして、たとえゴールへ向かわせるとしても、少しでも遠まわりさせるようなプレーをさせたほうが効果的です。

原則❶ すばやくクローズアウトをする

目的 ▶クローズアウトしてシュートやパスを妨害すること

ボールマンが判断を変えられなくなったとき、あるいはボールを投げようとリリースする直前でクローズアウトのスタートを切ります。クローズアウトはスプリント（ダッシュ）でおこないます。そしてボールが空中にある間にボールが奪えると判断したら、スピードを上げてスティールをねらいます。ボールを奪えないと判断したら、２歩でストップできるようにします。

クローズアウトを適切におこなうことで、オフェンスの一番強いところから攻めさせないようにします。相手のファーストオプション、例えばシューターの３ポイントシュートやエースの１対１を許さないことです。多少遅れたり、ポジションがずれたとしても、セカンド（２番目）、もしくはサード（３番目）オプションをねらわせ、それをチームでヘルプやローテーションをして守り、より期待値の低いシュートを打たせるようにします。

原則❷ 意図を持ってクローズアウトをする

目的 ▶ クローズアウトしてシュートやパスを妨害すること

クローズアウトをする際には、以下の3つの意図を持ちます。

形勢に応じて、クローズアウトを使い分けて、ピンチをしのぎます。

(1) ボールマンに正対する

予測を立ててクローズアウトできていれば、キャッチの瞬間にはボールマンの正面に立つことができます。このときはまず、ボールをシューティングポケットに上げさせないように手をボールの上に置きます。次に、ボールマンの左右の足の正面に自分の足をそれぞれ位置させます。このことで、3ポイントシュートを消したうえでドライブに対してステップサイドで対応しやすくなります。これを突き詰めるようにします。

(2) ノーマルクローズアウト

オフェンスがボールをシューティングポケットにすでに上げている場合は、その上に手を上げて3ポイントシュートを阻止します。このとき、手を上げた側の足がオフェンスに近くなってしまいます(トップフット)。この足をオフェンスは抜きにくることが定石のため、相手がドライブモーション(ボールを下げて重心が前に)なったら、トップフットをすばやく引いて、足を入れ替えてドライブに備える必要があります。この足の入れ替えは特に意識的にトレーニングする必要があります。

(3) サイドクローズアウト

オフェンスがすでにシューティングモーションに入っていて、ボールの上に手を上げにくいときにおこなうクローズアウトです。勢い余ってファウルになることも避けなければなりません。そのため、ゴールラインを一時的に空けて相手のシューティングハンド側の肩(可能であれば)めがけて自分の体を横に開いて3ポイントシュートを消しにいきます。このとき、オフェンスと自分がL字型になっているようなイメージです。当然、オフェンスは目の前のゴールラインをねらってきますが、そのドライブを誘導する意識で、できるだけオフェンスの横でついていくことをめざします。

5　ヘルプ&クローズアウト

状況 ▶ **ヘルプ&クローズアウトをする状況**
目的 ▶ **ヘルプとクローズアウトを適切に連続してやり続けること**

ボールマンに対してヘルプポジションをとり、ペイントを守ったところからクローズアウトします。そのクローズアウトに対してもヘルプポジションをとり、連続的にチームディフェンスを続けていくための原則です。適切に繰り返すことができる力がチームのディフェンス力と言えます。

ショートクローズアウトとロングクローズアウト

クローズアウトにはショートクローズアウトとロングクローズアウトがあります。前者はワンパスアウェイのポジションから自分のマークマンに間合いを詰める動きで、後者はツーパスアウェイから間合いを詰める動きです。

原則 ワンウェイクローズアウトする

目的 ▶ **ヘルプとクローズアウトを適切に連続してやり続けること**

ヘルプとクローズアウトを適切に繰り返すためには、正しいスキルの発揮が必要です。クローズアウトは必ずワンウェイでおこなえるようにトレーニングします。

ワンウェイクローズアウトとツーウェイクローズアウト

クローズアウトにはワンウェイクローズアウト（**図11-3**）とツーウェイクローズアウト（**図11-4**）があります。クローズアウトするシチュエーションでは、原則的にはワンウェイクローズアウトを選択します。一度ヘルプに寄ってからマークマンに戻るという逆方向への動作が入るツーウェイクロ

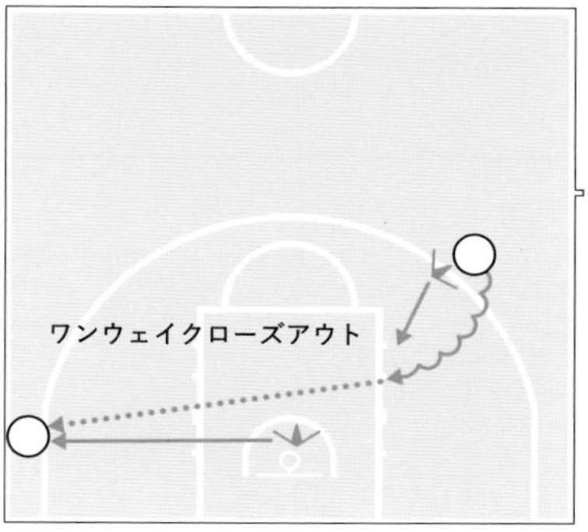

図11-3

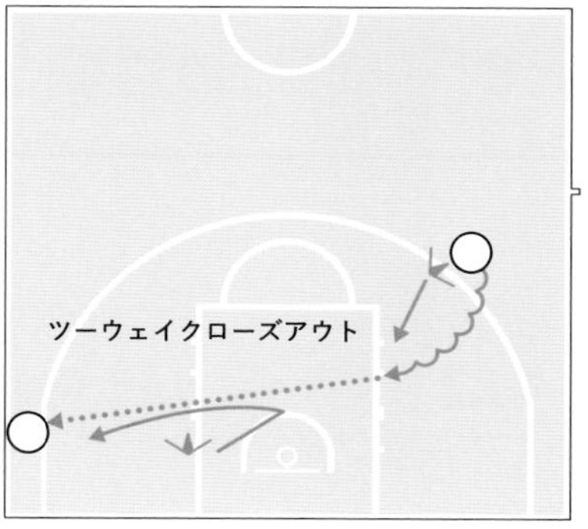

図11-4

ーズアウトでは、対応が遅れて3ポイントシュートを許してしまうからです。

ワンウェイクローズアウトをおこなうためには、ボールマンの攻撃を予測して先手を取り、あらかじめボールマンの攻めてくるコースに寄ったポジションをとることで、ボールマンにパスをさせて、その瞬間に自分のマークするプレーヤーのところへ戻るようにします。

6　1対1の対応

状況 ▶ボールマンをディフェンスする状況
目的 ▶ボールマンの自由を奪い、制限を加えること

原則❶ ゴールラインを守る

目的 ▶ ボールマンの自由を奪い、制限を加えること

ボールマンディフェンスでは、ゴールへストレートにアタックさせないことと、３ポイントシュートを打たせないことを第一に考えます。**図11-5**のように、オフェンスがボールを持っている側の肩とゴールを結んだラインの間に自分の鼻を位置させると守りやすくなります。いわゆる「ゴールライン」もしくは「インライン」と呼ばれるポジションに自らの体の中心を置くようにします。加えて、フリーフットを自分の足と足の間、少なくとも自分の足の外側には置かせないようにスタンスをとります。この足の位置を適切に置くことによって、より抜かれにくい位置関係をとることができます。

ボールマンに正対すると多様な攻撃への対応が難しくなります。足はスタンスをとっている（後ろ足）方向に動かしやすいので、オフェンスのフリーフットに対して、トップにいるときは自分の左右のつま先を結んだ線がウイングに向くようにします（フリースローラインとサイドラインの接点に向ける）。ウイングにいるときは、**図11-6**のように、ショートコーナーにつま先のラインが向くようにします。そうすると足を動かしやすくなります。自分が足を動かしやすい一方向に限定して相手を向かわせる意図を持ちます。そのスタンスで、ボールマンがドライブをしかけてきたら、ボールマンの内側の肩を見て、自分の胸でボールマンの肩を受ける意識を持つようにします。そうすることで懐が深くなり、体を入れやすくなります。

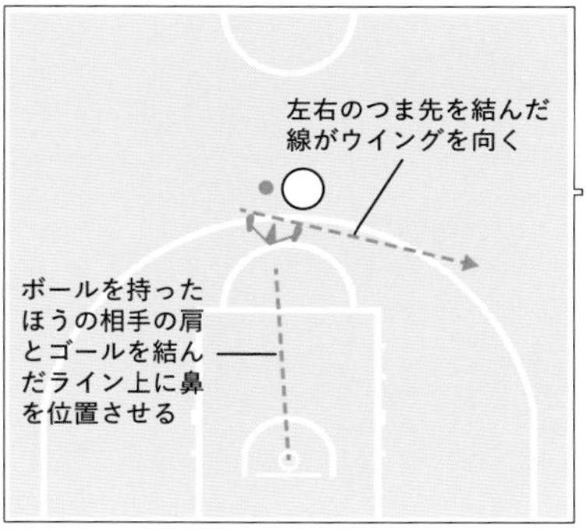
左右のつま先を結んだ
線がウイングを向く
ボールを持った
ほうの相手の肩
とゴールを結ん
だライン上に鼻
を位置させる
図11-5

ウイングにいるときはつ
ま先のラインがショート
コーナーに向く
図11-6

原則❷ 間合いを詰める

目的 ▶ ボールマンの自由を奪い、制限を加えること

相手にスペースを与えると自在にプレーされてしまうので、特にレベルの高い選手ほど間合いを詰める必要があります。間合いを詰めないとボールマンはヘルプディフェンスも見えてしまうので、状況によってはパスを飛ばされてしまいます。間合いを詰めて、かつ一定方向にドリブルをさせ、ヘルプとローテーションを連動することで、オフェンスの時間を失わせます。

オフェンスとの間合いはワンアーム（腕一本分）が原則です。スペシャルな選手に対してはハーフアーム（腕半分の距離）というオプションも持っておいたほうがよいでしょう。そうすることでボールマンの選択肢をドライブ一択にするわけです。抜かれたら、ヘルプとローテーションで守ります。

オフェンスがスピードに乗っている場合は、先まわりをしてスピードを吸収し、相手を見るよりも、追いつく場所に向かい走って先まわりします。

先まわりをしたことで相手が怯んでドリブルバックをしたら、間合いを詰めて、ディフェンスの間合いでプレーさせる意識を持つようにします。それが主導権を握るコツであり、しつこく守るポイントです。出どころを苦しめることができれば、良いパスを飛ばされなくなり、結果的にヘルプディフェンスもよりしやすくなる好循環が期待できます。

7　インテリジェンス（駆け引き）

状況 ▶ 相手との駆け引きをする状況
目的 ▶ 意図を持ってプレーし、意図を隠してプレーすること

原則❶ 先手を取ってしかけ、その対応を妨害する（予測させない）

目的 ▶ 意図を持ってプレーし、意図を隠してプレーすること

例えば、ローポストのディフェンスでは、ローポストのプレーヤーにボールが入った瞬間にミドルライン側からプレッシャーをかけて予測する余裕を与えないようにします。そうするとローポストプレーヤーのアタックする方向はベースライン側しかないので、そのプレーヤーがベースライン側にアタックする瞬間にヘルプサイドからもう１人のディフェンスがトラップに行くことで、そのローポストのオフェンスを封じることができます。ローポストのオフェンスが予測する余裕がなければ、ミスを誘発させることができます。ベースライン側からのパスは角度を制限しやすいという利点もあります。

原則❷ 予測させてその裏を突く

目的 ▶ 意図を持ってプレーし、意図を隠してプレーすること

例えば、ディフェンスは、ボールマンに「ヘルプディフェンスはヘルプに寄ってドライブを止めようとしている。パスをねらっているわけではない。したがってパスは出せる」と見えるような（予測させるような）ポジションに立ち、そしてあえてパスを出させて、スティールをねらいます。このようにプレーの意図を持ちながらもその意図を隠す工夫をすることで、ディフェンスが主導権を握ることができます。

第
12
章

ONZUKA METHOD | CHAPTER 12

専門原則

専門原則とは対戦相手の戦い方への対処方法であり、試合のシチュエーションに対するチーム独自の戦術的要素を含む原則として整理します。一般的に言われる「ゲームプラン」であり、「アジャスト」です。

これらはゲームモデルの中に含まれますが、「ゲームモデル＝ゲームプラン」にはなりません。対戦相手の個人の特徴や、対戦相手のチーム戦術に対して設定される原則です。

ここでは私がこれまで使用してきて、成果を上げた専門原則を一例として紹介します。本書は専門原則のパターンを数多く紹介することよりも、バスケットボールの幹の部分に注力しているため、厳選した２点のみの紹介にとどめます。いっぽうで、もう少し戦術的な情報を求められている方のために、本書のコンセプトに沿って、システムについての解説を加えています。

1　ピック&ロールのショウディフェンスに対するクリエイト

ステップアップしてきたビッグマンのディフェンスに代償を払わせることをねらいます。スクリナーがダイブすることで両コーナーのマッチアップと合わせて3対2を意識して攻めます。**図12-1**に示すように、ボールマンがショウディフェンスによってプレッシャーをかけられ、その状態から2人のディフェンスの頭越しにパスを出すのが難しい場合があります。その場合、**図12-2**に示すように、ガード④を経由するパスフロント（進行方向に中継するためのパス）を使えば、パスアングルを変えて容易にパスを入れることができます。スイッチディフェンスに対しても同じ原理です。④は①からのパスを安全に受けるために、ダブルギャップからシングルギャップへすばやく近づいてポジショニングする意識が必要です。

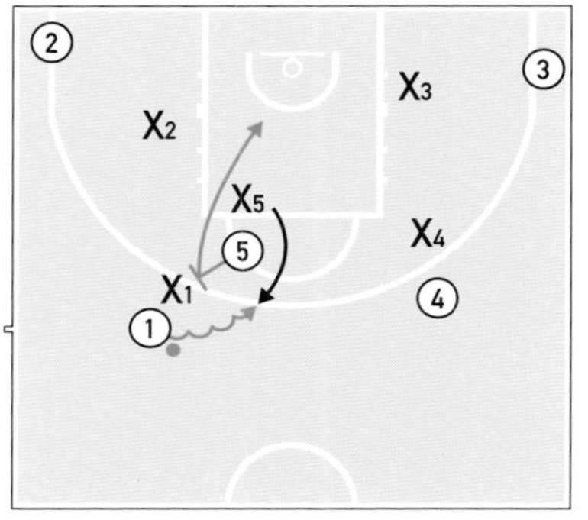

図12-1

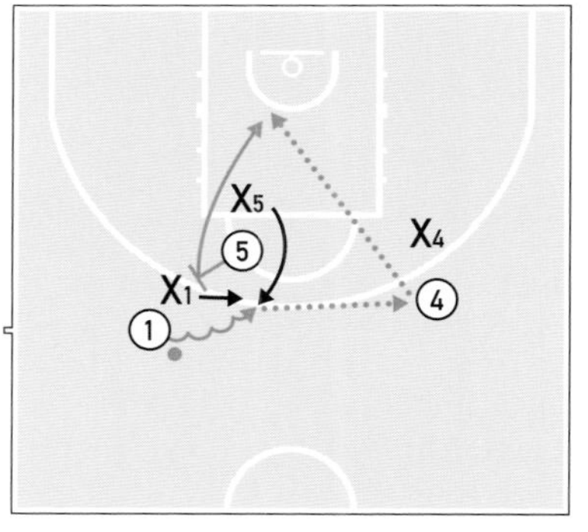

図12-2

このように、相手の妨害に対して、チームで原則を定め、あと出しジャンケンのように即応できるようになることをめざします。少なくとも、メインのアクションには想定される妨害に対する専門原則を準備しておきます。

2　ゾーンディフェンスに対するクリエイト

私がゾーンディフェンスを攻略する際に重視しているポイントは、簡単に攻めるということです。ゾーンオフェンスであることを必要以上に意識せず、本書にある原則を駆使して、マンツーマンと同じように攻めることです。マンツーマンと同じように、ペイントアタックの原則を用いて、ゾーンディフェンスはネイルとホームを攻撃することが重要です。その結果、ゾーンが収縮するので、そのあとでカウンター１対１をしかけます。

図12-3は、ゾーンディフェンスに対してピック＆ロールを利用してネイルへのアタックをねらっているところです。このとき、④がスクリーンをセットすると同時に、もうひとりのビッグマン⑤も先手を取ってホームをアタックします。ボールマン①がネイルへアタックしたときにX_2が守りに出てきたら、ウイングの②へパスができます。それに対して②をX_3が守りに出てきたら、コーナーがオープンになります。すなわち、ディフェンスがネイルとホームを守ろうとしてシュリンク（縮む）してきたら、カウンター１対１のチャンスが訪れるということです。そのカウンター1対1からブレイクの段階への移行は、マンツーマンディフェンスに対するときと同じです。そう考えるとクリエイトの考え方はゾーンディフェンスに対しても同じだと言えます。このときボールマンは、自分のディフェンスの胸がゴールラインに入るまでアタックし、隣のヘルプに来るディフェンスの胸がゴールラインに入ってからパスを出すようにします。そうすることでアウトナンバーをつくることができます。

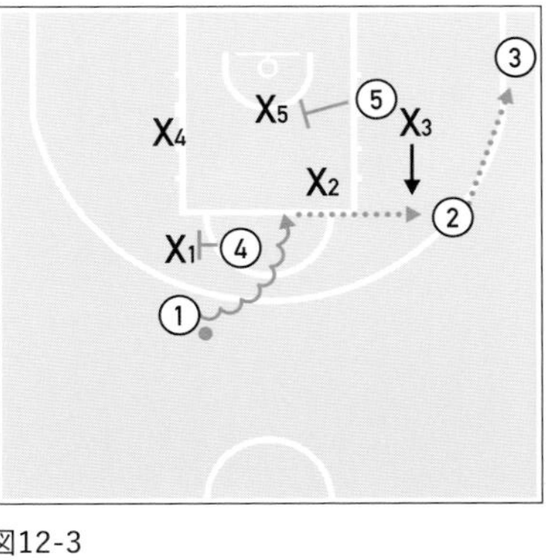

図12-3

3　システムとセットプレーの関係

システムとは、入力に対して自動的に出力をつくる仕組みとして考えています。つまりシステムとは、目的に対して、あるひとつのプレーができなかったとしても、そこからまた５人で動きをつくりだすことができ、また連動して戦い続けられるようなしかけ、あるいは仕組みのことです。

システムの流れを簡単に説明します（**概念図❽**）。

通常、そのチームで運用できる攻撃パターンをフェイズ0（P_0）からフェイズ3（P_3）までの４つに分類します。最初にしかけるのがP_0とP_1です。態勢を整えて攻めることができるときはP_0（アップヒル）、速い攻め、いわゆるトランジションオフェンスができるときはP_1（ダウンヒル）の中からパターンを選びます。次にその攻めを展開してシュートを打ちきれなかった場合には、P_2へ移行します。そしてP_2に移行してもうまくいかなかった場合は、

第2部

概念図❽　システムの流れ

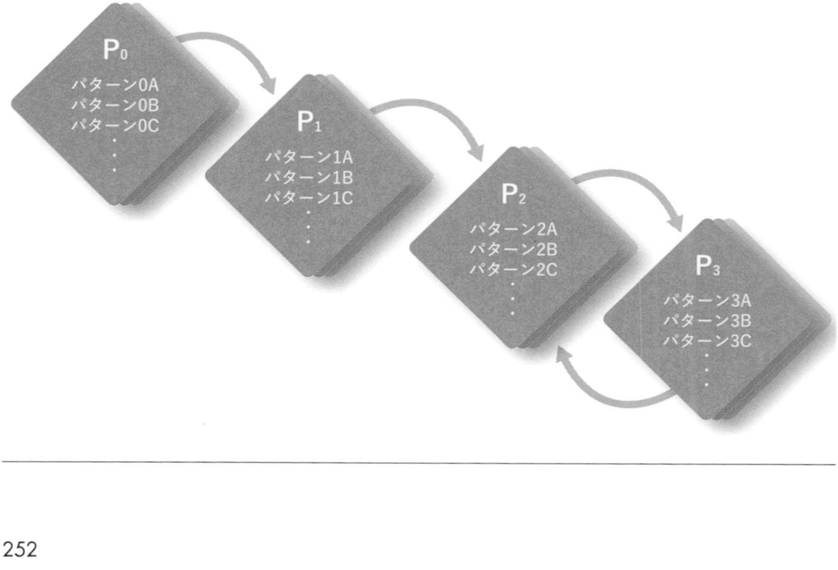

その逆サイドから攻めるP_3へ移行します。あるいはP_3がうまくいかなかったときは、P_2に戻る仕組みを加えても良いです。これらのフェイズを状況に合わせて絶え間なく行き来して攻撃を繰り出します。このような流れをシステムととらえています。それぞれのフェイズでどのパターンの攻撃を選ぶかは、選手に委ねられており、選手には状況に応じて瞬時に判断することが求められます。

さらには、状況に応じてこのシステムに合わせて、カウンターとしてのいわゆるセットプレーを連携させることができれば、大きな推進力と、相手には読みにくい攻撃力を手に入れることができます。

トランジションオフェンスからの流れを例にして、状況がシステムのスイッチになる事例を紹介していきます。

1フェイズ1（P_1）

トランジションオフェンスを選択したフェイズ１の攻めです。トランジションオフェンスのなかで、ディフェンスがいない、あるいはディフェンスがいても、オフェンスと同じ方向に動いているのであれば、ダウンヒルの勢いそのままにゴールへアタックをします。

図12-4～図12-5のように、⑤がボールサイドのハイポストにいれば、ボールマンは⑤のアップスクリーンを利用して攻めることができます。

あるいは**図12-6～図12-7**のように、ボールマンは⑤へのパスからハンドオフを使って攻めることもできます。

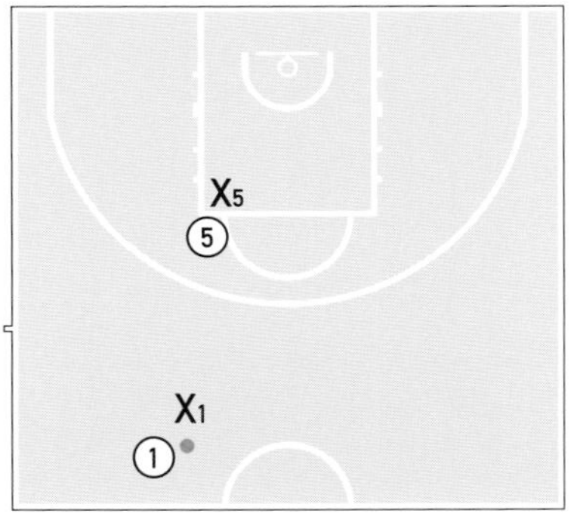

図12-4

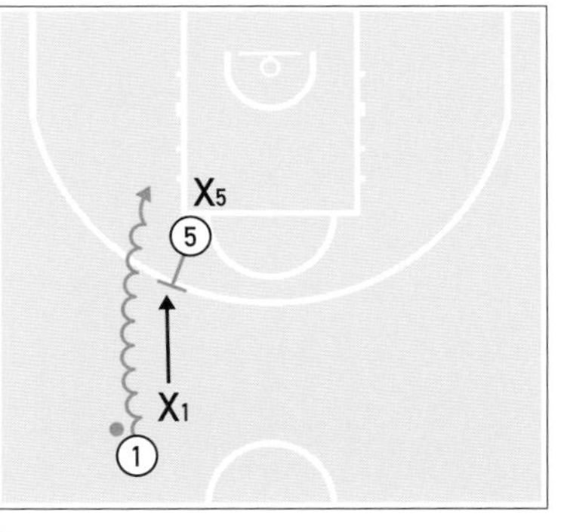

図12-5

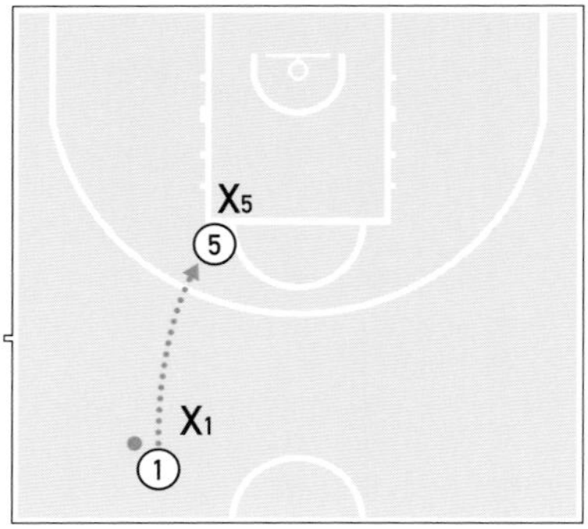

図12-6

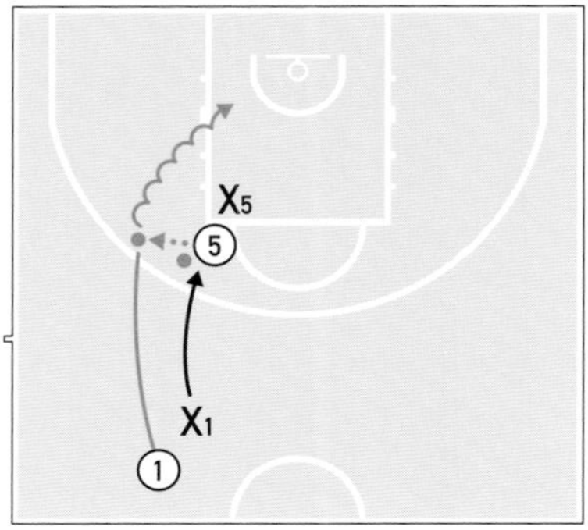

図12-7

2フェイズ2（P_2）

しかし、ボールマンにディフェンスが正対する形でついていて、ゴールへのアタックが難しいと判断した場合は、P_2に移行します。**図12-8**はその１つの例です。右サイドのスロットで①からボールを受けた④はコーナーから上がってくる②にボールをパスしてサイドピック＆ロールに展開します。

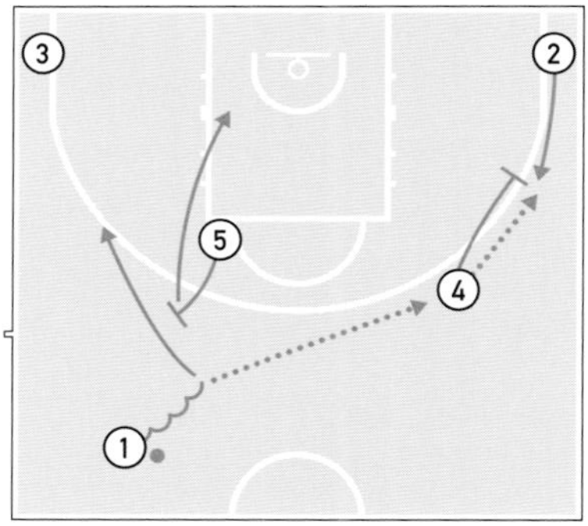

図12-8

3フェイズ3（P_3）

P_2までの攻めがうまくいかない、あるいは違う攻めを選択したほうがよいと判断したときは、P_3に移行します。

図12-9のように、②と④のサイドピック＆ロールがうまくいかなかったときに、⑤がフラッシュしてトップで②からボールをレシーブします。そのあと①はカッティング、または**図12-10**のように、③へダウンスクリーン（ズームアクション）をかけて、X_3に対して影響を与えることをめざします。①のプレーによって③はより優位な状態で⑤とのピック＆ロールに入ることをねらいます。

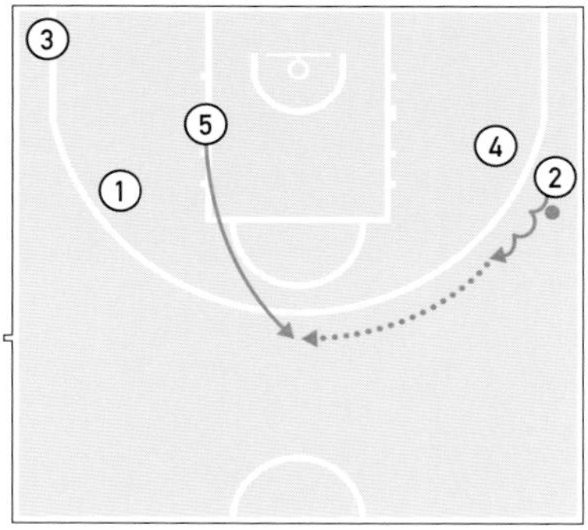

図12-9

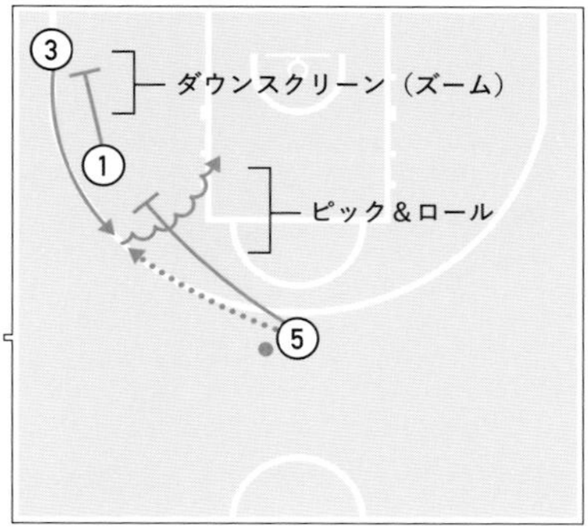

図12-10

④カウンター（セットプレー）

いっぽうのカウンターとは、相手の対処にすばやく別の動きで対応することです。例えば、ハイポストにいた⑤にパスをすることをシステムに設定したとします。このとき、**図12-11**のように、⑤のディフェンスがディナイをしてパスが出せないと判断したら、ボールマンはパスではなく、**図12-12**のように、⑤をスクリーナーとして使うプレーを選択します。このとき⑤のディフェンスX_5は密着して守っているため、ボールマンのアタックを止めることができません。

あるいは**図12-13**のような状況では、ボールマンがP_1～P_3のような判断や動きを流れのなかで自動化できず、とっさに合理的に考えることができない場合もあります。そのよ

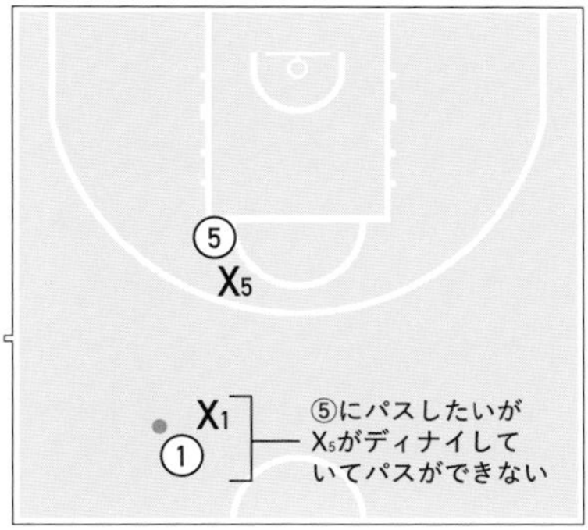

図12-11

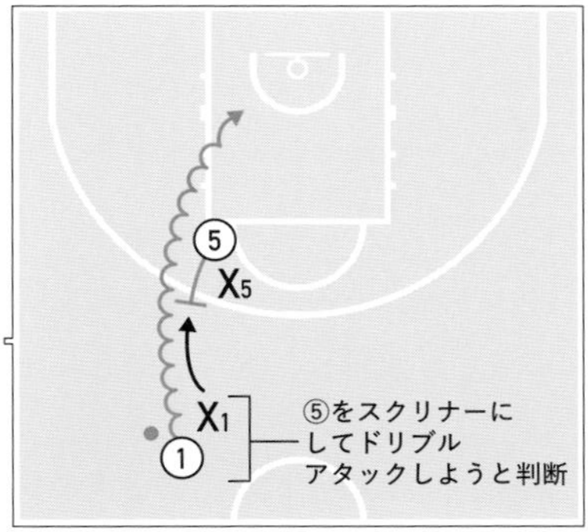

図12-12

うなときには、ボールマンからパスも受けられず、またアップスクリーンもできないと判断した⑤が、例えば**図12-14**のように、ボールサイドコーナーにいる②にダウンスクリーンをかけることで、**図12-15**のように、スクリーンを利用して上がってくる②と、反対サイドから新たにスクリーンをしかけにくる④とのピック＆ロールに展開するプレーをクリエイトすることも可能となります。これをP_0として、システムの入り口にするという考え方です。

あるいは**図12-16～図12-17**のように、⑤が②にオフボールスクリーンをかけたとき、X_2がチート（スライドしてスクリーンを無効にする）して先まわりしようとしたら、②はウイングへポップアウトします。X_2にとって嫌な位置に向かいます（⑤がインスクリーンをかける）。②がウイングでボールを受けたら、⑤がすばやくサイドピックをしかけます。P_0でエントリーしようとしたときに、相手ディフェンスにアジャストして、P_2に入ったと考えると、システムのつながりもスムーズに組み立てられるということです。

以上がシステムからセットプレーへのスムーズな展開のひとつの例で

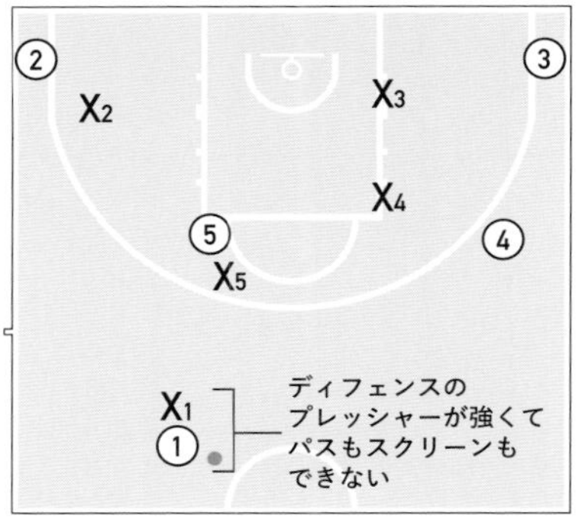

図12-13

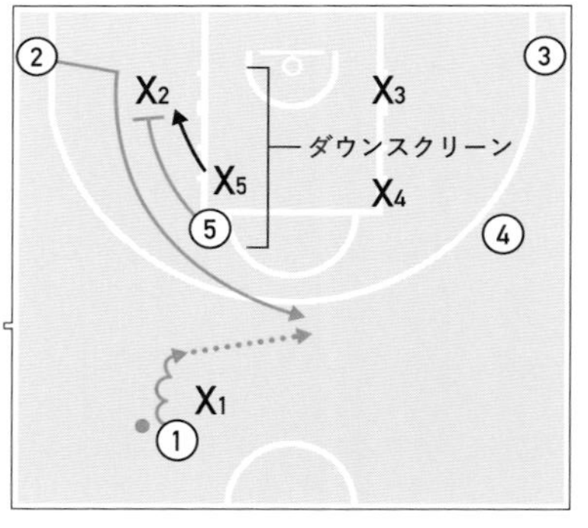

図12-14

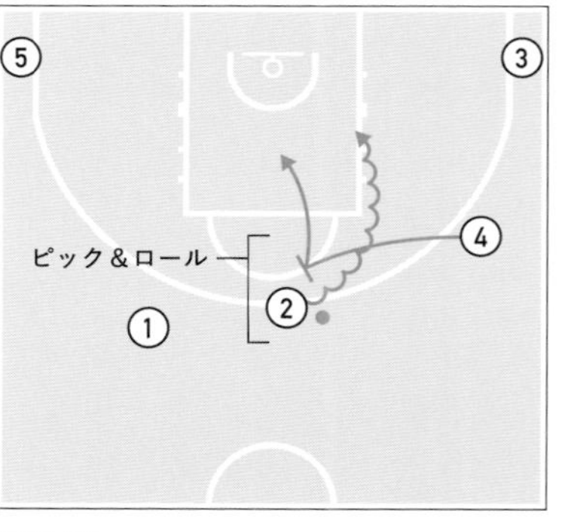

図12-15

第2部

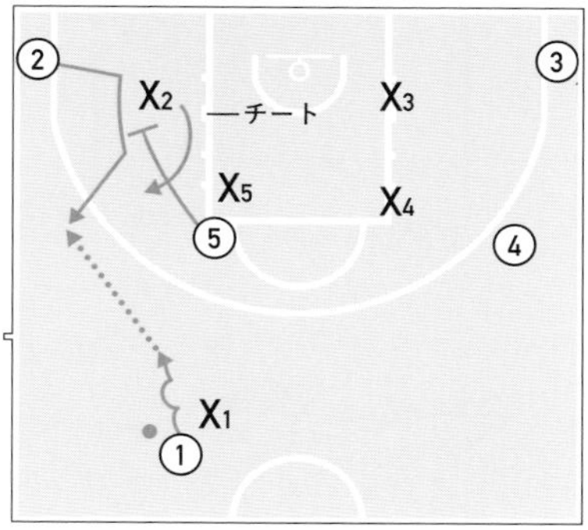

図12-16

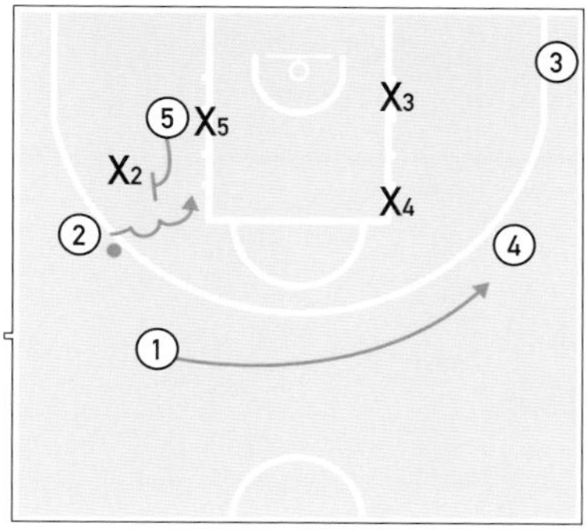

図12-17

す。上記のようなセットプレーまでを「システム」と考えることもできます。システムとセットプレーの明確な線引きは難しいところですが、24秒という制限時間のなかで、いかにダイナミックな動きを展開させていくかがコーチの手腕とも言えます。システムの注意点は、プレーが弱くなることです。「次があるから」と無責任になりがちです。一つひとつのプレーごとに、しっかり勝ちにいくマインドセットを重視します。

概念図❾は、システムと原則の併用のイメージを示しています。システム

概念図❾　システムと原則の併用

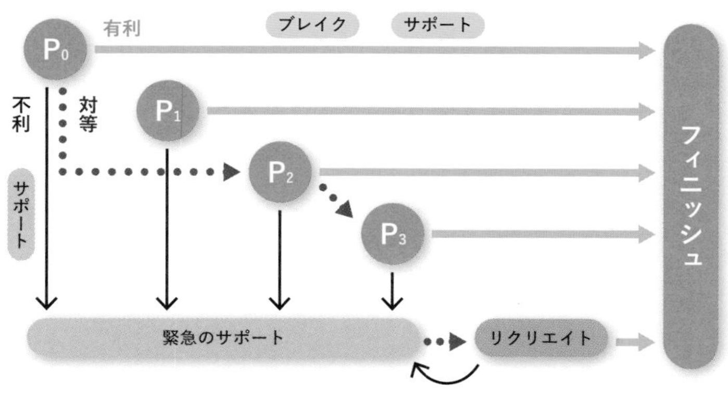

を遂行するときにも本書の原則をいかすことによって、合理的にシステムを運用することができます。P_0〜P_3までのそれぞれのフェイズごとにチーム、個人の原則が、赤＝不利、青＝有利、黄色＝対等というように、信号のようなイメージで伝えると選手もわかりやすいと考えます。青のときは有利で勝っているときです。ボールマンはダイレクトに得点をねらい、周りはボールマンのスコアプレーをサポートします。黄色のときは、システムで青を取れなかったときとして、迷わず次のフェーズ（P_2ならP_3へ）移行します。赤のときは、緊急のサポートをしてボールをなくさないことを第一に考え、安全を確保したのちP_2、P_3に戻るか、リクリエイトのアクションを選択します。このようにして、システムにもチームや個人の原則をいかして、合理的なチームプレーをめざします。

5　プレーのPOAとの因果関係

一つひとつのプレーは強い因果関係でつながるようにデザインするべきです。例えば、ピック＆ロールでは、**図12-18**のように、スクリーナー⑤がオンボールスクリーンをかけることで、POA（ポイントオブアタック）としてボールマン①にシュートチャンスが生まれます。これが最初の因果関係です。このとき**図12-19**のように、スクリーナーのディフェンスX_5がショウハードなどのステップアップで守ってくれれば、ボールマン①のPOAは大きく減少します。しかし、スクリーナーのディフェンスがステップアップした分、スクリーナー⑤がゴール付近にダイブをすることによって、次のPOAとして得点のチャンスが生まれます。これが次の因果関係です。

こうした一つひとつのプレーが持つPOAを意識しながらアタックでき、そこで生まれる因果関係の連続性に富むことが良い戦術の条件です。

もっと簡単な例を挙げると、パスを出して走る、いわゆる「パス＆ラン」を戦術として採用したとします。パスをしたあとに、ゴールに向かって走ってボールを受けシュートをねらうからこそ、得点のチャンスが生まれます。それを守ろうとディフェンスが収縮すれば、たとえ上記のような得点シーン

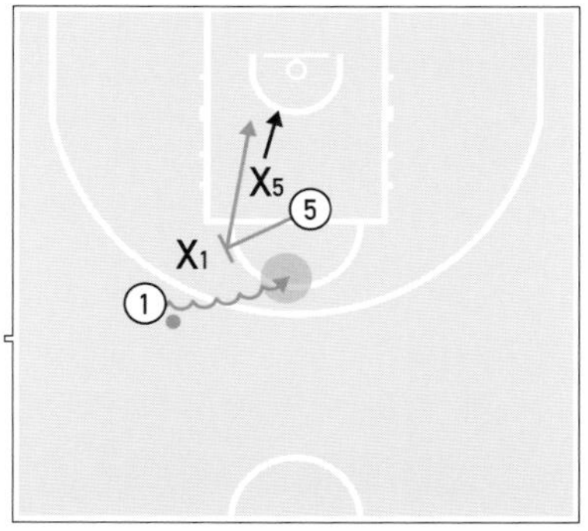

図12-18

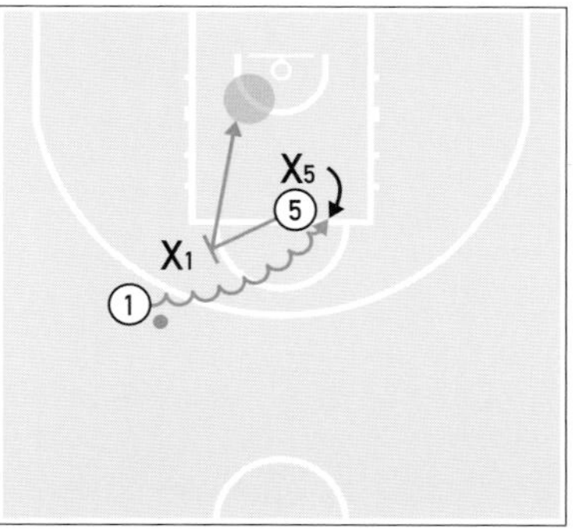

図12-19

が生まれなくても、カットをすることで空いたスペースに他のチャンスを生み出すことができます。そうした一つひとつのプレーに対して戦術的な目的意識を持たなければ、戦術は単なる動きになってしまいます。

オフェンスの評価として、ボールとプレーヤーが動いていることは重要な視点です。しかしながら、ボールとプレーヤーが動いたとしても、意図のない動きで攻撃的でなければ、チャンスができるかどうかは「運」となります。これはギャンブルに近いということです。流れとして「こうするとこうなる→そうなればこれが可能になる」というような好循環の論理（ストーリー）の構築がコーチの腕の見せどころです。このようなストーリーを組み立てて共有できるコーチがチームを勝利に導けると考えています。

第3部

コーチングとマネジメント

COACHING & MANAGEMENT

ONZUKA METHOD | CHAPTER 13

第13章

ゲーム分析とトレーニング計画

この章では、選手やチーム全体に「何を」「どのように」伝えたり、深めたり、浸透させたりすれば、成果を得ることができるのか。その生産的な考え方を共有します。

指導者は、バスケットボールで成果を得るために、ゲームモデルをもとにトレーニング計画を立てていきます。トレーニングを重ね、ゲームに臨んだら、その結果や内容を受けて、次のトレーニング計画に反映させていきます。

このとき「何が問題なのか？」は誰にでも見つけられるものです。大事なのは、何が問題の根っこなのか、攻守のどちらが問題なのかを正確に抽出し、それらの問題にどのような優先順位をつけていくかです。問題の根っこに辿り着き、優先順位を見極めるための手法としてゲーム分析があります。

優先順位をつけるときの目安としては、本書で章立てしているそれぞれの原則を、その順番で優先させていくとよいでしょう。そのうえで時間と習熟度によって、トレーニング計画を立てていきます。

ここではまず、ゲーム分析の方法とその活用方法について解説します。

1　ゲーム分析の方法

ゲーム分析とは、ゲームの中から成果や問題を特定するものです。そのために「スタッツ（ボックススコア）」や「テンデンシー」「キーファクター」と呼ばれるものを使用して、基準値をもとにした数字で優先順位をつけて、ビデオ分析をしていきます。そのビデオ分析から成果の要因や問題の原因を明確にします。

ゲーム分析をする方法は多種多様です。本書では「ゲームモデル分析」と、「テンデンシー分析」「キーファクター分析」を紹介します。

分析方法❶　ゲームモデル分析

ゲームモデルは、コーチがバスケットボールを分析する観点を整理することにも活用できます。ゲームモデルの観点からゲームを分析し、選手一人ひとりのプレーがゲームモデルを遂行できているかどうかを分析します。

このように分析の観点を定めることによって、ゲームの中から成果や問題を的確に特定して、コーチングやトレーニングにいかすことができます。成果の要因や問題の原因は、目的達成のためにプレーしているかにもとづきます。バスケットボールの基本原則である「4局面の原則」「5段階の原則」をもととしながら、「チームプレーの原則」「個人とグループの原則」「専門原則」にもとづいてプレーが実行されているかを観察していきます。

分析方法❷　テンデンシー分析

プレーの傾向を分析するものです。例えば「シュートブレイクダウン」と呼ばれるものでは「ペイントエリア内のシュート」「ミドルレンジでのシュート」「3ポイントシュート」「フリースロー」をどれくらいの割合で試投しているかを分析します。バランスのよい攻撃の目安は「ペイントエリア内のシュート：40%」「ミドルレンジでのシュート：5～10%」「3ポイントシュート：40%」「フリースロー：10～15%」くらいだと考えます。

合わせて「ポイントブレイクダウン」で、「ペイントエリア内のシュート」「ミドルレンジでのシュート」「3ポイントシュート」「フリースロー」をどれくらいの割合で得点しているかを分析します。

またファストブレイクの発生率や得点効率を見たり、マンツーマンディフェンス、もしくはゾーンディフェンスに対するハーフコートオフェンスの傾向や得点率、ゾーンプレスの傾向や得点率などを分析します。これらのデータを取りためてデフォルト（標準・初期設定）として見るようにします。これらの数値をもとにして目標値を設定し、パフォーマンスの評価の指標にしていくとよいでしょう。

分析方法❸　キーファクター分析

キーファクター分析とは、ゲームの中から成果や問題を特定することです。そのためにスタッツ（ボックススコア）や、キーファクターと呼ばれる5つの項目を、それらを求める数式に当てはめ、出てきた数字で優先順位をつけていきます。これらはビデオを活用して分析を進めます。

ここからは、特に成果につながりやすく、数字にも表わしやすい、さらに言えば、NBAをはじめとする世界のバスケットボールシーンで、勝利に大きな影響があると定義づけられているキーファクター分析にもとづいて、話を進めていきます。

2　ゲーム分析のステップ

ゲーム分析は４つのステップでおこなわれます。

ステップ❶から❹にかけて、ゲーム結果に直接的に作用する要素の分析から始めて、その分析をもとにして課題を発見し、その課題を細分化していくという流れでおこないます。

ステップ❶　キーファクターによる分析

：キーファクターから成果と課題を認識するための分析

ステップ❷　5段階の原則の分析

：５段階の原則をもとに、どの段階にキーファクターの成果と改善する課題があるかを認識するための分析

ステップ❸　チームオフェンス・ディフェンスの原則の分析

：チームの原則をもとに、どこに５段階の原則の成果と改善する課題があるかを認識するための分析

ステップ❹　個人とグループの原則の分析

：個人とグループの原則をもとに、どこにチームの原則の成果と改善する課題があるかを認識するための分析

まずはステップ❶をもとにパフォーマンスを評価分析していくことから始めるとよいでしょう。

ステップ❶からステップ❸までは、成果や問題の原因をゲームモデルやプレー原則と照らし合わせていきます。例えば「４つの局面」や「オフェンスの５段階」、「ディフェンスの５段階」のそれぞれの目的と原則の遂行と照らし合わせて、課題を明確にしていきます。どの局面の、どの段階で目的意識がない、あるいは原則の遂行力がないといった課題が見えてくれば、それに沿った対応をすることができます。場当たり的な対応ではなくなるわけです。

また問題点を挙げるときにも、プレー原則の設定に問題があるのか、プレー原則の遂行力が問題なのか、それともシステムや戦術に問題があるのか。また、それらが個人の問題なのか、集団としての問題なのか。さらにはそれ

が理解の問題なのか、遂行の問題なのか。そのような視点を持ちながら問題点を抽出できたらよいのではないかと考えています。

ステップ❶　キーファクターによる分析

スタッツとキーファクターから成果と問題を認識します。「キーファクター分析」における5つのキーファクターを**表13-1**に示します。

●オフェンス・エフィシエンシー（Off Eff：Offensive Efficiency）

$$\text{Off Eff} = \frac{\text{PTS}}{\text{FGA}} + (\text{FTA} \times 0.44) + \text{TO} \times 100$$

▶PTS（Points）：得点
▶FGA（Field Goal Attempt）：フィールドゴールのシュート試投数
▶FTA（Free Throw Attempt）：フリースローの試投数
▶TO（Turn Over）：ターンオーバー

●エフェクティブ・フィールドゴール・パーセンテージ（eFG%：Effective Field Goals Percentage）

$$\text{eFG\%} = \frac{\text{2PM} + \text{3PM} \times 1.5}{\text{FGA}}$$

▶2PM（2Point Goals Made）：2ポイントシュートの決まった回数
▶3PM（3Point Goals Made）：3ポイントシュートの決まった回数

●フリースロー・セット（FTSet：Free Throw Set）

$$\text{FTSet} = \frac{\text{FGA}}{\text{FTA} \times 0.44}$$

●ターンオーバー・パーセンテージ（TO%：Turn Over Percentage）

$$\text{TO\%} = \frac{\text{TO}}{\text{PO}} \times 100$$

▶PO（Possession）：ポゼッション回数

●オフェンスリバウンド・パーセンテージ（OR%：Offensive Rebound Percentage）

$$\text{OR\%} = \frac{\text{OR}}{\text{OR} + \text{OppDR}} \times 100$$

▶OR（Offensive Rebound）：オフェンスリバウンドの獲得数
▶OppDR（Opponent Defensive Rebound）：相手チームのディフェンスリバウンド獲得数

表13-1　5つのキーファクター

分析項目①　オフェンス・エフィシエンシー

（Off Eff：Offensive Efficiency）

簡単に言うとオフェンスの効果、効率を示します。100回攻撃したときに何点取れるか、という数字です。例えば60点を取った試合が良いのか悪いのかは、その得点だけでは正当に評価ができません。80点の場合も同じです。ゲームにはテンポがあり、速いペースで攻撃をおこなっていれば攻撃回数が多くなり、総得点も高くなる可能性が高まります。しかし効率が必ずしも良かったとは言えないかもしれません。いっぽうでゆっくりと攻撃し、総得点は低かったけれども、オフェンスの精度は高かったというケースもあります。このようなゲーム展開によって左右される要素をならし、100回攻撃したときの値に換算したものがOff Effです。

全得点を全攻撃回数で割ると、１回攻撃したときに何点取れたのかが値として出てきます。これに100をかければ、100回攻撃したときの値になります。バスケットボールのオフェンスが終わるときはシュート、あるいはターンオーバーの２つしかありません。この２つの要素が数式にも反映されています。

分子のPTS（Points）は得点、分母のFGA（Field Goal Attempt）はフィールドゴールのシュート試投数、FTA（Free Throw Attempt）はフリースローの試投数、TO（Turn Over）はターンオーバーです。

FTAのところに掛け合わせる数字が入っていますが、これはフリースロー１回の試投が、フィールドゴール１回の試投と比較してどのぐらいの重みを持つのかを示しています。フリースローは得点を獲得する確率が高いので、フィールドゴールよりも割り引いて、0.44を掛けた数字が最も実態に近いとされています。これにターンオーバーの回数を加えて、全攻撃回数を算出しています。これらの要素はボックススコアを記録していれば必ず出てきますので、それらを数式に当てはめればOff Effの値が出てきます。

分析項目②　エフェクティブ・フィールドゴール・パーセンテージ

（eFG%：Effective Field Goals Percentage）

効果的なフィールドゴールの比率を表わした数値です。これを算出する目的は、フィールドゴールの得点効率を２ポイントシュートと３ポイントシュートとで均一化し、全体的な得点効率を評価することです。２ポイントシュートの60％、３ポイントシュートの40％がイコール（２ポイント10本中６本決める価値と３ポイント10本中４本決める価値が同等）という考え方に裏づけられた数式です。２ポイントシュートの決まった回数（2PM：2Point Goals Made）と、３ポイントシュートの決まった回数（3PM：3Point Goals Made）に1.5を掛けた数字を合算して、フィールドゴールのシュート試投数（FGA）で割ります。この数字を見ることで、どれだけ効果的なシュートを打てているかを測ることができます。

仮に３ポイントシュートの成功率が30％しかなく、全体的なフィールドゴールの成功率が50％以下だった場合、一見するとシュート効率が悪いようにも見えます。しかしこの数式に落としこんでみると、それほど悪くない、という評価を下すこともできるわけです。３ポイントシュートをよく打つチームにとっては、重要なスタッツです。

分析項目③　フリースロー・セット

（FTSet：Free Throw Set）

フリースローをどれだけ効率的にもらえているかを示す数字です。バスケットボールではフリースローをもらうことが、最も得点効率が高まる要素です。フリースローが80％の確率で決まるとすると、その期待値はフリースロー１本あたり0.8点、一般的にフリースローは２本を打つことが多いため0.8×２＝1.6。つまりフリースロー１回あたり、得点の期待値は1.6となります。

３ポイントシュートと比較してみます。３ポイントシュートを50％の確率で決めた場合でも、３×0.5＝1.5となり、期待値は1.5点でフリースローに及びません。同じ期待値を２ポイントシュートで得るためには、２×0.8でようやく1.6になります。つまりディフェンスがついている場合でも、フリースローと同じ80％の成功率が必要になるというわけです。オフェンス効率では、フリースローをしっかりもらえているかどうかが非常に重要と考え、このスタッツが重視されています。

視点を変えると、フリースローをもらえていることは、相手からファウルを受けていることでもあります。これはフィジカルにプレーしていることも示しています。FTSetは、ゴールに向かって強くプレーできているかを評価する指標になるわけです。

分析項目④　ターンオーバー・パーセンテージ

（TO%：Turn Over Percentage）

前記のとおり、オフェンスはシュートかターンオーバーでしか終わりません。そう考えると、どれだけターンオーバーをしているかはとても重要です。負けたゲームのあとの反省として「シュートを決められなかったから負けた」、「決めるべきシュートを決められなかった」という言葉をよく耳にします。しかし同じゲームで、オフェンスの40%がターンオーバーだったとしたら、どちらが問題でしょうか。

ターンオーバーも実数を追うだけでは本質が見えません。攻撃回数が多いときの10回と、少ないときの10回では意味が異なります。これも効率性を見ていく必要があり、数式としては、ターンオーバーの数をポゼッション数（PO：Possession）で割り、それに100を掛けます。

分析項目⑤　オフェンスリバウンド・パーセンテージ

（OR%：Offensive Rebound Percentage）

オフェンスリバウンドは、外れたシュートの数が前提として存在しています。シュートが成功していればオフェンスリバウンド数は減りますし、シュートまでいく前にターンオーバーが起こっていれば、やはり数が減ります。そうした要因に左右されずに、単純にミスショットに対してどれだけリバウンドを取れているかを示しているのがこの数値です。

獲得したオフェンスリバウンド数（OR：Offensive Rebound）を、実際取れたかどうかは別にして、獲得可能だったオフェンスリバウンド数（OR＋ディフェンスに取られた回数：OppDR；Opponent Defensive Rebound）で割り、100を掛けて算出します。オフェンスリバウンドを５本取ったゲームがあったとします。ミスショットが50本あるうちの５本（10%）なのか、

10本あるうちの５本（50%）なのか。同じ５本でも、この２つには大きな違いがあります。この違いを浮かび上がらせる指標です。基準値をもとにこれらの優先順位を設定し、ビデオ分析をしていきます。これらは過去３試合分くらい遡って分析していくとよいでしょう。

■ ■ ■

キーファクターをもとに４局面の目的から遂行力を評価・分析し、成果の要因や問題の原因を明確にし、それらのトリガー（引き金になった事象）を分析していきます（**表13-2**）。どの局面で発生している成果、あるいは問題なのかを見ていきます。

基本原則の枠組み			評価基準（できているかどうか）	分析項目	評価
4局面の原則	オフェンス	局面❶攻撃の局面（ハーフコートオフェンス）	効率よく得点できている	オフェンスエフィシエンシー	Off Eff1以上
			ボールを失うことなくシュートに持ちこめている	ターンオーバー	TO%15以下
			セカンドチャンスを獲得できている	オフェンスリバウンド	OR%35以上
	ディフェンス	局面❷攻撃から守備の局面（トランジションディフェンス）		トランジションディフェンス	15%以下
			すばやくマッチアップして、時間をかけさせている		
			ボールマン以外はすばやく戻り、ディフェンスの体制を整えられている		
	ディフェンス	局面❸守備の局面（ハーフコートディフェンス）	相手の得点効率を下げられている	オフェンスエフィシエンシー	Off Eff0.85以下
			ボールを失わせたり、奪ったりすることができている。	ターンオーバー	TO%20以上
			セカンドチャンスを許さない	オフェンスリバウンド	OR%25以下
	オフェンス	局面❹守備から攻撃の局面（トランジションオフェンス）		トランジションオフェンス	20%以上
			相手のディフェンスの体制が整う前に攻めることができている		
			ボールを失うことなく、すばやくオフェンスの体制を整えられている		

表13-2　４局面の原則

ステップ❷　５段階の原則の分析

ステップ❶と同様にキーファクターをもとにオフェンスおよびディフェンスの５段階の目的から遂行力を評価・分析し、それらのトリガーを分析していきます（**表13-3**）。どの段階で発生している成果、あるいは問題なのかを見ていきます。簡単な分析例を挙げると、キーファクター分析で「ターンオーバーが多い」という問題がわかったとします。そこでターンオーバーをすべて分析します。そのトリガーとなる事象が、５段階のうちどこで起こっているかを分析することで、どう対処するべきかが見えるようになるのです。

「ターンオーバーが多いから減らそう」といったかけ声的な話では改善は期待できません。例えば「キャスティングの段階でアウトレットパスを受ける際にミスが多い。だから、パッサーはピボットをしながらレシーバーの準備を待とう。レシーバーは自分のディフェンスの位置をよく見て振り切ろう」などという具体的な改善策が見出せるようになることで効果的な指示やトレーニング方法を見出せると考えています。評価基準をもとに、チーム原則が遂行できているかについても評価分析を実践していくようにします。

ステップ❸　チームオフェンス・ディフェンスの原則の分析

得点を取る、失点を防ぐためにはチームで力を合わせる必要があります。これらが適切におこなわれているかどうかを分析します。

チームプレーを評価する際に、どの原則による成果と問題なのかを分析します。チームオフェンス、あるいはチームディフェンスの原則は、５段階の原則を支える、より具体的にまとめられた原則でもあります（**表13-4**）。チームプレーがうまくいっているかどうかの根っこに、この評価が関わってきます。合理的なチームプレー、スムーズな連携や協力関係をチェックする際に使用することができます。

		基本原則の枠組み	評価基準(できているかどうか)
5段階の原則	オフェンス	1. キャスティングの段階	●アウトレットやボールダウンで、ボールを失ったり、慌てることがない
			●走り出しで優位に立てているか、立とうとしている
			●ミドルレーンを走りペイントアタック、サイドレーンを走りコートの深さと幅をいかせている
		2. クリエイトの段階	●ペイントアタックをねらうことでディフェンスを崩せている
			●オフェンスが停滞せずに連続性がある
			●個の優位性をいかして勝てるところで勝とうとする
			●スクリーンを使って、ディフェンスを剥がせている
		3. チャンスの段階	●シュートの機会を掴んで攻められている(無駄なパス、ドリブルをしていないか)
			●クローズアウト、ミスマッチ、スポットを効果的にアタックしている
			●ボールマンにスペースをとり、プレーできるエリアを広くする
		4. ブレイクの段階	●ゴールラインが空いていたらシュート、ヘルプディフェンスの胸があったらパスの選択ができている
			●ボールマンが有利なときにはスペースをとり、不利なときにはボールを受けるポジションをとり続けている
			●ブレイク1～4を的確に判断して、ヘルプしにいく、かつパスコースをつくるサポートをする
		5. フィニッシュの段階	●自分のシュートエリア(フリーシューティング70%以上)で打つ
			●コンテストされたシュートは見送る
			●タフレイアップをしているにもかかわらず攻めたつもりで満足していないか?
			●シュートを打つ前に、オフェンスリバウンドのポジションファイトを始める
			●相手ディフェンスの外側から相手を押しこみ(タグアップ)、リバウンドチャンスをねらう
			●相手にボールを取られたときに、自分のゴール側に立っていること(走れる)
	ディフェンス	1. キャスティングの段階	●ビルドアップとともにボールプレッシャーをかけられる状態をつくっている
			●縦にドリブルまたはパスをさせずに、横にドリブルまたはパスをさせている
			●攻防が変わったときに、できるだけ早く5人同時にディフェンスをビルドアップできている(構えられている)
		2. クリエイトの段階	●相手の戦術を読み、ボールへのプレッシャーとディナイでセカンドオプションを選択させている
			●相手の戦術に対応するために、相手よりも先に良いポジションをとれている(例:ピック&ロールにおけるポジショニング など)
		3. チャンスの段階	●3ポイントシュートを打たせないことができている(ボールマンディフェンス)
			●レイアップシュートを打たせないことができている(ボールマンディフェンス以外。ホーム、ネイル、ブロックを埋める意識)
			●ヘルプを助けるローテーションができている
		4. ブレイクの段階	●ペイントアタックに対応するために、ギャップ、ヘルプポジションを前もってとれている
			●ヘルプローテーションするときは、シューターなのか、スラッシャーなのかの対応ができている
			●ローテーションのクローズアウトの際に、声を出して自分が行くことをアピールする
			●ボールマンディフェンスからすばやくギャップディフェンスになる(休んでいないか)
			●誰がローテーションしたほうが良いか、選択的である
		5. フィニッシュの段階	●ボールマンに正対して、その手の上をボールが超えていくようにコンテストする
			●5人でリバウンドを取る意識、スキルを発揮する

表13-3　5段階の原則

		基本原則の枠組み	評価基準(できているかどうか)
チームの原則	チームオフェンス	1. アタックエリアの優先順位	● 攻撃の「目的」から逆算したプレーをしている
			● 効率よく期待値の高いシュートを打てている
			● ねらうべきスペースをとらえている
		2. ポジショニング	● チーム全体で有利にプレーするために適切な位置をとれている
			● ドライブに対してシングルギャップをとれている
			● パスに対してダブルギャップをとれている
			● スクリーンプレーなどのアクションに対してシングルギャップをとれている
		3. ボールとプレーヤーのムーブメント	● プレーヤーとボールがテンポよく、広く深く動く(ペイントに入る)ことで、相手のバランスを崩してチャンスをつくりだしている
			● ボールを止めずにテンポよくプレーできている
			● パスを受ける前にプレーの判断ができている
			● 意図のある動きを選択できている
		4. サポート	● ボールマンをサポートする選択ができている
			● 適切なポジションをとれている(シングルギャップ、ダブルギャップ)
			● 緊急のサポートの際にアイコンタクトをして、確実にボールをつなぐ努力をしている
		5. 個の優位性	● 相手に対して優位性のあるプレーヤーを使っている
			● 選択的に個の優位性を支えている
	チームディフェンス	1. ディフェンスの優先順位	● 守備の目的から逆算したプレーをしている
			● 期待値の低いシュートを打たせている
			● ゲームの流れにおける形勢を見極めて、適切なプレッシャーをかけられている
		2. ポジショニング	● スペースを消し、プレーヤー間の適切な距離を保ち、位置的優位をつくれている
			● 有利不利を判断して、ディフェンスのポジショニングを変えられている
			● ヘルプサイドディフェンスがローピングで連携できている
			● エリアに応じたポジショニングができ、役割を果たせている
			● ボールマンディフェンス:プレッシャーをかけてオフェンスに選択させないことができている
			● ワンパスアウェイ:ボールマンに間接的にプレッシャーをかけられている
			● ツーパスアウェイ:ペイントアタックに対するヘルプと、ヘルプに対するローテーションができている
		3. バランス	● 適切なポジションを保ち続け、相手にスペースを与えないことができている
			● ペイントエリアを厚く守れている
		4. プレッシャーディフェンスとトラップ	● 相手に規制をかけ、ショットクロックとラインを味方にして、ボールを奪えている
			● ラインをいかせている
			● トラップをしかけられている
			● トラップにリンクしてボールを奪いにいけている
		5. 個の優位性	● 相手に対して優位性のあるプレーヤーで戦えている
			● ボールを持たせないディフェンスの選択肢を効果的に使えている

表13-4　チームの原則

ステップ④　個人とグループの原則の分析

ステップ❸の分析を深めていくと、個人とグループの原則につながっていきます。つまりゲーム分析からプレーの分析へと移行していきます（**表13-5**）。チームプレーがうまく機能しないときに、その原因が個人のプレー（意識やスキル）に起因することもあります。ステップ❸の分析で解決できない場合は特に、ステップ❹の分析を活用するようにします。

		基本原則の枠組み	評価基準(できているかどうか)
個人とグループの原則	オフェンス	1. 認知	●高い視座でプレーの文脈を認知できている
		2. パスと動きの優先順位	●パスの優先順位、シュートの優先順位にもとづけている
		3. ポジショニング	●グループでも有利にプレーできる位置をとれている
		4. サポート	●パスを受ける、スペースをとる、スクリーンをかける、スクリーンを受けてボールを受けられるようにするなどのプレーでチームに貢献できている
		5. ボール保持	●ピボットで、ボールを適切な位置で保持できている ●意図的にボールをコントロールできている
		6. マークを外す動き	●3つの原則を用いてマークを外し、パスコースをつくれている
		7. ドリブル	●ドリブルが効果を発揮する原則にもとづいてドリブルができている
		8. シュート	●期待値の高いシュートチャンスを逃さずに、取りきれている
		9. インテリジェンス(駆け引き)	●意図を持って、プレーの意図を隠す工夫ができている
	ディフェンス	1. 認知	●相手の意図を読み、高い視座でプレーの文脈を認知できている
		2. パスコースを消す優先順位	●ゴールを守り、ボールを奪うことから逆算してプレーできている
		3. マーク	●適切なポジションがとれて、位置的優位性を持てている
		4. クローズアウト	●ボールマンにクローズアウトしてシュートを消したり、プレッシャーをかけられている
		5. ヘルプ&リカバー	●クローズアウトとヘルプを繰り返しながら、ディフェンスの目的を達成できている
		6. 1対1の対応	●ボール保持者の自由を奪い、制限を加えられている
		7. インテリジェンス(駆け引き)	●プレーの意図を持って、プレーの意図を隠す工夫をしている

表13-5　個人とグループの原則

3　分析のコツ

分析する際に大事なポイントは、原因に共通する点は何かといった視点から、成果の要因や問題の原因を抽象化して、本質をつかむことです。それができるか否かで、そのあとの処置が変わります。問題点を挙げることは、誰にでも、またいくらでもできます。そこに基準の数値を持ち、優先順位をつける、あるいは本質を見つけられるかどうかがコーチに求められる重要な資質と能力と言えます。つまり、センスが問われます。センスとは、数ある問題の中から、センターピンを見つけて１投でストライクを取れるということです。効率よく、大きな成果を出せることがセンスの本質であると考えています。ここでは、そんなセンスを磨くための分析事例と対処方法を紹介していきます。

対処方法❶　ハーフコートオフェンスがうまくいかないとき

よくあるパターンは、「新しいセットプレーにする」という対処方法です。セットプレーがチームにフィットするかどうかは考えるべき事項です。しかし、その前に上記の分析をもとにすれば以下の点をクリアにできるはずです。

(1) ノーマークのシュートを見逃さずに打てていますか？（せっかくできたチャンスを見逃していないか）
(2) ノーマークはつくれていますか？（スクリーンで剥がせているか）
(3) 相手のボールマンの妨害に対して解決策を持てていますか？（フルプレッシャーに対して、パスだけを考えて煽られる）
(4) 相手のヘルプに対して適切なパスを出せていますか？
(5) 相手のヘルプに対してオフボールのプレーヤーが効果的にサポートできていますか？

このほか、ドリブル技術・パスの技術など掘り下げることができます。これらの中で、あなたが教えているチームの問題の本質はどこにあるのでしょうか？　アンダーカテゴリーの試合でよく目にするのは、（1）と（4）です。簡単に言うと慌てて余裕がないから起こる問題です。余裕のない選手を怒鳴ったりすると、余計に視野が狭くなります。結果、何も考えずに突っこんで、リングに当たらないレイアップをボードにぶつけてしまいます。プロの試合でよく目にするのは、（2）と（3）です。妨害のレベルが上がったときに、スクリーンで剥がすという目的にコミットできていなかったり、妨害の変化に対応できないことが問題の本質のように見受けられます。

対処方法❷　トランジションディフェンスの課題

例えば、トランジションディフェンスでの失点が多いという問題が浮き彫りになったとします。トランジションディフェンスを強化する方法としては、最後まで走ることのできる体力を強化する方法もあれば、オフェンスの終わり方を整理する方法もあります。オフェンスの終わり方が悪ければ、スムーズにトランジションディフェンスに入っていけないからです。私は、大学リーグ２部に昇格したシーズンでこの学びを得ました。いくらディフェンス練習（トランジションディフェンス練習）をしても、オフェンスの終わり方が悪いとかなり分の悪い戦いになります。

私はオフェンスの終わりをよくすることで、ディフェンスのパフォーマンスを向上させることに成功しました。

対処方法❸　ポストフィードでのパスミス

よく起こるミスは、ポストフィードでのパスミスです。「ポストへのパスがうまくいっていない」と認識したコーチが、それを解決するために２対２でのパス練習をしたとします。しかし、それとは異なるアプローチで解決することもできます。その方法とは、技術の前に「受け手の気持ちになっていますか？」「パスをする側の気持ちになっていますか？」と、パスの出し手と受け手に問う方法です。わかりやすく言えば、思いやりを持って、お互いを感じてプレーするのはどうかと伝え、選手間で話をさせて練習をするとミスが減るケースもあります。パスがつながらずに、お互いがイライラしていたことがミスを助長させていたと考え、それを解消することがミスを減らす要因になりうるのです。

対処方法❹　ディフェンスリバウンド課題

ディフェンスリバウンドが取れていない問題に対して、その原因がボックスアウトをしっかりできていないことにあると分析したとします。それを課題として掲げるときにもさらなる2つの課題があります。

（1）原則にもとづいた課題

マッチアップする際に、ボールとマークマンを同時に視野にとらえることができていない。あるいはボールマンがアタックなのか、シュートなのかを読めていない。そうした原則が身についていないことによる課題です。

（2）質の高い動きへの課題

例えば、ヒットファーストが遅い、あるいはステップスルーが遅い、といった質の高い動きに対する課題です。

■ ■ ■

このようにプレーの分析をゲームモデルと原則の観点からも見ていくことができます。注意しなければいけないのはステップを通した分析の結果から、成果と問題の原因を「抽象化して、本質を掴む」ことです。例えばパスの問題が起こったときに、個人やグループに落としこむのか、それとも息が合っていないからなのかを見出すのがコーチのセンスです。

センスの良いコーチのみなさんはお気づきのことと思いますが、問題の根っこに的確に辿り着けるかどうかは、客観的な数値分析やビデオの分析だけではなく、選手の様子や心情をよく見ることにも大きくかかっているのではないかと考えています。選手のせいにしているとこの答えには辿り着くことはできないでしょう。

4 トレーニング計画と条件設定

トレーニングとは、単にその言葉を聞くと筋力トレーニングなどをイメージしてしまうかもしれません。しかしここで示す「トレーニング」とは、筋力トレーニングだけにとどまらない、大きな枠組みとしてのトレーニングです。スポーツにおける達成能力を向上させるために、目標を設定して計画的におこなわれる行為と言えます。わかりやすくいえば「練習」です。

●起こりうる事象に焦点を当ててそれらを重点的に練習する

トレーニングの年間計画を立てようとするとき、どのような計画を立てたらよいかについて悩んでいるコーチは多いと思います。しかし、コーチングの環境はそれぞれ異なります。また、プロのコーチもいれば、仕事の傍らで指導しているコーチもいます。体育館がどれだけ使えるかも、チームによって大きく違ってきます。そのような違いがあるなかで、ひな形を示すことはあまり価値がないと考えます。それよりも考えなければならないのは、起こりうる事象に焦点を当ててそれらを重点的に練習することです。

●先を見据えたトレーニング計画を立てる

トレーニングは、ゲームモデルにもとづいておこないますが、オフェンスにおいては特に、以下の２点を常に意識しておくことが大切です。

- ◆オフェンスの目的：効率よく期待値の高いシュートを選択する
- ◆パフォーマンス：何をどんな心理状態で発揮するか

パフォーマンスは、チャンスのときに「よし、チャンスだ！」と思うのか、「チャンスだ……どうしよう……決めなきゃ」と思うのかによって変わってきます。そのようなパフォーマンスを支える心的な側面は、バスケットボールをめぐる一番大きな課題である「シュートをいつ打ったらいいのか？」、「ボールを持っていないときにどう動いていいのか？」ということにもつながってきます。

これらの課題の解決には長い時間を要します。したがって、常に重点を置いて意識したほうがよいと考えます。例えばボールを遠くに投げるという課題も、どのカテゴリーの選手かによって習得にかかる時間は変わってきます。習得までに時間がかかるスキルやどのレベルの選手においても大きな課題であるフィニッシュスキルなどは、先を見据えてトレーニングしていく必要があります。

●トレーニングが目的に合うように条件を設定する

トレーニングの目的を設定するには、ゲームモデルを落としこみながら、チームが同じビジョンを持てるようにすることが大切です。例えばボールを投げられたときに、それを取るように促されていた選手は「どのようにしてボールを取ろう？」などとは考えずに、サッと取るはずです。これを「サイレントトリガー」と言います。戦術的な反応ができるようにチームで育てていくのが目的であれば、トレーニングの中に戦術的なサイレントトリガーを設定し、誰もが無意識に反応して戦う力が高まるような工夫をしていかなければなりません。

コーンを使ったドリブルスキルのドリルを考えるにしても、何を目的としたドリルなのかを考える必要があります。目的や環境条件の設定が間違っていれば、単にコーンを使ったドリブルがうまくなるだけの結果に終わってしまいます。育成年代における「コーンドリブル」では、ドリブルをおこなううえでの外的環境を徐々にゲームに近いものにしていく工夫が必要です。単なる動き（クローズドスキル）や巧みさ（テクニック）の習得の段階から、動きを自動化させたうえで、さらには相手が直接コンタクトをしながら邪魔をしてくる不安定な環境のなかでも、チームオフェンスのスキルとしてドリブルがおこなえるようにしていくことが大切です。重要なことは、テクニックとしての巧みさの習得が、必ずしもゲームにおけるスキルの発揮につながるわけではないということです。だからこそ、課題に即した外的環境のバリエーションを変化させながら、高次元のスキル習得に向けて、トレーニングしていくことが重要なのです。そう考えると、同じトレーニングでも、環境条件に当たるシチュエーションの設定をうまく考えることが大事になってきます。シチュエーションを変えながら刺激を変えることで、スキルを習得する幅が広がり、さまざまなプレーに適用できるようになります。ドリルとして同じ課題であっても、異なる状況やスケール（規模）でバリエーションのある刺激を与えることが重要です。

●ゲームの傾向をつかんで目的に合うように条件を設定する

またトレーニングに取り組む際には、ゲームにおける傾向をしっかりと掴むことが大切です。簡単に言えば、試合中に起こりやすいものから練習をしていきます。例えば「スクエアパス」は試合中にどれだけの頻度で起こるものでしょうか。そう考えるとゲーム状況との関連性が薄い、あるいは目的が明確でない形だけの練習は不要だと考えます。

トランジションオフェンスは１試合で20％程度と言われています。にもかかわらず、練習時間のほとんどをトランジションの練習に費やすとしたら、ゲーム状況の発生頻度という視点で考えると効率的とは言えません。

このようにコーチは、試合中にどのようなことが最も多く起こるのかを基本的な情報として把握しておく必要があります。そのうえで、自分たちのゲームモデルにおいてどのようなことが起こりやすいのか、自分たちはどんなときにパフォーマンスがぐらつくのか、その頻度はどの程度か、あるいはプレーが行き詰まるときの問題点は何なのか、といったことをきちんと整理しておく必要があります。

●4つの局面のつながりを意識する

また、どのようなトレーニングであっても、「局面」という切り口から考えると、ゲームでは常に４つの局面がつながっているという視点を忘れないようにしてほしいと思っています。それぞれが切り離せないものであると認識して、１つの局面だけではなく、前の局面からの移行あるいは次の局面への移行を考えておこなうようにするのです。オフェンスの練習であっても次のディフェンスの準備をして終わる形です。同じ５対５の攻防をおこなうにしても、ハーフコートよりもオールコートを使用して１往復おこなうことのほうがより実践的と言えます。

●複雑系のトレーニングの考え方を取り入れる

トレーニングでは「カオス」と「フラクタル」と呼ばれる複雑系のトレーニングを取り入れることを提案します。

▶カオス

カオスとは、秩序のない混沌とした状態のことです。何が起こるかわからない、あるいはコントロールできないカオスな状況を意図的に設定し、そのなかで選手が即興力を高め、戦術的にプレーできるようにしていくことがねらいです。例えば、選手をコート内で適当に動かしておいて、そこに突然ボールを投入します。普段から使っている戦術を近くにいるチームメイトと協力して、即興的に速やかにクリエイトする練習です。そのようなトレーニングをしておくと、実際の試合でセットプレーやアクションがうまくできなかったとき、そのあとのリクリエイトで行き詰まらなくなります。

▶フラクタル

フラクタルとは本来、自己相似性を有する構造のことで、例えば雪の中に雪の結晶がたくさんあるように、大きくなっても小さくなっても構造は変わらないという特性を示すときに使われる言葉です。バスケットボールで言えば、例えばオフェンスの戦術は５対５でおこなわれているように見えて、そのほとんどが２対１やミスマッチという構造をつくるという考え方でおこなわれています。切り口が２対２、３対３、４対４、５対５というだけであって、２対１という構造をつくって攻めるということにおいては同じであり、それがパフォーマンスを成功させる大きな鍵になっています。カオスでなかなか再現性がない状況のなかでも、結局のところは、似たような構造を見つけ出すことができるのです。カオスであるように見えても、関わるファクターはいずれも共通していることが多いのです。したがって、カオスな状況の中に再現性のある現象を見つけていくことが重要です。例えば、ブレイクの局面で考えてみても、ブレイク３に入る場面がピック＆ロールからであっても、アイソレーションの１対１からであっても、サポートの仕方（構造）は同じです。トランジションからのハイロー、あるいはピック＆ロールからのハイローも、構造的には同じとみることができるのです。

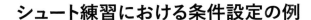

5　シュート練習における条件設定の例

シュート練習における条件設定を考えてみます。

ドリル：シュート練習としての3対2、4対3

私は3対2や4対3をシュート練習ととらえています。単なるミートシュートではなく、パスまわしに注意しながら、たとえディフェンスにコンテストされたとしても自分のタイミングできちんとシュートを打つことを徹底できれば、試合に近いシューティングドリルになると考えます。これを2分間やって、何点取れるかといった練習もよいでしょう。

ドリル：3対3の戦術を使ったシューティング

►3メンサイドのハイピック&ロール

まず、3メンサイドのピック&ロールを基本戦術とした展開を説明します。**図13-1**のように、スロットに位置するボールマン①に対して④によるドラッグスクリーンがセットされ、スクリーンを利用してボールマンがドライブした場合、ボールマンにはプルアップからのジャンプシュートのオプションがあります。

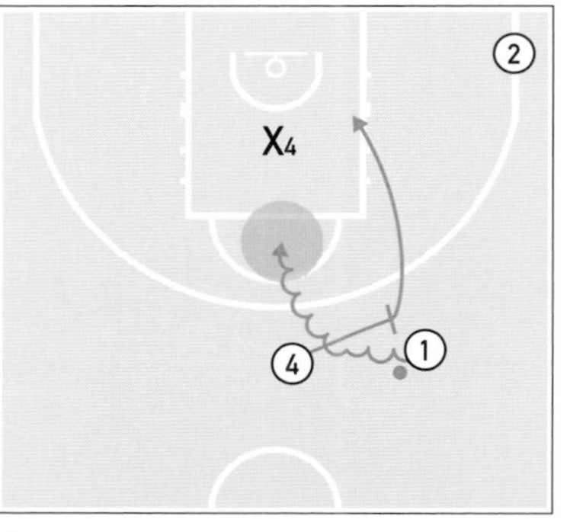

図13-1

図13-2は、ダイブしたスクリナー（ダイバー）のシュートオプション、**図13-3**はコーナーに位置するプレーヤーのシュートオプション（キャッチ&シュート）を示しています。実際の場面でディフェンスの対応によってシュートを打つプレーヤーが変わることを示しています。

このハイサイドのピック&ロール（ドラッグスクリーン）の展開からのシ

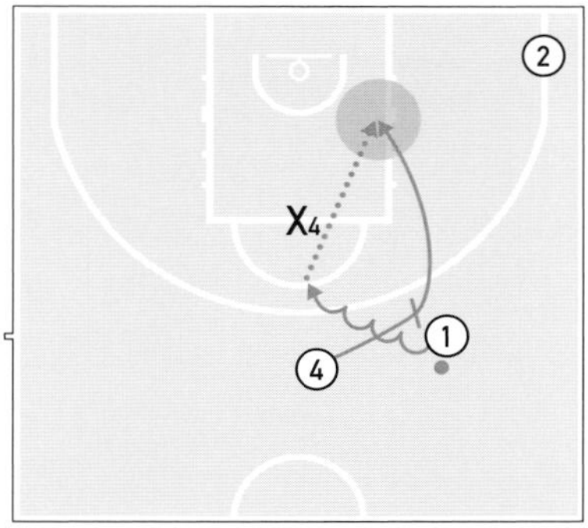

図13-2

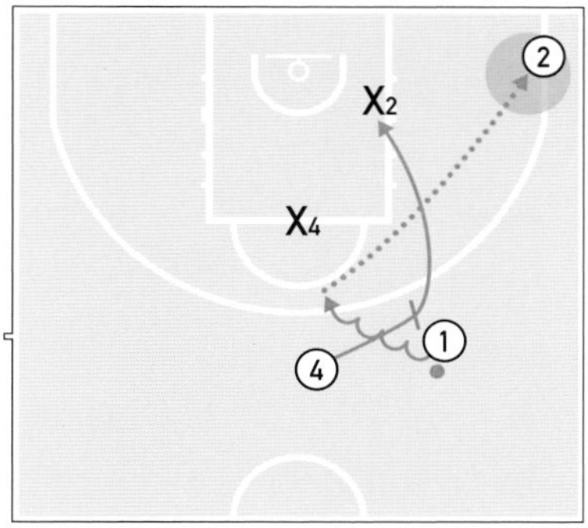

図13-3

ューティングドリルでは、反対サイドの高めのウイングエリアにコーチが２人位置し、シュートのタイミングに合わせてダイバーとコーナーに位置するプレーヤーへのパスをおこないます（**図13-4**）。

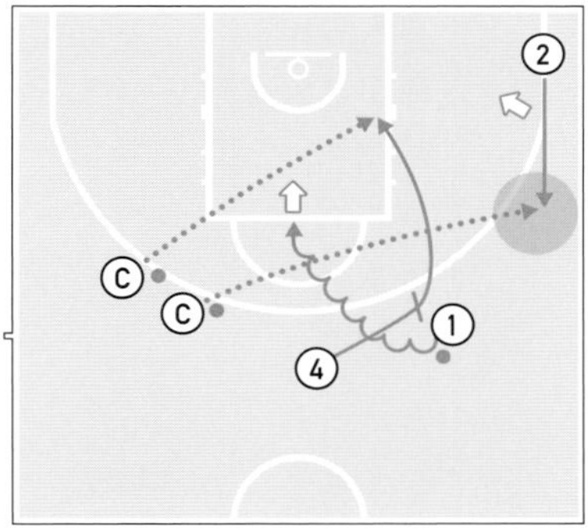

図13-4

ボールマンはスクリナーのディフェンスが下がっているかどうかでプルアップシュートの判断をします。ダイバーは寄ってくるディフェンスに対して自分の体の幅を使ったシュートを打ちます。コーナーにいた選手は、自分のディフェンスがダイバーにタッチ（タグ）しにいくので、それを読んでウイングへのリフトの動きをおこないます。

３対３に加えてボールを２つ使うことで、実践形式のなかでディフェンスの動きを読みながら３人がシュートを打つドリルにすることができます。

►段階的に課題を設定する

シューティングドリルに戦術を取り入れる際には、選手たちの戦術の習得状況に応じて、段階的に課題を設定するようにします。そうすることによって、より実践的なシューティングドリルになっていきます。

選手が戦術の動きを覚えていない段階では、ディフェンスをつけずおこない、動きを覚えてきたらダミーディフェンスをつけるようにします。ただし、実践的におこなうためにもゲームスピードでおこなうことが重要です。

次の段階では、戦術的な課題を設定します。例えば、先ほどのピック＆ロールの展開で、ボールマンのリジェクトからのアタックを戦術課題としたとします。ボールマンはそのままフィニッシュできるのであればシュートしますが、アタックできなければ**図13-5**のように、コーナーのプレーヤーとDHO（ドリブルハンドオフ）に移り、最初にスクリーンをセットしようとしたプレーヤー④が、DHOでパスを受けたプレーヤー②にスクリーンをセットします。そのあとの基本的な動きは最初のシューティングと同じになります。ただしこの状況では、戦術の入り口におけるボールマンの感覚に焦点があてられたシュート練習になります。

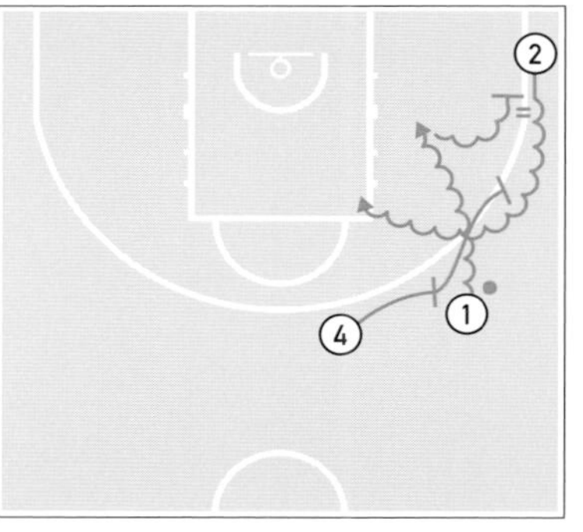

図13-5

次の段階として、ボールマンにドラッグスクリーンを使うスキルがない場合を想定してみます。この場合ボールマンは、スクリナーにパスを出したあとコーナーのプレーヤーにダウンスクリーンをセットします。コーナーのプレーヤーはスクリーンを使って自分のディフェンスを剥がしてボールを受け、パスを出したプレーヤーとサイドでピック＆ロールをおこないます。入り口は違いますが、動きは最初のシュート練習とほぼ同じ動きになります。

このように課題を設定することで、３人がディフェンスの動きを読みながらシュートを打つ効率的なシューティングドリルでありながら、異なるエントリーでディフェンスを揺さぶる戦術のインストールにもなります。

コーチは何が起こるかわからないカオスな状況をつくりながら、選手がフラクタルな構造を見出せるように工夫します。上記の例のように、ゲームに限りなく近い状況において、どのようなフラクタルな構造に目を向けるかによって、３人の動きも変わってきます。

6　原則をインストールするトレーニング

私は以下の６つのステップでオフェンスの５段階の原則をインストールするトレーニングをおこなっています。ここで紹介する内容は、体に必要な栄養素であるビタミンにならって、ビタミンドリルとして日々の練習に取り入れることをお勧めします。このままおこなわなくても、これらの要素を抽出してトレーニングすることは重要です。バスケットボールのパフォーマンスを高めるための潤滑油、まさに体にとってのビタミンとなると考えています。

インストールトレーニング❶　フィニッシュ

フィニッシュのインストールです。「いつシュートを打ったらいいのか」の判断はチャンスのときにおこないます。チャンスであればシュートを積極的に打つべきです。ハーフコートオフェンスやオールコートでのトランジションオフェンスの動きのなかで、生まれたチャンスを取り逃さずに攻めるようなトレーニングをします。

インストールトレーニング❷　ブレイク

ブレイクのインストールです。ボールを持っていないときにどうプレーするかということです。これは前のステップであるフィニッシュのインストールで「いつシュートを打ったらいいのか」が判断できるようになったあとにおこないます。

クローズアウトからのカウンター１対１の状況を設定し、ボールマンがディフェンスを抜き去ることができればブレイクの局面が生まれます。このとき、オフボールのプレーヤーが良いサポートをすれば、ディフェンスはヘルプをするかしないかの状態になります。ボールマンはヘルプの状況を判断して、シュート（スコア）かキックアウトパス（スプレー）の選択をします。

オフボールのプレーヤーが良いサポートの位置どりをしていれば、ボールマンのスプレーによって次のカウンター1対1のチャンスが生まれますので、その攻防を繰り返します。以下に具体例を示します。

ドリル：クローズアウト4対4

図13-6のように、コーチのパスからスタートします。このとき2つの状況が考えられます。ボールマンへのクローズアウトが間に合わないパターンと、間に合うパターンです。

►クローズアウトが間に合わないパターン：アタックに対して良いサポートをする

ディフェンスがやや遅れてクローズアウトをするようだったら、オフボールプレーヤーはダブルギャップをとります（**図13-7**）。ボールマンがドライブをすれば、片側にブレイク1、もう一方にブレイク2が生じます。そのときにスコアをするか、スプレーをするかを判断します。

つまり、ボールマンのアタックに対して、オフボールプレーヤーが良いサポートをすると、ディフェンスははっきりとヘルプをするか、ヘルプをしないかを選択しなければなりません。ディフェンスがヘルプをしない選択をしたのであれば、ボールマンがそのままシュートを打ちます。いっぽうでディフェンスがヘルプをする選択をしたときでも、適切なパスを出してスプレーをすれば、そのままカウンター1対1ができます。そうしたことをハーフコートの4対4で繰り返していきます。

►クローズアウトが間に合うパターン：クリエイトから良いサポートをする

コーチは、ディフェンスがクローズアウトで間に合うタイミングでパスを出します。このときボールマンに個の優位性がなければ、1対1で攻めることはできません。そのときは**図13-8**のようにツーメンサイドにパスをして、ウイングまで落としてからオンボールスクリーンをおこないます（**図13-9**）。そうするとピックからのブレイク2の局面が生まれます。

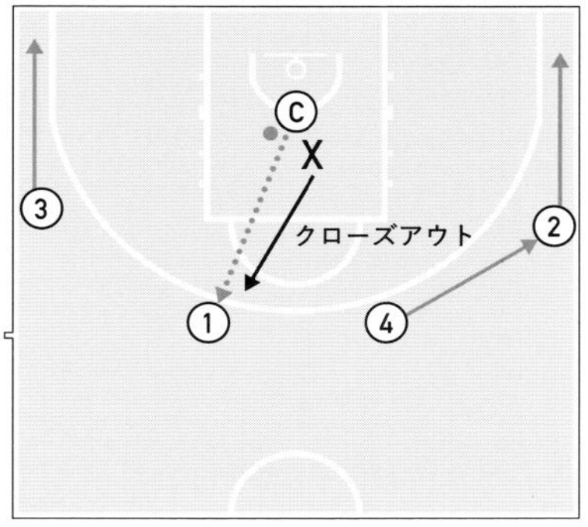

図13-6

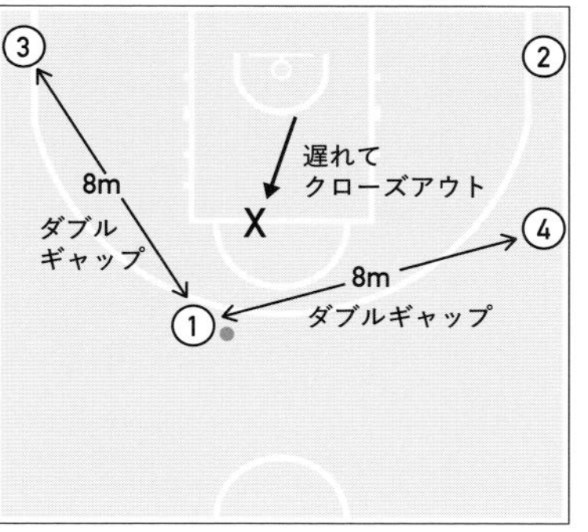

図13-7

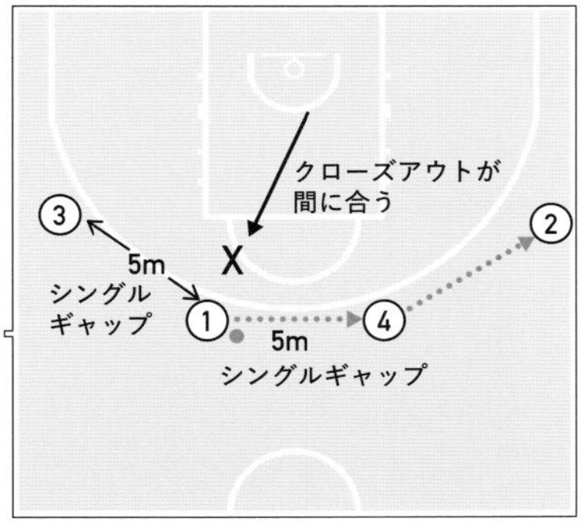

図13-8

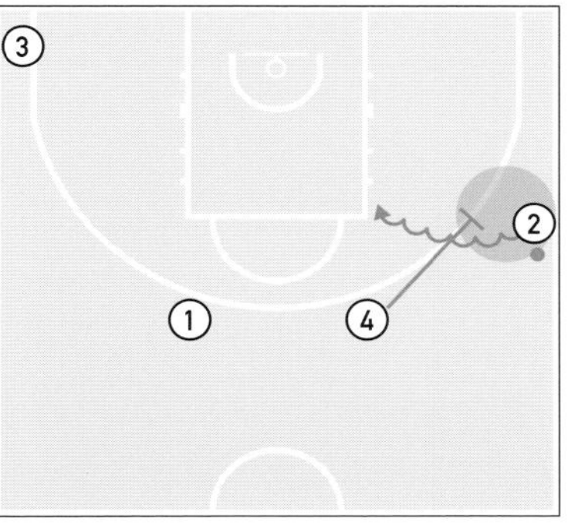

図13-9

インストールトレーニング❸　チャンスからブレイク

チャンスのインストールです。チャンスが生まれる状況を設定します。例えば、自分たちはこのプレーすることで「ここでチャンスができるんだ！ここでチャンスをつくるんだ！」という感覚を強く持たせるためにおこないます。トランジションオフェンスのセンターのリムランで、リムランしたセンターにパスが入ったあとパスアウトした状況では、寄ってきたディフェンスに対するチャンスが生まれます。チャンスでは、オフボールプレーヤーはブレイクの準備が必要になります。このとき、どのブレイク（1～3）に焦点を当てるのかをチームで決めて練習をします。

次にチャンスをつくる戦術としてドラッグスクリーン、あるいはダブルドラッグから始めるなどして、ブレイクとの連携をはかっていきます。あるいはゲームを入れてみるのも、習熟度を確かめるために必要だと考えています。自分たちがどこでチャンスをつくって、そのあとチームでどのように攻めるのかの勝ち筋をしっかり共有しておくことが重要です。

インストールトレーニング④　勝ち筋となるクリエイト

クリエイトのインストールです。クリエイトできる状況を設定したうえで、カウンターアクションを入れるトレーニングです。自分たちの勝ち筋であるクリエイトを磨くためのトレーニングと考えるようにします。

サイドピック&ロールでのディフェンス対応におけるクリエイト

第3部

サイドピック＆ロールがひとつの勝ち筋となるアクションだとします。ただ単にサイドピック＆ロールの2対2をするのではなく、次に示すような相手チームのディフェンスに対して、機能できるようになるまで、さらには瞬時に対応できるようになるまでトレーニングしておくことが重要です。

（1）コンテイン

コンテインとは、**図13-10**に示すように、サイドピック＆ロールに対してスクリナーのディフェンスX_5が、ボールマン①のアタックに対してヘジテーションしながら、また同時に⑤のダイブのラインにも対応できるようにポジショニングしながら、ゴール下でのシュートを守る対応のことです。

（2）アイス

アイスとは、**図13-11**に示すように、サイドピック＆ロールに対してボールマンのディフェンスX_1が、ボールマンをミドル方向に行かせないようにディレクションしてサイドライン方向に追いやるようなポジショニングをする対応です。このときX_5はコンテインと同じ原理でヘジテーションしながらゴール下のシュートを守ります。

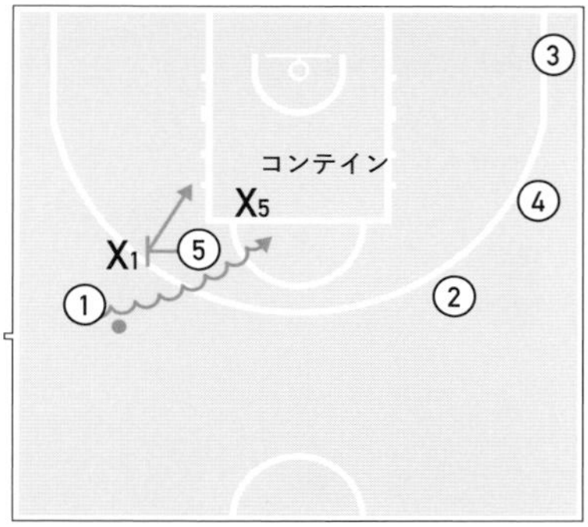

図13-10

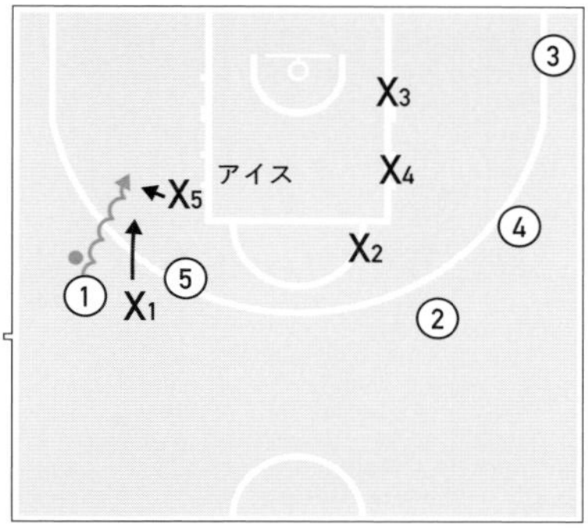

図13-11

サイドピック&ロールでのディフェンス対応におけるクリエイト（プリパレーション）

さらに、サイドピック＆ロールをおこなうにしても、どのようなエントリーを経由してクリエイトすれば、ボールマンが有利な状況から勝ち筋であるサイドピック＆ロールに入ることができるかを突きつめ、トレーニングすることも重要です。このようなエントリーを工夫するアクションをプリパレーション（preparaion：準備）と言います。

（1）フロッピー

フロッピーとは、**図13-12**に示すように、ゴール下に位置する２人のプレーヤーが、ベースライン側でおこなわれるダウンスクリーン（シングル）またはスタッガードスクリーン（ダブル）を利用してウイングでボールを受けるエントリーのアクションです。２人同時にアウトサイドに向かう場合、それぞれ逆のサイドに展開します。

（2）アイバーソンカット（AI）

アイバーソンカットとは、**図13-13**に示すように、片方のサイドからハイポストまたはローポストのシングルあるいはダブルのスクリーンを利用して、もう一方のサイドのウイングでボールを受けるエントリーのアクションです。

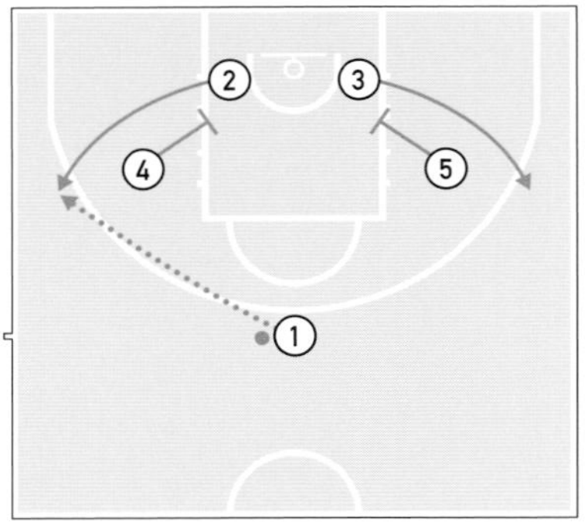

図13-12

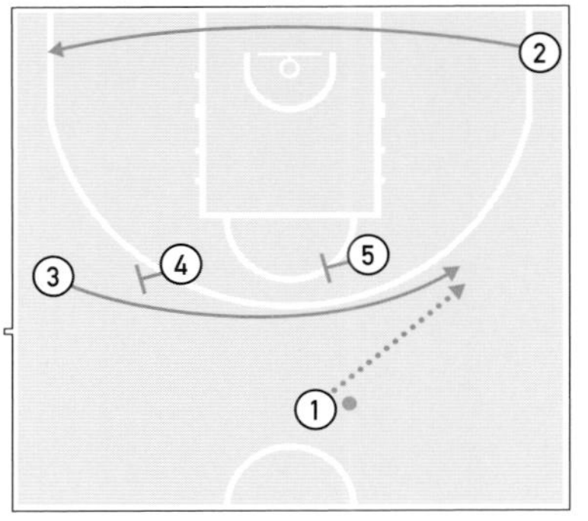

図13-13

インストールトレーニング❺
フィニッシュのあとのリバウンド

オフェンスリバウンドの入り方のインストールです。リバウンドの獲得が次の展開に影響するような設定を考えます。例えばタグアップからトランジションディフェンスに入っていく流れをトレーニングするのもひとつです。この段階ではまたゲームを入れても構いません。このような流れでゲームモデルを徐々にインストールしていきます。すべてのオフェンス練習のフィニッシュのときに、このタグアップをトレーニングさせると効率的です。

インストールトレーニング❻　スキル

インストールトレーニング❶から❺によって動きをインストールしたうえで、ゲームモデルの実現に必要なスキルのレパートリーを個人とグループの原則に照らし合わせながら増やしていきます。

●トレーニングの目的や目標を再確認する

バスケットボールは相手に妨害されることを前提としたスポーツです。そのため、トレーニングはテクニックを高めるだけではなく、相手の妨害をこえるためのスキルを身につける目的を備える必要があります。トライアングルパスやスクエアパス、あるいは3メンといった従来から好んでおこなわれているトレーニングについても、再考してみることをお勧めします。たとえウォーミングアップ的な感覚でおこなうにしても、改めてその目的や選手に対する意味づけを確認してみる必要があります。少なくとも盲目的におこなうことは、ゲームパフォーマンスを上げるうえで効率的とは言えません。ゲームモデルやコンセプトあるいは原則に関わる目的から逆算し、そのトレーニングをおこなうことでどんな課題が解決でき、あるいは妨害を乗り越えて強みを発揮することができるのかを明確にして選手に伝えるようにします。

プレーに関わる動きをオープンスキルとクローズドスキルの観点から説明するだけでも、単なる反復の意味づけは違ってきます。

上記のステップ❶から❻までのトレーニング過程を経たうえで、プラスアルファとして何を取り入れるべきか、あるいはもっと磨くべきかを考えてトレーニングをおこなうことが大切だと考えます。

スキルのトレーニングをおこなう場合は特に、そのスキルが何のために必要なのか、また自分たちのゲームモデルに沿っているのかをはっきりと理解したうえで、大きな力に変えていくことが大切です。

ONZUKA METHOD | CHAPTER 14

第14章 コーチング

●コーチングとは

コーチの仕事で最も上位に来ることは、選手とチームの命を輝かせることです。その下に目標としての勝つことが挙げられます。「コーチングとは？」を知ろうと思えば、そこから掘り下げていく必要があります。

そもそも、どのようにすれば目標を達成できるか、つまり試合や大会で勝てるかと言えば、選手とチームがそれぞれに輝いていることが鍵になります。

どのようにすれば選手たちが輝くのでしょうか。それは選手たちがその気になっているか、簡単に言えば、自信があるか、によります。

どうしたら選手はその気になれるのか、あるいは自信を持てるのか。その答えは人それぞれですから一律には答えられません。にもかかわらず、多くにコーチは一律の答えを探しがちです。

選手がその気になれない、自信を持てないときに、どのように選手と向き合うか。相手を理解するには、相手の言葉を自分の感情を交えずに聞くことが大事です。コーチが自分自身の心を整えて、相手の心に共感するように努め、観ることで、相手に必要な言葉を見つけ出すことができます。言葉だけでなく、どのように行動してあげられるかを考えて、向き合うことが鍵になります。

►リーダーとは何か

コーチングを考えるときに、リーダーとは何かについても触れておきたいと思います。

そもそもコーチもリーダーになりえます。リーダーの仕事は決めることです。多数決ではありません。多数決だと責任が不明確になります。ただしリーダーは、決めるために人の意見を聞く、耳を傾ける必要があります。また、聞くだけ聞いたうえで、リーダーが責任を持って決断します。目的を達成するためには、そのようにして決めたことを正解にしていくことが大切です。そのようなリーダーを増やしていくことがよいと考えています。

►理想と現実の間にある課題を見つける

また、目的を達成するためのシナリオである「戦略」を練る際には、自らの現状を知ることが大切です。もちろん理想を持つことも大切です。理想を掲げつつ、現実も見る。その間にあるものこそが「課題」です。いくら高い理想を掲げて、それに邁進しようとしても、チームの現実が理解できていなければ、その間にある課題が何かもわかりません。課題と呼ばれるパーツを探しだすためにも自己認識は必須と言ってよいでしょう。

それはコーチングに限りません。多くの選手が「私の課題を教えてください」と言ってきます。「私に足りないところは何ですか？」と。私もかつて、そのような質問を受けて、当初は「キミの足りないところか……」と考えてみました。うまく答えが見つかりませんでした。

しかし、本人たちを見ていて思ったのは、「いや、まず、キミの強みは何ですか？」でした。そう問い返すと、その選手は「こうです」と答えます。「ならば、それをしっかりと体現できていますか？」と聞き返すと、「いや、できていません」。

そこに答えはありました。「自分の強みも発揮できていないのに、弱み（足りないところ）を知りたいって、それでどうやってパフォーマンスを出すの？」。さらに、セルフイメージも下がるリスクがあるため危険な状態だと考えています。自らのパフォーマンスをこじらせている人の多くが、これを原因としているのではないでしょうか。

●私の経歴

コーチングの詳細について語る前に、私のコーチとしての経歴も簡単に触れておきたいと思います。

私は大分県中津市出身です。すべてのカテゴリーでコーチングをしてきました。ミニバスケットボールは県大会を目指して指導してきましたし、中高一貫の超進学校を指導し、決して強いチームではありませんでしたが、こちらも県大会出場を目指していました。

大学は東京医療保健大学の女子バスケットボール部をゼロから築き上げ、インカレ（全日本大学選手権）５連覇を含む何度かの優勝を経験しました。前後して、女子日本代表チームのアナリストに自ら志願し、日本バスケットボール協会のテクニカルスーパーバイザーや強化部会長、女子日本代表チームのアシスタントコーチも経験しました。今はヘッドコーチを務めています。

すべてのカテゴリーでコーチを務め、日本バスケットボール協会の強化部門でも、ほぼすべての役職に携わったのは私だけではないかと思います。現時点でやっていないのは技術委員長だけです。そうした経験を積み上げてきたなかで行きついたのが、本書で示している私のコーチングフィロソフィーです。

もちろん、決してすべてが順風満帆だったわけではありません。むしろ、順風満帆ではなかったことが、私によりよいコーチングを学ばせるきっかけになったと言っていいでしょう。

大きな転換点は2019年です。東京医療保健大学のヘッドコーチとしてインカレで３連覇し、女子日本代表のアシスタントコーチとしてアジアカップで３連覇もしました。自分で言うのもおこがましいですが、傍から見た経歴としては華々しいものだと思います。しかし、私自身がコーチとして何が変わったかと言えば、何も変わりませんでした。日本一になったり、アジアチャンピオンになったら人生が変わるかもしれない。そう思っていましたが、ほとんど何も変わらなかったのです。むしろ、よりプレッシャーを感じるようになり、苦しくなっていきました。その経験からコーチングを、それまで以上に、より深く考えるようになりました。そこで得られた考えが「人の心を追いつめるよりも、人の心を豊かにする」です。

それまでは選手を鍛えていくことに重きを置いていました。当時は「鍛えられるコーチが一流。甘やかすと選手がダメになるから、勝つまでは我慢すべきだ」と思っていたのです。それは単なる思いこみにすぎませんでした。それをすると選手の心だけでなく、自分の心も削られていきます。削られて、疲弊していくのです。当時は体育館に行くことさえつらい時期がありました。

今は違います。「ワクワクが最強」と考えるようになって、選手はもちろんのこと、自分自身の心も豊かにすることに重きを置いているので、体育館に行くのが楽しくて仕方ありません。

もし、楽しかったはずのバスケットボールのコーチングが、どこかで行き詰まり、苦しいと思っているコーチがいるのであれば、そうしたコーチたちにこそ、今の私が目指しているコーチングを伝えたいと考えています。

●ワクワクが最強

私は数年前から「ワクワクが最強」を提唱しています。ワクワクという言葉の表層だけをとらえると稚拙で誤解されそうですが、決してはしゃぎたいわけではありません。

「ワクワクする気持ち」と聞くとポジティブなイメージを持ちがちですが、「ワクワク」は、未来に対するうれしい期待と、未来への不安から成り立つものでもあります。つまりプラスの面とマイナスの面があるのです。多くの人がワクワクしたいし、周りにいる人たちをワクワクさせたいと思ったりもしますが、逆にワクワクしたい、ワクワクさせたいという気持ちがプレッシャーになって、力が発揮できないこともあります。そのようにワクワクには両面があることを理解したうえで、期待にワクワクする心を整えていくことがパフォーマンスアップの鍵だと考えています。

すると「ワクワクして、気分よくいることで、どのようないいことがありますか？」と聞かれることがあります。答えは明快です。気分がいいときは、困難に対してもポジティブに向き合うことができます。

急いで探せど見つからない…。しかし落ち着いてみたらすぐ近くにあった。よくあることです。そのように、自分の能力を落としてまで、不機嫌でいることも仕方がないと考えるのであれば、本当に勝ちたいのか、本当にできることを全部やる覚悟があるのか、問い直してみる必要があると思います。私は、自分の心が揺れたときは、「自分の一番したいことは何か？」を考えて、不機嫌に触れないように努めています。
実際のところ、ポジティブな状態でい続けるほうが難しいものです。怒ったり、不機嫌になるほうが簡単なのです。
怒りが行き着くところは恐れです。恐れるから怒るし、不安になるし、寂しくなります。恐れに紐づいた怒りと不安、バスケットボールでいえば、シュートミスをしたあとに自信をなくしてしまう不安からどのように戻ってくればよいか。ワクワクするための価値を思い出して、戻ろうという気持ちにする意欲と勇気です。勇気とは、アドラー心理学でいう「困難に挑戦しようとする心の状態」です。
その勇気はどのようなときに持てるのでしょうか。他者に貢献できていると自分自身が感じられるときです。「仲間に『いいね』と声をかけられる私」、あるいは「今はシュートが入っていないけど、ディフェンスで貢献できている私」といった、自分を「他者に貢献できる」と信じられる、あるいは「貢献する価値を持っている」と自覚できることで勇気が芽生え、ワクワクする気持ち取り戻せるのです。他者の不安を取り除こうと思いやりを示すことで、自分も相手も活力が湧いてきます。このことができたら、一度に2つの問題が解決します。
そうしたこともコーチングをするうえで非常に大事な視点です。

●行動したくなる心の状態にする

そのような考えを得られるようになったのは読書の影響です。
それまでの私はバスケットボールのビデオばかりを見ていました。とにかくバスケットボールを見て、戦術の分析ばかりしていたのです。しかし、コロナ禍の2年間で、試合はおろか練習もままならなくなり、本を読む機会が格段に増えていきました。その数およそ800冊。さまざまな書籍を読むなかで、気づいたことがあります。一言で表わせば「行動しよう！」に尽きます。
多くの書籍——とりわけ自己啓発書に代表されるものは、さまざまな切り口で書かれていますが、結局のところ、行動しなければ人生は変わらないし、行動したくなるように書いています。だから行動したくなるような心の状態にすることが大事だと気づいたのです。

そう考えたときに、コーチのミッションとは何なのかを改めて見つめ直してみました。それまでは選手とチームの命を輝かせること一択だと思っていたのですが、今は選手の「心のエネルギーをいっぱいにする」、「その気にさせる」ことこそがコーチの仕事であり、困難に対しても「やってみよう」と思える勇気ある状態に導くことが、コーチの仕事だと考えるようになったのです。

この考えでは、多くのコーチが思い悩む「どうすればよいのか？」という問いに対しての一律の答えになりえません。しかし、それこそがコーチングがアートと言われる所以です。人はそれぞれに違うのですから、どのようにすればよいのかという問いに一律の答えはないのです。

私が今、心がけているのは、選手と真摯に向き合うことです。そのために、前述のとおり、私は私自身の心を整えています。自分の感情を交えずに、選手の言葉だけに耳を傾けることを大事にしています。

●選手のパフォーマンスを発揮させるコーチングとは

コーチは選手によりよいパフォーマンスを発揮してもらいたいと思うものです。そのパフォーマンスの公式は

「何を」×「どんな心で」

するのかだと考えています。「何を」に当てはまるのは、例えば体力やスキル、戦術、論理であり、「どんな心で」に当てはまるのは、熱い気持ちやご機嫌、ワクワクなどです。

多くのコーチは「何を」ばかりに注力しているように思います。私も以前はずっと「何を」ばかりに注力していました。しかし、その一面だけで選手にプレーをさせていると、うまくパフォーマンスを発揮できない選手に対して「どうしてやらないんだ！」という気持ちになっていくものです。

私の好きな言葉に「行動原理」があります。簡単に言えば、人が行動するときには理由があるということです。その行動原理を紐解いていくと、心の問題につながります。なぜやるかは、その人にしか決められません。相田みつを先生の言葉を借りれば、それが「人間だもの」です。人間と向き合うことを、以前の私を含めた多くのコーチはおろそかにしていたし、人間につい

てあまりに学んでいなかったのではないでしょうか。
　だから今は「どんな心で」のほうをむしろ大切にしています。前述のパフォーマンスの公式に照らし合わせると、「何を」と「どんな心で」の比率が２：８くらいでコーチングをしています。それくらいの比率がコーチングの「黄金比」ではないかとさえ思います。心が満たされていれば、選手たちは自らがおこなうからです。たとえコーチが未熟だったとしても、選手たちで答えを見つけるのです。

●コーチの仕事は機会をいかすこと

　かつての私は選手たちに檄を飛ばし、問題を指摘し、技術や戦術をたたきこむことばかりをしていました。しかし今の時代、そうした情報で解決するような勝負は終わっています。なぜなら、情報が溢れているからです。スキルや戦術などの情報が少ない時代は、その金脈を探り当て、伝えることに価値があったでしょう。しかし、現在のように誰もが簡単に情報にアクセスできる時代にあっては、情報そのものに価値はありません。そういうものだと思って勝負しなければ、勝つこともできません。
　コーチの仕事についても、これまでは「教える」、あるいは「鍛える」ために情報を収集し、選手やチームの「問題を解決する」視点で向き合っていました。しかし今は、P.F.ドラッガーの言葉にもあるように、「大きな成果を出す人は、問題に集中しているのではなく、機会に集中している」を実践する時代だと思っています。
　成果を出すために機会があります。その機会の中に問題があります。だから、かつては問題を解決すれば成果が出ると考えられていました。しかし最近は絶好の機会をいかしたほうが、より成果につながると考えられています。
　それでは「規律が保てない」、「選手がだらしなくなる」などと言って、やらせる（問題の解決を優先する）のか。それとも選手自身がその気になって（自信を持って）やるのか。どちらが生産的でしょうか？

　私がこのようなことを考えるようになった設問があります。以下、ビルの経営者になったつもりで考えてみてください。

Q：毎日のようにエレベーターの前に渋滞が起こっていて、社員から待ち時間が長いというクレームが来ました。あなたはどうしますか？

エレベーターの速度を速くしようと思えば、コストがかかります。リスクも高まります。エレベーターを増設しようとすれば、やはりコストがかかります。経済的なリスクも背負わなければなりません。

偉大な経営者は問題の本質をしっかりと掴めるものです。偉大な経営者は、エレベーターの前に鏡を設置しました。

何を解決したかといえば、鏡を設置することで待ち時間の暇を解決したのです。待っている時間に身だしなみのチェックをしていたら、待っている無駄な時間がなくなると考えたのです。そうすることで社員のストレスもなくなり、クレームもなくなったそうです。

コーチに限った話ではありませんが、よく「時間がない」という言葉を聞きます。あれもしなければいけないし、これもしなければいけない。そんなときこそ、コーチは本質を掴んで、どんな課題を設定するかを考えたほうがよいでしょう。

選手をがんばらせたい。選手にベストを尽くしてほしい。そのときに「がんばらせる」のか、「がんばりたくなるようにさせる」のか。どちらの問題を解いたほうが、コストやリスクがなく、生産的かを考えるとよいでしょう。

「バスケットボールは何を競うのか」と考えたとき、セットプレーを覚えるためにいろいろなことをさせたり、つらいことを我慢させて戦う勝負ではなく、常に「相手がこうすれば、私たちはこうする」といった原則を、ダイナミックに選んでいける勝負にしたい。ワクワクした気持ちでやり続けられる状態を維持したい。そう考えています。

そのためには連続して攻める原則と、カウンターで攻める原則をきちんと持つ必要があります。そうすれば足は止まりません。

人間は悔しさや疲れ、恐れなどに対して心を乱されそうになります。それをきちんと元の状態、いわゆる平常心に戻せるマインドセットにしていく。

そうすることで、選手自身が常にワクワクしながら、軽やかに、足も、頭も動かし続ける（戦術を発揮する）勝負になります。

それらを最重要強化ポイントと見ているコーチングと、セットプレーや我慢を植えつけていくコーチング。どちらが生産的でしょうか。コーチのみなさんには、どちらが本当の勝負なのかを、常に考えてもらいたいと思います。

●コーチングにおいて「解くべき問い」とは何か？

コーチングにおいて「解くべき問い」、すなわち、コーチの務めとは何でしょうか？

私は「選手たちをその気にさせるための方法を考えること」だと思っています。その手法は、実は何でもいいのです。「褒める」でも「叱る」でも「技術を教える」でも「戦術を覚えさせる」でも、何でもいい。何でもいいのですが、結果として選手が「その気」になっていなければ、そのコーチが導き出した答えにはまったく意味がありません。

敗戦の弁として、直接的ではないにせよ、「選手が悪い」といった内容の言葉を聞くこともあります。「選手たちに伝えていたけど、選手たちがそれをできていなかった」あるいは「していなかった」。私もかつてはその一人でした。

しかし、そこで「コーチの実力です」と考えたほうが生産的だと思います。選手に伝えた、ヒントを出した、と言っても、選手がそれを掴めていないのはコーチの責任です。成果を出すためにコーチはその場に雇われています。ボランティアのコーチだとしても、コーチとして活動をしているからには、その語源である「導く人」でなければなりません。その導き方は、前述のとおり、どんなやり方でもいいと思いますが、自分の思った方法で選手が力を出せないのであれば、繰り返しますが、コーチの実力、コーチの責任です。アドバイスをしていても、選手がそれを理解・体現できないのであれば、そもそものアドバイスが悪いことになります。

近年では「選手に考えさせる」コーチもいます。しかし、その言葉を選手たちがどのように受け止めて、どのように考えて、実際のプレーにどのように反映されているのでしょうか。「結局コーチは何もしてないよね」と思われているだけかもしれません。実際にそういうシーンを見かけますし、これも私自身が経験をしてきたことです。

振り返ったときに、まずは選手たちに「コーチの言われたとおりにやってみたら、結果が出ました」と思わせるところから入ることです。そのうえで「これまで君たちがしていたのはこうだけど、私がアドバイスをしたいのはここでした。ここが足りないと思ってトレーニングをしたのだけど、そうしたら、このような結果が出たね。そのうえで次に進むにはどうしたらいいと思う？」と促すことで、選手たち自身が考えられるようになります。その前段もないのに、いきなり「考えなさい」と言っても意味はないでしょう。

近年は、「教えすぎる」、あるいは「教えすぎない」といった議論が両極端になっているように感じます。そうではなく、まずは選手たちに「この人（コーチ）の言うことを聞いたらいいことがある」と実感させられることが重要です。そうでなければ、コーチが「導ける人」にはなりません。物事にはステップがあります。目の前のステップの先に、次のステップがあるのです。

●コーチがめざすべき"強さ"とは

ベストを尽くすことは大事なことです。その考え方は今も昔も変わりません。ただし、それを義務（やらなければいけない）や、命令（やれ！）、自己否定感（やらない自分はダメだ）で考えるのではなく、常に選手自身が熱中して、自らのベストを尽くす戦いにしたいと考えています。

ダーウィンは『進化論』のなかで「最も強いものが生き残るのではなく、最も賢いものが生き残るのでもない。唯一生き残ることができるのは、変化できるものである」と言っています。変化できるものが一番強いのです。恐竜は強かったけれども、もはや絶滅しています。私も「強い（strong)」より「適応できる（adaptable)」コーチをこれからもめざしていきたい。すべては選手の命を輝かせるためです。

このマインドセットにならなければ、東京医療保健大学のインカレ４連覇以降の勝利はなかったと思います。なぜマインドセットをし直したのかと言えば、勝ちたかったからです。勝負の世界で生きる以上、勝利をめざすことは手放せません。勝利をめざすうえで必要なマインドセットはどちらかと天秤にかけて、私は今の考え方を手に入れたのです。

かつては、あるいは本書を読むほんの数時間前まで高圧的なコーチングをされていたコーチも、「選球眼」を持って、これからのコーチングを構築するうえでの助けになればと願っています。

すぐには変われないかもしれません。つい、かつての高圧的な言動が出てくることもあるでしょう。でも、そのことに気づいたら、もう一度立ち上がればよいのです。しようと思ってできなかった失敗は糧になります。

私が選手への態度を変えたとき、当初選手たちも「逆に怖かった」と言っていました。いつ、また怒りだすのではないかと。しかし、選手たちは、私が一生懸命に彼女たちの成長を願って努力している姿を見て、「私もがんばろう」と思えるようになったそうです。大人が挑戦する姿を見せることが、選手にとって大きな活力になると感じたエピソードです。

●ゲーム当日およびゲーム中のコーチングについて

この章の最後に、ゲーム当日およびゲーム中のコーチングについて、私の基本的な考え方を記しておきます。

►試合直前のミーティング

戦術的な指示は確認程度にしています。ここで重視しているのは、選手たちが自信を持って戦い抜けるような言葉、迷いを払拭できるようなシンプルな言葉がけを大切にしています。

（例）

「自分の直感を信じてプレーしてほしい」

「仲間を信じよう、だから体力温存せず出しきってほしい、自分ひとりで無理せずチームでプレーしよう」

►クォーター間、およびハーフタイム

直前のクォーター、および前半のブライトスポット（うまくできた場面）をもとに、次のクォーターおよび後半に、その再現性を高めていくことをめざします。よくなかったプレーの原因追求は生産的ではないと考えます。なぜなら、その原因はひとつではないことが多いし、感情に左右されることもあるからです。

▶戦術変更について

ゲーム内容によっては戦術の変更を余儀なくされることもあります。そのため試合中も何が効果的か、常にアンテナを張っています。特に「クリエイトの鍵は何か？」、「ミスを引き起こす要因は何か？」について、オフェンス／ディフェンスともに、注目しています。例えば、自分たちのピック＆ロールに対する相手のディフェンス戦術をすばやく認知して、効果的なカウンターを入れられているか、などを注意深く見ています。ただし、そこで問われるのはアジリティです。私はそれを重要視しています。

▶タイムアウトのタイミング

基本的なポイントはいくつかあります。

◆0-6のランになったとき
◆選手たちが何をしていいかわかっていないとき
◆選手たちのメンタルが明らかに落ちているとき
◆チームとしてやるべきことを見失っているとき
◆ゲームを有利に進めるうえで譲れないところで、選手が無意識にパフォーマンスを発揮できていないとき

NBAのサンアントニオ・スパーズを率いているグレッグ・ポポビッチヘッドコーチはかつて、ジェームズ・ハーデン選手（現・ロサンゼルス・クリッパーズ）を相手にしたとき、「彼には絶対に左に行かせるな」という指示を出していました。実際にオーバーガードをしていたにもかかわらず、左に抜かれた選手がいたとき、すぐにタイムアウトを取って、その選手を叱責していたことがあります。

タイムアウトは一度取り損なうと、取らなかったことを正当化しようとして、次のタイムアウトを取れなくなるコーチもいます。たとえワンテンポずれたとしても、大事なことはタイムアウトですぐに伝えるべきです。

▶メンバーチェンジについて

メンバーチェンジについても、試合を有利に進めるうえで譲れないところを、選手が無意識的にパフォーマンスを発揮できないときは、その選手を交代させます。ただし、無意識ではなく、疲労によってできていないときもあります。

ポイントとしては「プレーのスタンダードが落ちたら代える」です。このときに大事なことは、ベンチに戻ってきた選手にそれを伝えることです。つまり疲労によってスタンダードが落ちているのであれば、「少し休んで」と言って、疲労の回復を少しでも促します。そうでなければ、選手は自分のパフォーマンスが悪いから代えられたと思ってしまうからです。

また交代でコートに出ていく選手にも、例えば「ディフェンスのスタンダードが落ちているから、頼むぞ」と伝えて、送り出します。

▶試合後のミーティング

試合直後のミーティングは基本的にはおこないません。なぜなら、お互いに感情的になっていることで、効果的な時間にならないことが多くあるからです。時間をおいて、お互いに落ち着いてから、また、分析を済ませてから話し合ったほうがよいと考えます。

選手がストレッチをしているときなどには、個人的に声をかけるとよいでしょう。「ここ良かったね」「あのときどう考えた？」など、コミュニケーションをとるようにしています。試合直後の確信がないなかでは、ネガティブなフィードバックは避け、チームに対する貢献や努力を讃えることを大切にするとよいと考えています。

第15章

ONZUKA METHOD | CHAPTER 15

チームマネジメント

●ミッション、ビジョン、バリュー

私がチームマネジメントするうえで大事にしているのは、「ミッション」「ビジョン」「バリュー」の３つです。

登山を例に挙げると

- ◆ミッションとは、どの山に登るのか
- ◆ビジョンとは、その山に登ったときに頂上からの景色はどのようなものか（未来像）
- ◆バリューとは、どんな価値観を大切しながら、その山に登っていくか

それらが定まっていれば、いつでも、どんなときでも、理想へ向かい続けられます。それらがコンパス（羅針盤）になるからです。

これは『ビジョナリー・カンパニー　時代を超える生存の原則』（ジム・コリンズ／ジェリー・ポラス著　山岡洋一翻訳　日経BP）という本でも紹介されていますが、企業の大きな目的は利潤、つまりはお金儲けです。しかし実際のところ、お金儲けに注力した企業よりも、自分たちがどのような存在で、どうありたいかを考えて、活動していった企業のほうが結果的に儲かるそうです。

これは私がめざすチームづくりにも共通していて、自分たちのあるべき姿、未来、価値観を大切にしていけるチームをつくっていくことが大切だと考えています。

選手たちにも「何のために、どんな未来に向かって、どんな思いで活動するのか？」という話をしています。学生年代だけでなく、女子日本代表の選手たちにも同じことを伝えています。

●目標の先にある目的を定める

私が女子日本代表のヘッドコーチに就任して以降の流れで言えば、まず「ワールドカップの出場権を獲得」し、「ワールドカップで優勝」し、「オリンピックで金メダル獲得」する。それぞれが我々の目標です。しかしそれらの目標を達成できる、あるいは達成できないにしても、それで我々の人生が終わるわけではありません。目標の先には目的があるのです。

「目標」とはマイルストーンみたいなもので、わかりやすく設定できます。しかし、そこで人生が終わるわけではないと考えたときに、その先にある「目的」をきちんと意識することが大事です。この「目的」をしっかり定められるコーチ、あるいはバスケットボール選手が、それぞれの立場としての人生だけでなく、ひとりの人間としての人生をも豊かにするのではないかと考えます。また「目的」が明確な人ほど、一日一日を有効にしようと考えます。困難に対しても揺るがない心を持つことができます。その「目的」を一言で表わせば、次のようになります。

どんな存在になりたいか？

コーチも選手もこれを考えていくことが非常に大切です。

女子日本代表は「夢を与えられる存在になる」ことを目的に掲げました。そのように設定したのは、人が輝くときとはどんなときかと考えたとき、「たくさんの人に夢を与えているとき」ではないかと考えたからです。

選手一人ひとりのがんばりが、はるか彼方の人びとの喜びにつながっていると信じられるほうがエネルギーも出るのではないかと考えたのです。

それは石切り職人の寓話にも似ています。

旅人が、石を切って、積み上げている人に出会い、「あなたは何をしているのですか？」と問いました。ある職人は「見ての通り、レンガを積み上げています。面倒くさいけど、お金のためです」と答えました。同じ作業をしている別の人にも「あなたは何をしているのですか？」と聞くと、「私はこの街の人たちの憩いの場となるような、すばらしい大聖堂を今、建てているんです」と答えました。そして、職人はこう続けます。「そのことを考えると、すばらしい仕事ができて、私は今幸せです」。

このように、今やっていることの彼方を見つめられるような生き方ができると、より大きなエネルギーを持てますし、現在も豊かになります。そういった価値観を大切にして、チームマネジメントをしていきたいと考えます。

●なりたい自分になれる世界へ

女子日本代表が目的に掲げる「夢を与えられる存在になる」とは、決っして「すごい」と思わせることではありません。見ている人、聞いている人、読んでいる人、きっかけは何でもよいので触れる機会を得た人が「私もやってみよう」、「私もあの人みたいにチャレンジしてみたい」という気持ちになったら、それが「夢を与える」ことになります。「なりたい自分」にワクワクし、挑戦し続けられる人を増やしていこう。そういった存在になることが、我々の考える「夢を与えられる存在」です。

それを実現させるためにも、コーチや選手は日ごろから、立ち居振る舞いや言動に気をつけようとすることが「ミッション」です。ミッションは「使命」などと言いますが、私は「存在理由」「存在価値」と考えたほうが、本人もその気になると考えます。「自分たちがいる価値はこれです」と堂々と言えるコーチ、あるいは選手になっていきましょう。

また今の日本のバスケットボール界を「どのようなバスケットボール界にしたいか」と考えたときに、「なりたい自分になれるバスケットボール界」、「やってみようと思えるバスケットボール界」と言える選手で溢れることが私の考える「ビジョン」です。

そうしたミッションとビジョンを、より良い心の状態で進めていくことが、私の考える「バリュー」です。

ミッション、ビジョンを達成するために、歯を食いしばって「しなきゃ」、「がんばらなきゃ」といった義務感や焦燥感に駆られながらするのではなく、ワクワクした気持ちで、自分の心を常に良い状態にして、臨むことが大切です。

キーワードは「自重互敬（じちょうごけい）」です。これは学習院の第18代院長だった安部能成先生が生徒に教えていた精神で、「自分を大切にし、同時に相手を敬い思いやる」という意味です。自分の心をよい状態に保つには、自分はもちろんのこと、相手のことも思いやる。そうした価値観、すなわちバリューを持つことによって、よりよいミッション、ビジョンへと達するのです。

何かをやろうとしたときに「いいね」、「きっとうまくいくよ」と自然に言い合える世界。照れることなく、相手を馬鹿にすることもなく、失敗したり、落ち込んだりした人がいたら「勉強になったね」と声をかけてあげる。そうすることで、本人も「勉強になった」と何度も立ち上がれる世界。そのような生き様でプレーしている、あるいはチームとして活動している様子を見ることで、さまざまな世界につながっているのだと想像してもらいたい。そういったことも、女子日本代表の活動を通じて伝えていきたいと考えます。

●コーチの役割は“掘り起こす”こと

ただ、中には「なりたい自分」を簡単に見つけられない人も多くいると思います。それ以前に、自分でこれを「やってみよう」という気持ちや、「うまくできている私はかっこいい」という気持ちになれない選手も多くいるでしょう。ほとんどの選手がそうだと言っても過言ではありません。

なぜか。私は現代社会の弊害だと思います。現代社会は自分自身のことについて考える時間が多くありません。文明の便利なもの、例えばスマートフォンでSNSを見たり、投稿したり、逆にいろんな人から来る連絡に対応せざるを得ない。そうしたことに時間を奪われ、自分自身が本当にどのような自分になりたいかを考える機会が少ないのです。

それを支えてあげるのがコーチの仕事ではないでしょうか。あるいはスタッフや保護者など、選手を支える周囲の人たちの役割ではないかと考えています。

なりたい自分をなかなか見つけられない選手に対して、私はこのようにアプローチしています。

「あなたはどんな人が好きですか？　そして、それはなぜですか？」

あるいは

「あなたはどんな人を尊敬していますか？　なぜその人を尊敬するのですか？」

このように掘り下げて聞いていくと、その選手自身が大切にしている考え方や価値観が、自分以外の人を通して見えてくるのです。

コーチは選手の「なりたい自分」を掘り起こしていく感覚で、選手と向き合うことが大切です。

また、こう聞くこともできます。

「あなたはチームを離れるときに、何と言われたいですか？」

「引退するときに、どんな選手だったと言われたいですか？」

キーワードは「何を残したいか」です。結果なのか、記録なのか、記憶なのか。それとも人材を残すことなのか。

その解として心を熱くするのは「夢」ではないかと思います。夢を残したい——その気持ちで選手たちの気持ちとつながれると、コーチングがより豊かになっていくのではないかと考えています。

●受け継がれる「永遠の命」をエネルギーにする

人に夢を与える、もしくは残すことができたら、それは「永遠の命」を手にできることではないかとさえ考えます。「永遠の命」とはその人の生き方、考え方、生き様が受け継がれ、語り継がれていったときに、たとえ選手を引退したあとでも、もしくは旅立ったあとでも残るものです。おめでたい考えだと思われるかもしれませんが、そう考えることでエネルギーが出る人もいます。少なくとも私はそう考えたほうが、エネルギーが出ます。

人は、自分一人で得た達成を喜ぶよりも、他人に影響を与えられた喜びのほうが長続きします。それは脳科学的にも証明されていて、他人に貢献したり、他人を喜ばせたりといった感覚を持てると、ストレス反応が減るそうです。副交感神経が優位になるからです。コーチはバスケットボールだけでなく、そうしたさまざまな科学や教養を知っておいたほうがよいでしょう。

ただ、そのように書いている私の言葉が、命令のように聞こえる（もしくは読める）としたら、それは意味がありません。私の課題でもあります。

私は今、女子日本代表のヘッドコーチを務めています。その私が何かを強調しすぎると、選手にせよ、コーチにせよ、もちろん読者にせよ、やらされている感覚を持ちがちです。人は「やらされている感」が出てきた瞬間に「クリエイティブ・アボイダンス（創造的回避）」と呼ばれる、やりたくない理由を考えてしまうようです。

私は今後、可能であれば、女子日本代表の強化合宿をキャラバンで移動しながら、全国各地の人たちに練習やゲームを見てもらいたいと思っています。全国の人たちとつながり、選手たち自身もそれを感じとって、自分の言葉で発してもらえるようにしていきたいのです。

それは女子日本代表に限らず、地域に根づく上位カテゴリーのチームが、ミニバスケットボールや中学生、高校生にクリニックをするといった行動のなかでも実現可能だと考えています。東京医療保健大学時代もさまざまな世代に向けたクリニックをおこなっていました。そうしたことをすることで、自然と選手たちの中に生き甲斐や喜びが芽生えていくのです。

●未来に向けた成長志向で

選手個々がどのような考え方を大切にして、目的を達成するための行動をするかといえば「自分と他人の成長を願う」考え方です。「自重互敬」であり、「成長志向」とも言えます

成長志向の対になる言葉として「成功志向」があります。成功志向では必ずしも成功するとは限りません。また、その成功できるかどうかの考え方が敗北感を生み、その敗北感が次の挑戦への恐れにつながってしまいます。

目を向けるべきは成長です。成長志向であれば、成功してもしなくても成長はできます。どんなときでも学ぶことができるという考え方です。目の前に逆境や困難が現われたとき、成功志向だとそれらは障害になりますが、成長志向だとそれらは踏み台になります。困難の意味づけが変わってくるのです。

女子日本代表も困難な状況が起こったとき、「いいクイズを出されたね。どうやって解こうか？」と話し合っています。

コーチの視点で言えば、選手の成長を引き出す鍵は「尊敬と善意」です。叱責や相手を責める心は必要ありません。思い知らせることをしなくても、常に相手を信頼して話をすれば、必ずわかりあえます。話してもわからないから怒るというのは、相手の可能性を信じていない、寂しい人間観と言えるのではないでしょうか。

オリンピックの金メダル獲得でも、インターハイ出場でも、全中出場でも、何でも構いません。県大会ベスト８でも、市大会での１勝でもいい。みなさんの目標を達成したあとに、みなさんのいるバスケットボール界がどのようなバスケットボール界になっているかを想像してみてください。

私には、オリンピックで金メダルを取ったあとに、選手みんながなりたい自分になっている、輝いているという目的があります。また私自身の目標としては、女子日本代表の選手たちが成長していく、挑戦していく過程で、誰かに喜びを与えられる、夢を与えられる存在になっていることです。同時に、周りを豊かにできるすばらしい経験ができる女子日本代表はすばらしい場所だと理解し、実感して、「すぐにでも日本代表活動をやりたいです」と言ってもらえるような選手が出てくることです。女子日本代表というチームに属することで、そういった価値観を見出し、手にしてほしいと考えています。

おわりに

出会いで人生は変わる――私はそう信じています。幸いにも私はたくさんの偉大なコーチたちに出会うことができました。

最も強烈だったのは、2021-2022シーズンを最後にデューク大学を退任された「コーチK」こと、マイク・シャシェフスキーコーチです。彼は勝つために何でもすると言い、事実、60歳を過ぎて安泰のポジションに就いてもなお、朝4時まで試合のビデオを見て、ふらふらになりながら翌日の練習に来ていました。そして、「勝つためなら何でもやる！」と、私に笑顔で言ってくれました。

また、サッカー男子日本代表の元監督、岡田武史さんとの出会いでは、勝つために誠実に、正直に、何でもする姿勢を学びました。いかにも人間味があって自然に振舞う岡田さんの姿は本当にステキで、かっこいい人だなと影響を受けました。「やるしかないんだよ！」と、突き詰めて挑戦し続ける岡田さんのお言葉は、私の支えになっています。

スラムダンク作者の井上雄彦さんとの出会いでは、「天才ですから」と自分を信じる気持ち、その気持ちを守る大切さを学びました。私は、多くの子どもたちや選手が「天才ですから！」と言い続けられるように支えられる大人でありたいと思っています。

やはり、その道のベストの人に会うことが一番の大きな学びだと思います。英語でいえば「Learn from the best」です。読者のみなさんの置かれている立場やポジションにかかわらず、そうした出会いを求めてほしいと思います。また、本書がそうした出会いのひとつになってくれたらうれしいです。

学ぶことは知識を得ることでもあります。しかし近年、その「知識」がやや蔑ろにされているような気がします。例えば「どうすればうまくいくだろうか」と考えるとき、「知識だけ持っていても意味がない。やってみなければわからない」と思っている指導者や選手があまりにも多くないでしょうか。

バスケットボールで成果が出るとはどういうことなのか。ほかの人よりも成果を出すためにはどういうことが必要なのか。それらを明確に言葉で整理できているコーチや選手、チームは、日々の練習や年間にいくつもある試合、ひいてはそれぞれの人生を無駄にすることはありません。

しかしいっぽうで、バスケットボールで成果が出るとはどういうことなのか、ほかの人よりも成果を出すためにはどういうことが必要なのか、そのための知識を知っている人、知ろうとしている人はどれくらいいるのでしょうか。自らの経験をもとにした、論理的確信があるとは言えない、どこかぼんやりしたものを信じ、力で解決しようとしているイメージです。そうだとしたら、ギャンブルをしているようなものではないでしょうか。

オフェンスを例にすると、「こういうセットプレーがあって、それをやったらうまくチャンスができるよね」とか、「パスして動いていたら、チャンスができるよね」といった、成果に対する因果関係が弱い論理で指導、あるいはプレーしているコーチや選手が多いように思います。

私の考えとしては、オフェンスは「手間をかけずにチャンスをつくって、そのチャンスをいかして、期待値の高いシュートを選択できるようにする。そのために自分たちがどうするのか」といった、逆算的な考えで組み立てるということです。つまり、掴みにいこうとしているものが違うのです。本質の違いと言い換えてもいいかもしれません。

前者のような積み上げ型だと論理が飛躍することが多々あります。行間がない、ホップからいきなりジャンプしているイメージです。それにもかかわらず「攻め気を持て！」などと鼓舞し、成功するために必要な知識も裏づけも準備せず、一生懸命やっていたら何とかなるだろうという考えに走りがちです。結局のところ、知識のなさや向き合い方の甘さ、あるいは「ボールムーブ」などといった大きな言葉がけだけで片づけようとすることが、選手やチームが伸び悩む原因ではないかと考えます。せっかく自分の人生を賭けてバスケットボールと向き合うのですから、勝てる部分を論理的につなげて勝ち筋をつくることをいっしょにめざしていければと思っています。

成果を出すためにやるべきことを身につけ、合理的な選択をしながら、内側から湧いてくるエネルギーを使ってチーム一丸となって戦う。そういった哲学があると、ヘッドコーチが替わっても勝つことができます。それは2022年度の「全日本大学バスケットボール選手権大会（インカレ）」で６連覇を達成した東京医療保健大学が証明してくれています。

最後に２つお伝えしたいことがあります。

ひとつは人間観についてです。人はどういうときにがんばれるのでしょうか？　人間はロボットではありません。活力が必要です。私は、人ががんばり抜くためには、以下の３つの要素がそろっていることが大切だと考えています。

心にすばらしい夢を抱いているとき
効果的な方法を理解できているとき
自分ならできると信じているとき

日々選手と接し、今日はやる気がなさそうだな、元気がないなと思ったら、この３つのどれかが欠けているはずです。コーチは、それらのうちのどれだろう？　と見てあげられると、無駄に怒ることをしなくて済みます。私は試合中もこのことを考えています。選手はサボる生き物だという寂しい人間観ではなく、この３つがそろえば、きっと内側から湧くエネルギーでがんばれる、という人間観を持ちたいと思っています。

もうひとつは、本書を最後まで読んでくださったみなさんに「夢を叶える人」になってほしいということです。みなさんは、バスケットボールの指導を通して、またはプレーを通して、何を残したいですか？　賞状やトロフィ

一、仲間との思い出、価値あるものはたくさんあります。
私は「夢を残したい」と考えています。夢を残すとは何か？ 「私もやってみよう！」という人を増やすことだと思っています。こうやってバスケットしたらうまくなれる、「やってみよう！」。こうやってバスケットを指導したら選手が成長できる、「やってみよう！」。こうやって挑戦したら人生がおもしろくなる、「やってみよう！」。たとえ失敗しても、成長を掴み取ってまた立ち上がればいいんだ、「やってみよう！」。私の言葉や生き方が読者の活力に少しでもなることを願って、「やってみよう！」と、私自身にも言い聞かせています。
どんなときも、つま先だけは夢のほうへ
JUST DO IT !!
「やってみよう！」

本書を出版するにあたっては、執筆に協力してくださったスポーツライターの三上太氏、編集作業を担当いただいた大修館書店保健体育スポーツ事業部部長の粟谷修氏、同部佐々木綾子氏、ジャパンライム株式会社の秀島卓也氏ほか、ご協力いただいたみなさまに感謝します。いろいろなご協力があったおかげで、この新しいスタイルの本を世に出すことができました。バスケットボール界を前に進める道を探る情熱に深く感謝し、敬意を表します。
最後に、すでに他界した父に本書を捧げます。
粘り強く創意工夫することの大切さを教えていただきました。

2024年３月吉日
恩塚 亨

索引

英数字

1-2-2 ……………… 205
1-3-1 ……………… 205
2-2-1 ……………… 205
0.5秒のメンタリティ ……………… 26, 64, 186
1対1の対応（ディフェンス） ……………… 246
3つのローテーション ……………… 202
3メンサイドのハイピック＆ロール ……………… 282
3メンスイッチ ……………… 233
3メンピック＆ロール ……………… 233
4つのサポート ……………… 135
5段階の原則の分析 ……………… 271
DHO（ドリブルハンドオフ）· 111, 140, 284
POA ……………… 52, 53, 102, 192
B2ピック ……………… 144
PPP ……………… 76

ア

アーリースプレー ……………… 127, 203
アーリーヘルプ ……………… 127
アイス ……………… 288
アイソレーション ……………… 63, 123（脚注05）
アイバーソンカット（AI） ……………… 289
アウトナンバー ……………… 73, 160
アウトレットゾーン ……………… 88
アクションゾーン ……………… 88
アジャスト ……………… 249, 256
アジリティ ……………… 26, 30, 27 恩塚WORD
アタックエリアの優先順位 ……………… 178
アタックサイド ……………… 197, 241
アップスクリーン ……………… 253, 256
アップヒル ……………… 80, 252
あと出しジャンケン ……………… 214, 250
アドバンテージ ……………… 55
穴 ……………… 107

イ

イーブンナンバー ……………… 73, 160
インサイドアウト ……………… 121
インストール ……………… 20, 21 恩塚WORD
インテリジェンス ……………… 210, 232, 248
インバウンド ……………… 70
インライン ……………… 165, 246

ウ

ウイング ……………… 179
ウォール（壁） ……………… 161, 198
動き（ムーブメント）の意図 ……………… 187
動き（ムーブメント）のダイナミックスさ 188

エ

エクストラパス ……………… 202
エックスアウトローテーション ……………… 172, 202
エフェクティブ・フィールドゴール・パーセンテージ ……………… 267
エルボー ……………… 179
エントリーパス ……………… 163, 239

オ

オーバーナンバー ……………… 73, 160
オープンウィンドウ ……………… 124
オープン率 ……………… 181
オフェンス・エフィシエンシー ……………… 11, 267
オフェンスディシジョンメイキングゾーン ……………… 91
オフェンスのアウトレットゾーン ……………… 89
オフェンスのアクションゾーン ……………… 94
オフェンスリバウンドの獲得率 ……………… 77
オフェンスリバウンド・パーセンテージ ……………… 269
オンボールスクリーン ……………… 236

カ

カウンター ……………… 6, 55, 107, 198, 253, 255
カウンター1対1 ……………… 184, 186, 190, 251, 285
カウンターアタック ……………… 65
カウンター戦術 ……………… 46, 56
カウンターバスケットボール ……………… 36
カオス ……………… 45, 46 恩塚WORD, 84, 91, 281
駆け引き ……………… 232, 248
壁（ビルド・ザ・ウォール） ……………… 73, 161, 198
カムバック・リバウンド ……………… 176

キ

キーファクター分析 ……………… 264
期待値 ……………… 59

期待値の高いシュート
……59, 194, 215, 216, 231
期待値の低いシュート……194
キックアウトパス……104
気の利いた選手……87
逆算……25, 26 column | 03
キャスティングの段階……102, 158
キャッチ＆シュート……118, 282
ギャップ……183
ギャップヘルプ
……165, 195, 197, 198, 238, 241
ギャップを絞る……71
キラースポット……152, 178
規律……30
規律と即興……30 column | 04, 104
緊急のサポート……220, 258

ク

クイックリカバー……206
クリエイト……55, 63
クリエイトのサポート……221
クリエイトの段階……106, 163
クローズアウト……61, 242
クローズアウト1対1……237
クローズアウトゲーム……108
クローズドスキル……211, 279
クロスオーバーステップ……122

ケ

形勢……51, 194, 213
ゲーム観……40
ゲーム状況……51, 212
ゲーム状況としての文脈……52
ゲーム状況における形勢……52
ゲーム状況における現在地……51
ゲームの流れ……28, 40, 51, 194
ゲームプラン……249
ゲームモデル……15, 31
ゲームモデル分析……263
現在地……8
原則……17
原則にもとづいた課題……277

コ

構造化……41, 38, 39 column | 05
巧妙なポジショニング……131
効率的な動きの重要性……85 column | 08
合理的なプレー……22, 25, 28
コーナー……179
ゴールライン
……62（脚注03）, 126, 212, 226, 243
コーンドリブル……279
個の優位性……110, 186, 191
個の優位性（ディフェンス）……207
コフィンコーナー……204
コンテイン……288
コンテスト……69, 74

サ

サークルムーブ……125, 146, 167
サードオプション……167, 242
サイズ……191
最適解……17, 18 column | 02, 48
サイドクローズアウト……243
サイドチェンジ……108, 186
サイドピック……256
サイドピック＆ロール……254, 288
サイドレーン……83
サイレントトリガー……279
サポート……54, 66, 128, 189, 213, 220

シ

シームレス……38 恩塚WORD, 58
シール……87, 147
シェルメンタリティ……159
システム……42, 252
システムと原則……257
システムとセットプレーの関係……252
質の高い動きへの課題……277
ジャブステップ……122, 224
ジャンプストップ……138, 140, 143
ジャンプトゥザボール……171, 240
シューティングハンド……195, 243
シューティングポケット……117, 223
シュート……230
シュートコンテスト……175
シュリンク……251
状況判断……25, 212
ショウディフェンス……250
ショウハード……259
ジョーカー……146
ショートクローズアウト……244
ショートコーナー……149, 246
ジレンマ……118
シンク……141
シンクダウン……141
シングルギャップ
……128, 183, 190, 196, 218, 226, 250
シンクロ……20 恩塚WORD

ス

スイッチローテーション……172, 202
スイング……109（脚注09）
スイングカウンター……109
ズームアクション……111, 254
スキップパス……167
スキル……37, 191, 290
スクリプト……44 恩塚WORD, 94

スコア……127
スコアスプレー…127, 137, 141, 142, 144, 146, 258
ステップアウト……77, 78, 176
ステップアップ……250, 259
ステップスルー……78, 176
ストップショット……223
スプレー……127
スペーシング……54
スポットアタック……65
スポットカット……65
スラッシャー……159
ズレ……106
スロット……180
スロットドライブ……180

セ

セイムページ……19 恩塚WORD, 94, 177
セカンドオプション……98, 208, 242
セカンドダイブ……138, 142
セットプレー……45
セルフハンディキャッピング……12
ゼロステップ……153
戦術……23
戦術的負荷……86
センス……41
線で動く……189
戦略……24, 32

ソ

ゾーンディフェンスに対するクリエイト……251
即興……30

タ

ターゲットハンド……227
ターンオーバー……11, 70, 267
ターンオーバー・パーセンテージ……269
代償……130, 215, 217, 250
ダイナミクス……42, 43 column 03, 188
ダイナミック……188
ダイバー……250
ダイブ……133, 138, 140, 141, 146, 222
ダイヤモンド……162
ダイヤモンドポジション……218, 219, 226
ダウンスクリーン…112, 208, 254, 256, 284
ダウンヒル……71, 80, 252
タグ……283
タグアップ……68, 72, 95, 154
タグアップ戦術……69, 154
戦い方のコンセプト……34
縦のボールムーブ……108
縦パス……97
ダブルギャップ…129, 137, 141, 142, 144, 182, 196, 217, 250
ダブルチーム……201
ダブルドラッグ……111
ダブルバインド……4 column 01
ダンカースポット……149

チ

チート……256
チームオフェンス・ディフェンスの原則の分析……271
チェンジオブディレクション……229
チェンジオブペース……229
チャンス……62
チャンスの段階……115, 168

ツ

ツーアーム……196
ツーウェイクローズアウト……172, 244
ツーガードポジション……197
ツーパスアウェイ……166
ツーパスアウェイのディフェンス……196

テ

ディーン・スミス……195
ディシジョンメイキングゾーン……88
ディナイ……6, 205, 208, 219, 241
ディフェンスのアウトレットゾーン……95
ディフェンスのアクションゾーン……98
ディフェンスの基本構造……106
ディフェンスのディシジョンメイキングゾーン……96
ディフェンスの優先順位……194
ディフェンスリバウンド課題……277
ディレイ……111
ディレクション……78, 120
テクニック……37, 211, 279
点で動く……189
テンデンシー分析……263

ト

トップ……180
トップオブザキー……180
トップ・オブ・ザ・リム……152
トップフット……243
トップロック……208
トライアングル……133, 159, 201, 221
トライアングルオフェンス……105
トライアングルのポジショニング……201
トライアングルポジション……67, 218
ドライブ……229
ドライブするタイミング……120
ドラッグ……92
ドラッグスクリーン
……80（脚注07）, 111, 114, 282, 284

トラップ……198, 204, 208, 248
トラップのポジショニング……205
トラップをしかけるタイミングとコール……206
トランジション……12
トランジションオフェンス……80, 252
トランジションディフェンス……70
トランジションディフェンスの課題……276
トリガーステップ……123
ドリブル……228
トリプルギャップ……183
ドリブルスキル……279
トリプルスレット……117
ドリブルドライブモーション……105
ドリブルハンドオフ……111, 140, 284
ドリブルプッシュ……81, 84, 89
トレーラー……84

ニ

認知……27, 212, 236

ネ

ネイル……149, 160, 166, 195, 200, 251
ネクストプレー……185

ノ

ノーチャージエリア……159
ノーヘルプローテーション……203
ノーマルクローズアウト……243

ハ

ハーフアーム……196
ハーフコートオフェンス……59
ハーフコートオフェンスがうまくいかないとき……275
ハーフコートディフェンス……74
バウンスパス……239
はじめの3歩……70, 103, 158
パスアングル……218
パス＆ラン……187, 259
パスエントリー……206
バスケットボールの構造……213
パスコースを消す優先順位……238
パスコンテスト……206
パスと動きの優先順位……214
パスフロント……250
バックカット……138, 140, 141, 208, 227, 234, 239
バックスクリーン……145
バックドアプレー……219, 227
バッドショット……194 column | 08
バトルアーリー……153
パニッシュメント……130, 131 column | 07, 250
バランス……200
ハングザロープ……238, 241
ハンズアップ……195
判断……210, 213
ハンドオフ……253

ヒ

ピックアップフェイク……228
ピック＆ロール……191, 222, 228, 250, 252, 282
ヒットファースト……78, 153, 176
ヒップスイッチ……225
ヒップローテーション……123
ピボット1対1……224
ピボットフット……224
評価基準（4局面の原則）……270
評価基準（5段階の原則）……272
評価基準（個人とグループの原則）……274
評価基準（チームの原則）……273
ビルドザウォール（壁）……73
ビルドアップ……50, 70

フ

ファーストオプション……104, 242
ファーストダイブ……138, 142, 148
ファーストダイブ＋ブレイク2……149
ファースロット……180, 216
ファイトオーバー……109
フィジカル……191
フィニッシュの段階……152, 175
フィル＆シンク……141
フェイズ……93, 252, 258
フェイズ1……253
フェイズ2……254
フェイズ3……254
俯瞰……213
フライバイ＆リークアウト……155
ブラインド・ピグ……227
フラクタル……281, 284
フラッシュ……111, 219, 254
フラットトライアングル……236, 238, 241
フリースロー・セット……268
フリーフット……120, 224
プリパレーション……289
フルボディショウ……137
フレアー……190
フレアースクリーン……183
ブレイク……170, 285
ブレイク1……135, 137
ブレイク2……135, 141
ブレイク3……135, 147, 221
ブレイク3イン……135, 145
ブレイク3イン＋トップ……150
ブレイク4……135, 150
ブレイクのサポート……221
ブレイクの段階……126, 170

プレー………23
プレーのPOAとの因果関係………259
プレーヤーのポジション名と番号
………84（脚注08）
プレッシャーディフェンス………204
プレッシャーリリース………183, 229
プロアクティブ………124 恩塚WORD
フロー………50
ブロック………201
フロッピー………289
プロテクト………229
文脈……28, 40, 51, 134, 186, 211, 213

ヘ

ペイント2&トライアングル………133
ペイントアタック………92, 107
ペイントエリア……70, 178, 184, 200, 214
ペイントショット………231
ペイントタッチ………100, 216
ベースラインドライブ………141
ヘジテーション………165, 233
ペネトレートパス………92, 214
ヘルプ&クローズアウト………244
ヘルプサイド………197
ヘルプのタイミング………201
ヘルプリカバーローテーション………173, 202
ヘルプローテーション………133, 189

ホ

ポイントアップ………158, 241
ポイントオブアタック……52, 53, 102, 192
ポイントパーポゼッション………76
ホーム……160, 166, 195, 199, 200, 251
ホームアタック………252
ボールサイド………197
ボールショウ………231
ボールとプレーヤーのムーブメント………184
ボールの保持………223
ボールマンディフェンス………196
ボールマンの意図………213
ボールマンの構え………116
ボールマンに正対する………243
ポジショニング………54, 182, 196, 217
ポジションファイト………154
ポストフィードでのパスミス………276
ボックスアウト……77, 78, 79 column | 07, 176
ボディアップ………167

マ

マーク………61（脚注01）, 240
マークを外す動き………226
マインドセット………113, 238, 257
マッカビアクション………108
マッチアップ
………61（脚注02）, 106, 207, 221, 242

ミ

ミートアウトパス………239
ミスマッチ………63（脚注04）, 191, 198
ミドルドライブ………142
ミドルレーン………83

メ

メンタルスピード………26, 27

モ

目的地………8

ヨ

横のボールムーブ………108, 186

リ

リーガルガーディングポジション
………75（脚注06）
リークアウト………69, 155
リカバリー………202
リクリエイト………113, 220, 258
リジェクト………113, 284
リフト………140, 144, 283
リプレイス………144
リムラン………83, 104, 161
リレーション………211

レ

レイトスプレー………127
レイトヘルプ………127
レシーブポイント………227

ロ

ローテーション………221
ローテーションダウン………141, 199, 201
ローピング………199, 201
ロブパス………239
ロングクローズアウト………244
ロングツー………74, 194

ワ

ワクワク………15, 295
ワンアーム………196, 247
ワンウェイクローズアウト………244
ワンパスアウェイ……62, 165, 196, 198, 208

参考文献

- ハーブ・ブラウン 著, 日髙哲朗監訳、恩塚亨、長門智司 訳(近日刊行)『バスケットボール 勝利へのディフェンス』大修館書店
- スティーブン・R・コヴィー著(2013)『7つの習慣』キングベアー出版
- 濵吉正則 著(2021)『サッカープレーモデルの教科書　個を育て、チームを強くするフレームワークの作り方』カンゼン
- 細谷功 著(2020)『「具体⇄抽象」トレーニング　思考力が飛躍的にアップする29問』PHP研究所
- 石田久二 著(2017)『「言葉」が人生を変えるしくみその最終結論。』Clover出版
- 稲盛和夫 著(2019)『心。』サンマーク出版
- 岩田松雄 著(2012年)『MISSION　私たちは何のために働くのか』アスコム
- 樺沢紫苑 著(2017)『絶対にミスをしない人の脳の習慣』SBクリエイティブ
- 河内一馬 著(2022)『競争闘争理論―サッカーは「競う」べきか「闘う」べきか?』ソル・メディア
- 木野親之 著(2008)『松下幸之助に学ぶ指導者の一念』コスモ教育出版
- Mike Krzyzewski、Jamie K Spatola (2006)『BEYOND BASKETBALL Coach K's Keywords for Success』Business Plus
- Mike Krzyzewski、Jamie K Spatola (2010)『The Gold Standard Building a World-Class Team』Grand Central Publishing
- 工藤勇一 著(2021)『最新の脳研究でわかった!自律する子の育て方』SBクリエイティブ
- 楠木建 著(2010)『ストーリーとしての競争戦略―優れた戦略の条件』東洋経済新報社
- 楠木建 著(2013)『経営センスの論理』新潮社
- 森岡毅 著(2014)『USJのジェットコースターはなぜ後ろ向きに走ったのか?』KADOKAWA
- 森保一 著(2014)『プロサッカー監督の仕事 非カリスマ型マネジメントの極意』カンゼン
- 日本バスケットボール協会 編(2014)『バスケットボール指導教本 改訂版 上巻』大修館書店
- 日本バスケットボール協会 編(2016)『バスケットボール指導教本 改訂版 下巻』大修館書店
- 野田俊作 著(2016年)『アドラー心理学を語る1 性格は変えられる』創元社
- 岡田武史 著(2019)『岡田メソッド―自立する選手、自律する組織をつくる16歳までのサッカー指導体系』英治出版
- 小野剛 著(2013)『サッカーコーチングレポート 超一流の監督分析』カンゼン
- 大嶋啓介 著(2020年)『世界一ワクワクするリーダーの教科書』きずな出版
- 大浦敬子 著(2023)『超訳「五輪書」強運に選ばれる人になる』海辺の出版社
- 清水英斗 著(2015)『サッカーは監督で決まる リーダーたちの統率術』中央公論新社
- ブラッド・スタルバーグ/スティーブ・マグネス 著(2017)『PEAK PERFORMANCE 最強の成長術』ダイヤモンド社
- 杉原隆 著(2008)『新版 運動指導の心理学　運動学習とモチベーションからの接近』大修館書店
- 田中ウルヴェ京 著(2022)『心の整えかた　トップアスリートならこうする』NHK出版
- 田坂広志 著(2009)『未来を拓く君たちへ　なぜ、我々は「志」を抱いて生きるのか』PHP文庫
- 植田文也 著(2023)『エコロジカル・アプローチ　「教える」と「学ぶ」の価値観が劇的に変わる新しい運動学習の理論と実践』ソル・メディア
- テックス・ウィンター 著、笈田欣治 監訳(2007)『バスケットボール トライアングル・オフェンス』大修館書店
- リチャード・ワイズマン 著(2011)『運のいい人の法則』角川書店
- 山口遼 著(2020)『「戦術脳」を鍛える最先端トレーニングの教科書　欧州サッカーの新機軸「戦術的ピリオダイゼーション」実践編』ソル・メディア
- 安富歩 著(2014)『ドラッカーと論語』東洋経済新報社

[著者紹介]

恩塚亨（おんづか とおる）
元東京医療保健大学准教授。1979年、大分県生まれ。筑波大学卒業。渋谷教育学園幕張中学校･高等学校の教員として勤務し、女子バスケットボール部のコーチを務める。早稲田大学大学院修了後、東京医療保健大学女子バスケットボール部を創設し、ヘッドコーチとして全日本大学バスケットボール選手権大会（インカレ）5連覇を達成。バスケットボール女子日本代表アナリスト(2007-2012年、2016年)、ユニバーシアード女子日本代表アシスタントコーチ(2015年)、女子日本代表アシスタントコーチ(2017-2021年)、2021年9月より女子日本代表ヘッドコーチ。

バスケットボール 恩塚メソッド――知性にもとづいて勝つための「原則」

NDC783/xiv, 321p/21cm

初版第1刷発行 ――――― 2024年4月18日

著　者 ――――――――― 恩塚亨
発行者 ――――――――― 鈴木一行
発行所 ――――――――― 株式会社 大修館書店
〒113-8541 東京都文京区湯島2-1-1
電話03-3868-2651（営業部）　03-3868-2297（編集部）
振替00190-7-40504
[出版情報] https://www.taishukan.co.jp

装幀・本文デザイン ――― 島内泰弘（島内泰弘デザイン室）
組版 ―――――――――― 明昌堂
印刷所 ――――――――― 横山印刷
製本所 ――――――――― 難波製本

ISBN978-4-469-26985-7　Printed in Japan